U0089224

中國學術思想

研究輯刊

三一編
林慶彰 主編

第19冊

朱熹帝學思想研究

王琦 著

花木蘭文化事業有限公司

國家圖書館出版品預行編目資料

朱熹帝學思想研究／王琦 著 — 初版 — 新北市：花木蘭文化
事業有限公司，2020〔民 109〕
序 4+ 目 4+190 面；19×26 公分
（中國學術思想研究輯刊 三一編：第 19 冊）
ISBN 978-986-518-009-6（精裝）
1.（宋）朱熹 2.學術思想 3.朱子學
030.8   109000278

中國學術思想研究輯刊
三一編　第十九冊　　　　　　　　ISBN：978-986-518-009-6

朱熹帝學思想研究

作　　者　王琦
主　　編　林慶彰
總 編 輯　杜潔祥
副總編輯　楊嘉樂
編　　輯　許郁翎、張雅淋　美術編輯　陳逸婷
出　　版　花木蘭文化事業有限公司
發 行 人　高小娟
聯絡地址　235 新北市中和區中安街七二號十三樓
　　　　　電話：02-2923-1455／傳真：02-2923-1452
網　　址　http://www.huamulan.tw 信箱 hml 810518@gmail.com
印　　刷　普羅文化出版廣告事業
封面設計　劉開工作室
初　　版　2020 年 3 月
全書字數　191884 字
定　　價　三一編 25 冊（精裝）新台幣 50,000 元　　版權所有·請勿翻印

朱熹帝學思想研究

王琦 著

作者簡介

王琦，女，1976 年生，湖南邵陽人，長沙理工大學設計藝術學院哲學教授、碩士研究生導師。1994 至 2001 年，就讀於湖南師範大學文學院，先後獲文學學士、文學碩士學位。2013 至 2017 年，就讀於湖南大學嶽麓書院，獲中國哲學博士學位。主要從事儒家哲學、藝術哲學與中國傳統文化研究。國家社科基金《宋代〈四書〉經筵講義研究》專案主持人，在《北京大學學報》《中國哲學史》《社會科學》《光明日報》等期刊與報紙發表論文 30 多篇。著有《論語探微》《梁啓超與近代中國學術師承》等著作。

提　要

宋代文治治國導向，促進了士大夫階層的崛起與經筵制度的定型，帝學應運而生，成為了宋代儒學發展的新動向。宋代士大夫以經筵為平臺，紛紛致力於學術思想體系的撰述與建構，通過經典詮釋的優先權，影響帝王及其政治實踐。與之相適應，一種以崇尚義理為特徵的新經學體例——「經筵講義」逐漸產生，成為了儒家士大夫建構帝王之學的重要載體。它既是宋代學術由傳統章句訓詁之學向義理之學轉型的結果，又是經筵制度發展與完善的產物，為理學思想發展與帝學形成的重要環節。

自范祖禹首倡帝王之學謂之「大學」以來，《大學》在帝學建構中的作用日益凸顯，逐漸形成了以儒家正學引導帝王，以君德養成為根本，以道統規範治統的新帝學意識，並與宋之前重在功利權謀、駕馭臣民等帝王術相區別，體現出內聖之「學」的特徵。帝學理論發展與豐富的過程，實質就是帝王理想「角色」不斷被士大夫「期待」與「塑造」的過程。朱熹作為宋代理學的集大成者，平生精力盡在《大學》。關於朱熹對《大學》的詮釋，學界多關注其《大學章句》與四書及理學關係等研究，而對其帝學著作《經筵講義》則少有涉及，更沒有將其放在宋代帝學興起、發展的脈絡下，審視朱熹在宋代帝學建構中的重要作用。

本文以朱熹《經筵講義》為中心，結合其所處的時代背景，從政治史、思想史、社會史、文化史等多重視野，首次對朱熹帝學思想進行了全面而系統的研究，探尋其如何以《大學》為架構，以理學思想為內涵，通過創造性的經典詮釋，解答帝王學什麼、為什麼學、如何學等問題，為帝王學為聖王提供理論依據與論證，從而寄寓其致君堯舜，以道統規範治統，重構政治社會秩序，道濟天下的王道理想，第一次完成了理學化的帝學理論建構。以理學建構帝學，這既是朱熹對范祖禹以來帝學理念的繼承與發展，又為真德秀以《大學》為間架，進一步理論化、系統化帝學提供了邏輯思路與理論框架，展現了宋代帝王之學興起、發展、演變的邏輯線索，揭示了經筵講義與帝學、理學之間的內在關係，體現學術、思想與政治之間的互動，豐富和拓展了朱熹思想與宋代儒學研究。

序

朱漢民

　　兩漢經學直接產生於帝國政治體制，因為漢學的興起和發展，首先是由於漢武帝採取「罷黜百家、表彰六經」的基本國策，並在太學設定「五經博士」，從而推動了兩漢經學的興旺發達。可見，漢代經學的建構基本上是在漢帝國主導下推動、發展起來的國家學術，如代表漢代學術典範的《白虎通義》，就是漢章帝主持的一場御前會議的學術成果。

　　與兩漢經學比較而言，宋代理學的興起則主要是源於民間的學術思潮。從中唐到北宋，中國思想文化界興起一股回歸先秦經典、復興儒家文化的學術思潮。宋初著名儒家士大夫范仲淹、胡瑗、孫復、石介、歐陽修等人，他們紛紛提出復興儒家文化思想。石介的《中國論》以廣泛的文明視角確立儒家文化的主體地位，倡導儒家文化源遠流長的道統淵源。到了南宋，道學家朱熹、張栻等人確立了從先秦孔孟到兩宋的周敦頤、二程的道統學說，進一步強化了儒家文化的道統論。特別是朱熹確立了《四書》的新經典體系，將理學思想體系建構與《四書》經典體系的建構結合起來。他在《四書章句集注》的幾個序言中，特別提出了「堯舜—孔曾子孟—程朱」的道統系列，進一步從儒學的經典文本、授受脈絡、思想內涵三個方面，全面確立了孔孟以來確立的以儒家士人為主體的道統論。宋代理學的興起，從知識創新的學術組織到思想體系，均不是帝國政治的直接產物，而是宋代士大夫作為文化主體性的自主建構與直覺完成。

　　但是，如果我們考察理學興起、發展的完整過程，會發現它也包含著自上而下、自下而上兩種不同的學術思想的建構過程。一方面，宋代理學家通過民間書院、私人講學的途徑，開展自下而上的學術建構過與知識傳播，理

學一產生就鮮明體現出士大夫之學的特點。所以理學家倡導「學以成聖」，其實是首先強調每個士人均要以成聖成賢作爲自己畢生追求的人生目標，理學家建構的《四書》學是培養士人如何成聖的「聖學」。理學建構之處並非官學，只能夠以民間學術、書院教育的途徑來實現其目標。另一方面，宋代理學家還希望在朝廷的支持下推動理學的進一步發展，通過自上而下的路徑確立理學的重要地位。宋儒利用宋朝的文治國策，特別是利用經筵講學的制度，主動對君王施加影響，重視君德養成，致力於引君於道。理學家強調當朝帝王必須要將「學以成聖」作爲自己畢生追求的目標，他們又將理學及其《四書》學看作是「帝王之學」。

學界都知道朱熹是理學體系的集大成者，其實，他也是宋儒新帝學的推動和完成者。朱熹不僅建構了「致廣大、盡精微」的理學體系，也建構了唐宋變革以後的新帝學。他曾經以經筵講席的「帝師」身份，參與到給皇帝的講學活動中。朱熹利用經筵講學的機會，不僅確立了《大學》在「帝王之學」體系中的特殊地位，強調「正心以正朝廷，正朝廷以正百官，正百官以正萬民。」同時，朱熹還進一步以儒家經典體系爲基礎來建構新的帝學體系，後來朱熹的弟子劉爚爲老師作了總結：「帝王之學當本之《大學》，探之《中庸》，參之《論語》、《孟子》，然後質之《詩》、《書》，玩之《周易》，證之《春秋》，稽之《周官》，求之《儀禮》，博之《禮記》，於修身、治天下之道猶指掌矣。」〔註1〕可見，朱熹通過經筵的平臺，建構出一種以《大學》爲框架、以《四書》學爲基礎、進而拓展到《五經》的新帝學體系。顯然，這一種新帝學完全是從宋代理學家的立場和視界出發，與最初作爲士大夫之學的理學體系是完全一致的。

過去學界對朱子的理學體系、經學學術研究較多，而對朱熹的帝學著作《經筵講義》則少有涉及，更沒有將其放在宋代帝學興起、發展的脈絡下，審視朱熹在宋代帝學建構中的重要作用。所以，這個選題其實是一項很有開拓性的研究工作。王琦博士來嶽麓書院攻讀哲學博士學位時，好學上進，在我的建議下，選擇了朱子的《經筵講義》及其帝學思想爲研究對象。她爲了圓滿完成博士論文，查閱了宋代有關經筵講義的全部文獻資料，同時悉心考察了朱子學術的學術資料與思想體系，經過刻苦的研究工作，她終於完成了《朱熹帝學思想研究》的博士論文。

〔註1〕朱彝尊：《通說》，《經義考》卷296，文淵閣四庫全書本。

　　王琦博士的學位論文，將朱熹的帝學思想做出了既有歷史感又有理論性的研究。作者首先以宋代文治治國、士大夫階層崛起、經筵制度定型爲歷史背景，探討宋代新帝學意識的興起。在此背景下，作者又詳細考察了作爲宋學一代宗師的朱熹的帝王之學思想形成過程，論述朱熹於紹熙五年入侍經筵，進呈《經筵講義》，一直堅持以《大學》正君心立紀綱，以道統規範治統，從權力的源頭約束君權，挽救南宋王朝的危機，指出朱熹的目標其實就是以理學建構帝學。朱熹通過天理論、心性論、理一分殊等哲學觀念與命題的運用，解答了帝王學什麼、爲什麼學、如何學等系列問題，爲帝王學爲聖王提供了理論依據與邏輯論證。論文還通過朱熹《經筵講義》與《大學章句》的比較，考察帝王之學與士大夫之學的不同要求，認爲兩者在詮釋目的、詮釋體例、詮釋方式與語言表述風格等方面存在差異。《經筵講義》作爲帝學教材，承載了朱熹以理學建構帝學的價值理想與政治追求，既是對宋代重建政治社會秩序時代課題的回應，又是對范祖禹以來帝學思想的理論化與系統化，體現了朱熹的帝學就是以內聖爲根本而及於外王的思想特徵。

　　王琦博士的學位論文《朱熹帝學思想研究》完成後，已經在學術刊物上發表了一些前期成果，引起學界的關注，也得到同行專家的較高評價。學界也希望能夠盡早讀到原著。所以，我推薦《朱熹帝學思想研究》一書由臺灣花木蘭文化出版社出版，盡早與讀者見面。現在，花木蘭文化出版社已經將其書列入出版計劃，我十分高興，也深感欣慰。我願意通過這一篇序言，將這一部有價值的博士論文推薦給讀者。

2019 年 8 月 7 日於嶽麓書院
（本序作者是湖南大學嶽麓書院教授，王琦博士論文的指導教師）

目

次

第 1 章　緒　論

1.1　選題背景與意義

　　帝學，亦稱帝王之學、人君（主）之學，是宋代興起並由宋儒從士大夫的立場出發建構的，以儒家思想爲主導，以君德成就爲根本，以堯舜聖王爲榜樣，指導帝王爲學修身、治國平天下的學問與理論體系。雖然中國自古就有關於帝王統治方法與政治經驗的總結，但是在宋代之前，並沒有出現「帝學」「帝王之學」的專有名詞，多以「人君南面之術」「帝王術」「君道」等相近的名稱稱之，主要從帝王的立場出發，側重於統治者如何掌控權力、駕馭臣民、富國強兵等權術或治術方面的探討。〔註 1〕而將帝王之「術」上升爲「學」，使之成爲一種專門研究與教導帝王如何學爲堯舜，成就君德帝業的學問，並對其進行理論建構的，則是宋代的士大夫們。

　　宋代文治治國的策略，讓士大夫有了與君主「共治天下」的機會，極大地激發了他們參政議政、以天下爲己任的意識；經筵制度的定型，則又爲宋代士大夫切入政治，利用經典詮釋的優先權，以學術影響帝王的德性修養及其政治實踐，提供了平臺，帝學應運而生。自從范祖禹率先在《帝學》中提出「帝王之學」的概念後，其以《大學》的格物致知、誠意正心、修齊治平

〔註 1〕姜廣輝，夏福英在《宋以後儒學發展的另一走向——試論「帝王之學」的形成與發展》中，對宋以前有關君道與帝王術等問題進行了詳細的梳理，認爲宋以前的人們習慣於用「術」來稱謂帝王的統治方法和政治經驗，重在駕馭群臣，防範臣子篡逆的權謀術。直到北宋司馬光之時，學界尚無「帝王之學」的概念，更無帝王之學的理論體系。本文不再贅言。見《哲學研究》，2014 年第 8 期。

之道引導帝王學為堯舜的帝學理念，〔註2〕得到了同時代及後世士大夫的廣泛認同。「帝王之學」、「帝學」正式進入帝王與士大夫的視野，引起了持久而熱烈的討論。宋代名儒呂公著、范祖禹、梁燾、程頤、胡安國、張栻、張九成、朱熹、楊萬里、徐鹿卿、徐元傑、真德秀、陳長方、黃震、文天祥等都曾對帝王之學是什麼，或不是什麼進行界定與討論，試圖建構一種不同於士大夫之學的帝王之學。

如呂公著說：「人君之學，當觀自古聖賢之君，如堯、舜、禹、湯、文、武之所用心，以求治天下國家之要道，非若博士諸生治章句、解訓詁而已。」〔註3〕指出帝王之學不同於以章句訓詁為主要內容的士大夫之學，重在學習堯舜之道以治理家國天下。這種觀念也為宋代帝王們所接受，如宋高宗曰：「有帝王之學，有士大夫之學。朕在宮中，無一日廢學，然但究前古治道，有宜於今者要施行耳，不必指謫章句以為文也。」〔註4〕明確地將帝王之學與士大夫之學區分開來。

此外，他們還通過什麼不是帝王之學的思考與討論，將包括章句訓詁、功利權謀、老子釋氏之學等排斥在帝王之學外。如胡安國說：「若夫分章析句，牽制文義，無益於心術者，非帝王之學也。」〔註5〕章句訓詁不是帝王之學。張九成說：「豈有以帝王之學入陰謀詭計，而能造天下者乎？蓋為天下國家，必有天下國家之材，如商鞅、孫臏、蘇秦、張儀、樛下數公之說，皆閭閻市井商賈駔儈之材也。將以此輩為天下國家之材，宜乎亂亡相繼，至秦而大壞也。」〔註6〕陰謀詭計、功利權謀之術不是帝王之學。朱熹說：「聖躬雖未有過失，而帝王之學不可以不熟講也」，「蓋記誦華藻，非所以探淵源而出治道；虛無寂滅，非所以貫本末而立大中。是以古者聖帝明王之學，必將格物致知以極乎事物之變，使事物之過乎前者，義理所存，纖微畢照，瞭然乎心目之

〔註2〕〔宋〕范祖禹撰，陳曄校釋：《帝學校釋》，上海：華東師範大學出版社，2015年，第31～32頁。

〔註3〕〔宋〕范祖禹撰，陳曄校釋：《帝學校釋》，上海：華東師範大學出版社，2015年，第134頁。

〔註4〕〔宋〕李心傳：《建炎以來繫年要錄》卷143「紹興十一年十二月乙卯條」，北京：中華書局，1988年，第2297頁。

〔註5〕〔宋〕胡安國：《上欽宗論聖學以正心為要》，見趙汝愚編《宋朝諸臣奏議》卷5，北京大學中國中古史研究中心校點，上海：上海古籍出版社，1999年，第52頁。

〔註6〕〔宋〕張九成：《孟子傳》卷4，文淵閣四庫全書本。

間，不容毫髮之隱，則自然意誠心正，而所以應天下之務者。」〔註7〕記誦詞章、老子釋氏之說不是帝王之學。

正是在與士大夫之學以及其他學說的對比與辨析中，宋代帝王之學的概念日益明確，逐漸形成了以《大學》爲框架，以儒家「正學」引導帝王於「正道」，以道統規範治統，塑造堯舜聖王之君的「新」帝學意識，並與宋代之前重視功利權謀、駕馭臣民等帝王術區別開來。同時，隨著經筵制度的定型與帝學的發展，一種與帝王教育相適應的新經學體例——「經筵講義」逐漸產生並流傳開來。士大夫們紛紛致力於學術體系與政治理念的建構，力圖通過經筵講學，以儒家經旨義理影響帝王的價值觀念與治國理念，進而規範政治，實現致君堯舜，重構社會秩序，道濟天下的王道理想。程頤所謂的「天下治亂繫宰相，君德成就責經筵」，〔註8〕便是對經筵在君德養成中的重要作用的高度概括，體現了宋代帝王教育的重心由「術」到「德」的轉變。經筵講義既是宋代經筵制度定型與學術轉型的產物，又是士大夫寄寓理想，建構帝王之學的重要載體。從某種意義上而言，宋代的帝學，是從士大夫的立場出發，由宋儒建構的「理想」的帝王之學。它與理學相互交織，共同推動了宋代儒學的發展。

由於帝王的表彰及宋儒的闡發，《大學》的重要性日益凸顯，並從《禮記》中獨立出來而流傳於世。自范祖禹首次提出帝王之學謂之「大學」後，朱熹於宋寧宗紹熙五年（1194）進講《（大學）經筵講義》，隨後眞德秀標舉程朱理學，創作了《大學衍義》進呈宋理宗，呈現了一種以理學建構帝學的致思方向。雖然學界有研究關注到了帝學是宋代儒學發展的另外一個走向，並將眞德秀作爲將宋代帝王之學理論化、系統化的第一人，〔註9〕但卻忽略了朱熹在帝學建構中的重要作用，從而使得宋代帝學演變的邏輯線索難以清晰呈現。而關於朱熹對《大學》的詮釋，學界大多關注其《大學章句》與「四書」及理學關係等方面的研究，對其帝學著作《經筵講義》則少有涉及，更沒有將其放在宋代帝學發展的整體脈絡中，審視朱熹在帝學建構中的奠基之功。

〔註7〕〔宋〕朱熹：《壬午應詔封事》，《晦庵先生朱文公文集》卷 11，《朱子全書》第 20 冊，上海：上海古籍出版社；合肥：安徽教育出版社，2010 年，第 571～572 頁。

〔註8〕〔宋〕程頤：《論經筵第三箚子》，《二程集》，北京：中華書局，2004 年，第539～540 頁。

〔註9〕夏福英：《「帝王之學」視域下之〈大學衍義〉研究》，湖南大學博士學位論文，長沙：湖南大學，2015 年。

　　因而，以朱熹《經筵講義》爲中心，聯繫宋代帝學興起的時代背景與發展脈絡，對其帝學思想進行全面而系統的研究，不僅可以探尋朱熹是如何以理學思想爲內涵，完成帝學理論體系的第一次建構，還原其在帝學發展中的重要作用，而且可以把握宋代帝學思想興起、發展、演變的內在邏輯，揭示帝學、理學與經筵講義的內在關係，體現政治、學術、思想之間的互動，豐富與拓展朱熹思想及宋代儒學研究。

1.2　文獻綜述

1.2.1　帝王之學研究綜述

　　宋代以前的帝王之學多關注於君王掌控權力，駕馭臣下，追求政治功利的權術或治術等方面的研究，故多以「君人南面之術」「帝王之術」稱之，這種特點也爲當今的學術界所認同，並主要以道家、法家、儒家等帝王之術的研究爲主。

　　關於道家帝王之術的研究主要有：白少華的《〈老子〉「君人南面之術」新探》，主要通過對老子所處的時代背景及其文本整體性研究，指出《老子》著書的目的就是爲了救世，以《道經》爲君人南面之術的政治理論，《德經》爲其實踐部分。〔註 10〕此外還有金權榮的《〈老子〉：君王南面之術》〔註 11〕、蔡相國的《人君南面術：周秦道家學說的核心》〔註 12〕、支運波的《秦漢道家：君王南面之術》〔註 13〕、秦鋒祥的《〈皇帝四經〉中的帝王「南面之術」》等〔註 14〕，均以駕馭臣民爲核心的「君人南面之術」爲老子及道家思想的根本特徵。劉傳紅的《〈呂氏春秋〉君道思想探析》重點探討了《呂氏春秋》的立君之道與爲君之道；〔註 15〕龐慧通過對《呂氏春秋》君道「用非其有」的

〔註 10〕白少華：《〈老子〉「君人南面之術」新探》：廣西民族大學碩士學位論文，南寧：廣西民族大學，2012 年。

〔註 11〕金榮權：《〈老子〉：君王南面之術》，信陽師範學院學報（哲學社會科學版），2003 年第 2 期。

〔註 12〕蔡國相：《人君南面術：周秦道家學說的核心》，《錦州師院學報（哲學社會科學版）》，1994 年第 4 期。

〔註 13〕支運波：《秦漢道家：君人南面之術》，《民辦教育研究》，2009 年第 6 期。

〔註 14〕秦鋒祥：《〈黃帝四經〉中的帝王「南面之術」》，《鄭州航空工業管理學院學報（社會科學版）》，2015 年第 2 期。

〔註 15〕劉傳紅：《〈呂氏春秋〉君道思想探析》，西南政法大學碩士論文，重慶：西南

思想闡述，指出其核心是驅臣之術，體現了戰國後期君道論的重點在於「君術」。〔註 16〕劉愛敏指出《淮南子》作爲劉安獻給西漢武帝的「帝王之術」，是對漢初黃老治國之術的理論總結，其中的天人感應說及儒、法、道兼用的思想，對武帝及後世治國思想產生了影響。〔註 17〕以上論文從不同的角度對道家帝王之術進行了詳細的分析，對於學者更好地把握先秦與秦漢時期道家的帝王治國之術的特徵，具有一定的借鑒意義。

對法家帝王之術的研究主要以韓非子爲主。如楊正香在《韓非與馬基雅維里：帝王術比較研究》中，認爲韓非與馬基雅維里帝王術的共同點就在於以人性惡爲基礎，否定傳統道德的作用，主張帝王應該採取法、術、勢相結合的方式，確保統治的有效性，甚至爲達到目的可以不擇手段。〔註 18〕王曉軍則從現代管理心理學角度對韓非的帝王之術進行挖掘，認爲《韓非子》一書專門爲帝王而作，其法、術、勢三位一體的治國思想，是以勢爲核心，以術爲重點，教導君主如何管理官吏以加強君權。〔註 19〕葛榮晉《法家的「無爲而治」與「君人南面之術」》〔註 20〕，認爲法家將老子「無爲」與「有爲」思想有機結合，爲「法、術、勢」的君人南面之術奠定了哲學基礎，創造性地完成了從道家無爲到法家有爲之說的轉換。

關於儒家帝王之術的研究主要有：宋紹光的《述論荀子「帝王之術」》，指出荀子從國之命在禮、尚賢使能、以政裕民等方面提出治國安民的帝王之術，爲實現其政治思想張本。〔註 21〕商曉輝的碩士論文《荀子與韓非子君道思想研究》，追溯了先秦時期君道思想的演變軌跡，並從人性論、政治方針、君民與君臣關係、君主的作用與職能等方面，對荀子與韓非子君道思想進行了比較，指出兩人在本質上都是君本論者。〔註 22〕柴永昌則對先秦的儒、道、

政法大學，2010 年。

〔註 16〕龐慧：《「用非其有」：戰國後期君道論的整合與歧出》，《史學月刊》，2008 年第 12 期。

〔註 17〕劉愛敏：《〈淮南子〉道論與兩漢政治》，《齊魯文化研究》，2013 年第 13 輯。

〔註 18〕楊正香：《韓非與馬基雅維里：帝王術比較研究》，《社會科學論壇》，2001 年第 12 期。

〔註 19〕王曉軍：《試論韓非的帝王之術——韓非管理心理思想研究》，陝西師範大學碩士學位論文，西安：陝西師範大學，2001 年。

〔註 20〕葛榮晉：《法家的「無爲而治」與「君人南面之術」》，《理論學刊》，2008 年第 1 期。

〔註 21〕宋紹光：《述論荀子「帝王之術」》，《學海》，1998 年第 4 期。

〔註 22〕商曉輝：《荀子與韓非子君道思想比較研究》，陝西師範大學碩士學位論文，

法三家的君道思想的內容與特點進行了梳理，指出先秦的君道主要是圍繞著君主如何維護勢位、如何用人等方面而展開。〔註 23〕張強《西漢帝王與帝王之學及經學之關係》，通過對西漢從「以吏爲師」到「以師爲吏」的政治思想路線轉變的追溯，指出在武帝置五經博士之後，經學成爲漢代的帝王之學，尊重經師，以經治國成爲了漢代政治的基本特點。雖然該文追溯了西漢經學歷史及帝王、經學與經師的關係，但是五經博士的設立並非專爲皇帝而設，皇帝重視經學或向經師問學，主要是出於政權穩定與國家治理的需要。經學在尋章摘句與微言大義的發揮中，爲君權神授與政治決斷提供了合理依據，因而在某種意義上而言，此時的帝王之「學」仍然是側重於國家治理與政治制度建設的「帝王之術」。〔註24〕張強的另外一篇論文《漢代以前的禮樂沿革與帝王統治術》，通過禮樂在三代至西漢沿革及內涵的闡述，指出禮樂既是周代推明道德倫理的手段，又是爲政治所設的統治術。〔註25〕此外，孟憲實《李世民的帝王之術》主要論述了李世民運用駕馭臣下的「帝王術」來處理與李靖、李勣、尉遲敬德、房玄齡等元勳功臣的關係。〔註 26〕總體而言，宋以前的帝王之學兼收儒、道、法等各家思想，側重於「治術」或「權術」等層面，故多以「帝王之術」稱之，而未能成爲眞正意義上的「帝王之學」。

眞正對於宋代「帝王之學」進行比較深入研究的，當屬姜廣輝教授與夏福英博士，他們梳理了歷代君道與帝王術的文獻，指出帝王之學是宋代儒學發展的另一個走向，中國古代帝王之學的理論體系是從南宋眞德秀《大學衍義》開始建立的，可謂開前人之所未開，很有見地。〔註 27〕夏福英在《建構「帝王之學」的信仰體系》中，對《大學衍義》中崇敬畏和戒逸欲進行分梳，指出誠意不是知識體系的問題，而是帝王之學的信仰體系。〔註 28〕夏福英、姜廣輝《建構「帝王之學」的知識體系》，將「明道術、辨人才、審治體、察

西安：陝西師範大學，2015 年。

〔註23〕柴永昌：《先秦儒家、道家、法家君道論研究》，西北大學博士學位論文，西安：西北大學，2014 年。

〔註24〕張強：《西漢帝王與帝王之學及經學之關係》，《淮陰師範學院學報（哲學社會科學版）》，2001 年第 2 期。

〔註25〕張強：《漢代以前的禮樂沿革與帝王統治術》，《江蘇社會科學》，2003 年第 3 期。

〔註26〕孟憲實：《李世民的帝王之術》，《資治文摘》，2009 年第 8 期。

〔註27〕姜廣輝，夏福英：《宋以後儒學發展的另一走向——試論「帝王之學」的形成與發展》，《哲學研究》，2014 年第 8 期。

〔註28〕夏福英：《建構「帝王之學」的信仰體系——眞德秀〈大學衍義〉「誠意正心之要」解析》，湖南大學學報（哲學社會科學版）》，2014 年第 6 期。

民情」視爲格物致知之要，勾勒了《大學衍義》的帝學知識體系。〔註29〕夏福英還將「誠意正心」視爲帝王爲治之序，把「正君之心」作爲帝王爲學之本，希望君主從自己身心上著力，做合格君主。〔註30〕其博士論文第一次將《大學衍義》放在帝王之學的視域下進行研究，從知識體系、信仰體系、修身之道、齊家之道等方面，展現了眞德秀對宋代帝學的理論建構之功。〔註31〕以上的文獻爲學者們提供了一定的研究方向與方法，但是他們對帝王之學是如何在宋代興起、發展與建構的過程沒有展開系統研究。

此外，土田健次朗在《道學之形成》中，雖沒有對帝王之學進行具體闡述，但是他卻意識到道學之所以能在社會中扎根，是由於其作爲帝王之學的魅力，爲「各種不同立場的士大夫們提供了充足的存在理由。」〔註32〕吳國武通過程頤入侍經筵的考辨，指出程頤首倡「君德成就責經筵」，意味著經筵對帝王的全面輔導功能，其帝學、聖學的傾向顯示了當時思想界的新動向。〔註33〕姜鵬在其專著《北宋經筵與宋學的興起》中，力圖對宋人眼中的帝王之學進行界定，指出帝學以學爲堯舜爲目的，需有措之天下的經世效用，對道學的誕生具有重大影響。〔註34〕以上的研究看到了帝王之學在宋代發展的新趨向，但是對帝學興起與理學發展的關係沒有深入地展開論述。

還有一些討論宋代士大夫的政治思想與政治哲學的文獻，儘管沒有系統地論述帝王之學，但對宋代帝學思想的研究仍具有一定的借鑒作用。如盧國龍的《宋儒微言》，把北宋儒學復興的實質內涵歸結爲多元政治哲學批判與重建，並對慶曆更新、熙寧變法、元祐更化等政治變革與學術精神進行了探討。〔註35〕孫曉春認爲兩宋時期的天理論的確立，標誌著傳統儒家的政治哲學邏

〔註29〕 夏福英，姜廣輝：《建構「帝王之學」的知識體系——眞德秀〈大學衍義〉「格物致知之要」解析》，《中國哲學史》，2015 年第 1 期。

〔註30〕 夏福英：《「心者，人君之本」——帝王「爲治之序」與「爲學之本」》，《原道》，2015 年第 25 輯。

〔註31〕 夏福英：《「帝王之學」視域下之〈大學衍義〉研究》，湖南大學博士學位論文，長沙：湖南大學嶽麓書院，2015 年。

〔註32〕 〔日〕土田健次郎：《道學之形成》，上海：上海古籍出版社，2010 年，第 11～12 頁。

〔註33〕 吳國武：《程頤入侍經筵考——兼談朱熹的講讀活動及程朱譜系的形成》，《人文與價值：朱子學國際學術研討會暨朱子誕辰 880 週年紀念會論文集》，上海：華東師範大學出版社，2011 年，第 98～112 頁。

〔註34〕 姜鵬：《北宋經筵與宋學的興起》，上海：上海古籍出版社，2013 年，第 129～168 頁。

〔註35〕 盧國龍：《宋儒微言》，北京：華夏出版社，2001 年。

輯化的最終完成。〔註 36〕范立舟認為兩宋理學家的政治理想，最能體現儒家主流政治哲學的特質，倫理問題是解決政治問題的關鍵所在。〔註 37〕李存山《程朱的「格君心之非」思想》，對程朱給皇帝上書等關涉帝王政治的內容的進行了研究〔註 38〕。鄭臣以程明道的《識仁篇》為中心，探討了其理學思想中所蘊含的政治哲學，指出宋儒的內聖與外王、道德與政治從來都是有機地結合在一起的。〔註 39〕孔妮妮指出南宋理學家將義理闡發和現實政治緊密結合，通過對倫理綱常、君臣大義、王道理想的政治闡釋，使理學價值觀逐步成為穩定社會秩序的不易之規。〔註 40〕敦鵬通過對二程政治哲學的研究，認為天理論是其理論基礎，道統思想是其歷史合法性，義利之辨與禮法規訓則為其政治哲學的實踐路徑等。〔註 41〕

　　總體而言，儘管學界看到了宋代帝學發展的新動向，但均未能將帝王之學放入宋代的時代大背景中，考察其興起、發展、建構的邏輯線索，深入探討帝學興起與理學發展之間的內在聯繫。

1.2.2　經筵講義研究綜述

　　經筵講義是在宋代興起的，與帝學發展相適應的新經學體例，是儒家士大夫詮釋經旨義理，為教導帝王而撰寫的經筵講稿與帝學教材，為宋代學術轉型與經筵制度定型的產物。「講義」，最初的意思是講說經義，南北朝時就有「講義兩行得郎中」的記載。〔註 42〕但這時的講義並不是專指儒家的經學體例，而是泛指講論經義的講學活動。到宋代，隨著以名物訓詁為主的經學向義理之學的轉型，以及各類教育與講學活動的盛行，一種以闡發經典義理為己任，授徒講經的講稿，即講義逐漸流行開來，被廣泛運用於各種講學與教學活動之中。〔註 43〕現存最早進呈經筵講義的記錄，是在宋神宗元豐年間，陸佃「在經筵始

〔註 36〕孫曉春：《兩宋天理論的政治哲學解析》，《清華大學學報（哲學社會科學版）》，2004 年第 4 期。

〔註 37〕范立舟：《論兩宋理學家的政治理想》，《政治學研究》，2005 年第 1 期。

〔註 38〕李存山：《程朱的「格君心之非」思想》，《中國社會科學院研究生院學報》，2006 年第 1 期。

〔註 39〕鄭臣：《識仁與王政——程明道理學思想的政治哲學維度》，《吉林師範大學學報（人文社會科學版）》，2012 年第 9 期。

〔註 40〕孔妮妮：《南宋理學視域中的政治建構與義理詮釋》，《求索》，2014 年第 7 期。

〔註 41〕敦鵬：《二程政治哲學研究》，河北大學博士論文，保定：河北大學，2013 年。

〔註 42〕〔唐〕李百藥：《北齊書》卷 30，北京：中華書局，1972 年，第 405 頁。

〔註 43〕朱漢民教授根據講學的場所對象不同，將其分為三類：一是給皇帝講經的講

進講義」，〔註44〕《宋史》中亦有「（陸佃）進講《周官》，神宗稱善，始命先一夕進稿」的記載。〔註45〕而在此之前，經筵講官往往是「執卷而口說，未嘗有講義也」。〔註46〕經筵進呈講義的目的，主要是備帝王經筵聽講前預習或課後溫習，以提升其知識素養、德性修養與治國理政能力。自此以後，在經筵講學前後進呈講義成爲一種常態，經筵講義的撰寫也隨之流行開來。不僅出現了「五經」經筵講義，而且「四書」經筵講義也逐步盛行。如宋眞宗時邢昺講《中庸》「爲下國家有九經」大義，〔註47〕范祖禹、呂公著、楊時等著有《論語》經筵講義，程俱、陳傅良等著有《孟子》經筵講義，朱熹、眞德秀著有《大學》經筵講義等。這些經筵講義的出現，與宋代理學的興盛與帝學的發展基本上是同步的。然而一直以來，學術界對經筵講義的研究沒有引起足夠的重視，對其與理學、帝學之間的關係也未深入探討，留有較大的研究空間。

中國大陸較早重視經筵講義，並對其文獻進行整理的，當屬顧宏義教授。他通過對宋代《四書》的文獻論考，發現講義類著作異軍突起，達到了 118 種，僅次於解說類的著作，認爲經筵講義的大量出現，與理學發展有密切相關。〔註48〕爲研究宋代《四書》學及其講義，提供了文獻參考與致思方向。馬元元在其碩士論文《南宋經筵制度及其歷史作用》中，對經筵講讀內容進行了梳理，認爲經筵講義起源於北宋，在神宗元豐年間形成了開講次日進獻講義的慣例，南宋時曾於次日進獻講義，後改爲當日進獻。〔註49〕其他對經筵講義進行研究的大陸學者，主要有張實龍、陳小亮、婁璐琦、郝桂敏等。

義，通常稱「經筵講義」；二是國子監、州縣等各級官學的講義；三是書院講義。見朱漢民，洪銀香：《宋儒的義理解經與書院講義》，《中國哲學史》，2014年第 4 期。

〔註44〕〔宋〕王應麟撰，欒保群等校點：《經說》，《困學紀聞》卷 8，上海：上海古籍出版社，2015 年，第 201 頁。

〔註45〕〔元〕脫脫等：《陸佃傳》，《宋史》卷 343，北京：中華書局，1985 年，第10918 頁。

〔註46〕〔宋〕王應麟撰，欒保群等校點：《經說》，《困學紀聞》卷 8，上海：上海古籍出版社，2015 年，第 201 頁。

〔註47〕范祖禹《帝學》記載：「帝（眞宗）宴餞侍講學士邢昺於龍圖閣，上挂《禮記·中庸篇》圖，昺指『爲天下國家有九經』之語，因講述大義，序修身尊賢之理，皆有倫貫。坐者聳聽，帝甚嘉納之。」參見范祖禹撰，陳曄校釋：《帝學校釋》，上海：華東師範大學出版社，2015 年，第 82 頁。

〔註48〕顧宏義：《宋代〈四書〉文獻論考》，上海：上海古籍出版社，2014 年，第41頁。

〔註49〕馬元元：《南宋經筵制度及其歷史作用》，河北大學碩士學位論文，保定：河北大學，2008 年。

他們以宋代袁燮的《絜齋毛詩經筵講義》爲研究對象，側重於文本闡釋特點、形成原因、思想內容、受眾意識等角度的探討。如張實龍認爲袁燮解經時注重受眾意識，採用了三段式的結構給帝王講解《詩經》，簡潔明瞭，啓發人主。〔註50〕陳小亮指出袁燮運用心學方法解經，注重踐履工夫和經世致用，著力啓沃君心。〔註51〕婁璐琦認爲袁燮以心學闡發聖賢之義、君王之德、治國之道，體現出經世致用的治學理念和勇於承擔的士大夫精神。〔註52〕郝桂敏指出袁燮的講義之所以具有經世致用的功能和爲現實政治服務的特點，原因就在於他從政治倫理方向，將陸氏心學運用於社會。〔註53〕廖峰撰寫的《顧鼎臣〈中庸〉首章經筵解讀》，從訓詁學和闡釋學的角度出發，旨在結合具體歷史事實，研討經典時代性解讀等問題。〔註54〕這些經筵講義主要以《詩經》與《中庸》的研究爲主，闡述的角度各有不同，但都基本上認同經筵講義作爲帝學文本，具有闡發義理，經世致用、切於治道、啓沃君心的特點，爲後學研究經筵講義提供了有益的借鑒。此外，朱漢民教授通過經學演變與解經體例的變遷，指出了宋儒經典講義的不同類型，並爲經筵講義作出了定義。〔註55〕鄭曉江對陸九淵《白鹿洞書院論語講義》、〔註56〕陳重對陳襄《中庸講義》、〔註57〕范麗琴對龔原《周易新講義》〔註58〕等探討，雖是針對爲普通讀書人而創作的講義研究，但在研究方法與思想上均爲研究者提供了一定的借鑒。

　　在中國臺灣，最早對宋代經筵講義文獻資料進行系統整理，並將之納入「帝王之學」研究視野的是林慶彰教授。他主編了《中國歷代經書帝王學叢書（宋

〔註50〕張實龍：《論袁燮〈絜齋毛詩經筵講義〉的受眾意識》，《浙江萬里學院學報》，2015 年 2 期。

〔註51〕陳小亮：《袁燮〈毛詩經筵講義〉心學思想淺析》，《西安電子科技大學學報（社會科學版）》，2013 年第 6 期。

〔註52〕婁璐琦：《論袁燮〈絜齋毛詩經筵講義〉的闡釋特點》，《中共寧波市委黨校學報》，2012 年第 4 期。

〔註53〕郝桂敏：《袁燮〈絜齋毛詩經筵講義〉的特點及成因》，《遼寧教育行政學院學報》，2007 年第 7 期。

〔註54〕廖峰：《顧鼎臣〈中庸〉首章經筵解讀》，《唐山師範學院學報》，2010 年第 3 期。

〔註55〕朱漢民，洪銀香：《宋儒的義理解經與書院講義》，《中國哲學史》，2014 年第 4 期。

〔註56〕鄭曉江：《道統、學統與政統——以朱子〈白鹿洞書院揭示〉和陸子〈白鹿洞書院論語講義〉爲中心》，《教育文化論壇》，2010 年第 1 期。

〔註57〕陳重：《簡論陳襄〈中庸講義〉的思想內涵》，《浙江學刊》，2013 年第 2 期。

〔註58〕范麗琴：《龔原〈周易新講義〉研究》，福建師範大學碩士學位論文，福州市：福建師範大學，2011 年。

代編）》，首次明確地將經筵講義視爲「經書帝王學」，對宋代經筵進講的《周易》、《尙書》、《詩經》、《禮記》、《春秋》、《孝經》、《論語》、《孟子》、《大學》等文獻進行了全面搜集與輯錄。他在卷首對帝學經典內容及經筵講義的特點等予以了概括，指出經筵講義既是古代學者發揮經義的記錄，又是教育皇帝的教材，在經學史與教育史上具有十分重要的意義，爲後學研究宋代帝王學與經筵講義提供了豐富的文獻資料與研究線索。〔註59〕林慶彰教授該套「經書帝王學叢書」，還收錄了王德毅教授的論文《宋代的帝王學》，重點概述了宋代經筵進讀的典籍、侍讀與侍講經筵進講的事蹟。指出帝王當以務學爲急，尊師重道，從經書中探求經國治民之大道，從史書中明察前代興亡治亂之故，並認爲宋代文治成效與經筵官的講學活動有著密切關係。〔註60〕林慶彰教授還指導了鍾信昌博士撰寫了《宋代〈論語〉經筵講義研究》，這是對宋代《論語》經筵講義授受情況進行整體研究的第一篇博士論文。作者通過對呂公著等九位經筵官進講內容的梳理，探討了經筵講義對帝王教育的功用，指出經筵講學活動中，經筵官與皇帝互動的關係是宋代儒士參政的最佳定位。〔註61〕其他關於經筵講義研究的期刊論文，主要有：陳恒嵩的《徐鹿卿及其〈尙書〉經筵講義研究》，指出了經筵講義具有發揮經典要義感格君心，議論朝政，勸誡君王，補益闕失的作用，揭示了《尙書》學對帝王教育的深刻意義。〔註62〕其另一篇論文《魏校及其〈尙書〉經筵講義析論》，指出經筵講義具有聯繫時政、指陳所見，要論切於治道的作用。〔註63〕蔣秋華則主要從劉克莊《商書講義》的說解方式、引用的經學依據、與宋代時政的關係進行分析，指出經筵講義是爲帝王講解經籍而作，具有借題發揮、影響時政的實際功能。〔註64〕以上學者或對經筵講義進行文獻整理，或對其思想內容、特點、作用等進行研究，爲進一步深入梳理經筵講義提供了文獻資料與思想借鑒。

　　綜上所述，無論是中國大陸還是臺灣學者，都在一定程度上注意到了經筵

〔註59〕　林慶彰：《中國歷代經書帝王學叢書（宋代編）》，臺北：新文豐出版公司，2012 年。
〔註60〕　王德毅：《宋代的帝王學》，見林慶彰：《中國歷代經書帝王學叢書（宋代編）》，臺北：新文豐出版公司，2012 年。
〔註61〕　鍾信昌：《宋代〈論語〉經筵講義研究》，臺北市立大學博士論文，臺北：臺北市立大學，2015 年。
〔註62〕　陳恒嵩：《徐鹿卿及其〈尙書〉經筵講義研究》，《嘉大中文學報》，2009 年第 2 期。
〔註63〕　陳恒嵩：《魏校及其〈尙書〉經筵講義析論》，《東吳中文學報》，2011 年第 21 期。
〔註64〕　蔣秋華：《劉克莊〈商書講義〉析論》，《嘉大中文學報》，2009 年第 2 期。

講義的研究，尤其是較系統地整理了宋代經筵講義的文獻資料，但是總體而言，其研究的深度、廣度還有待進一步提升。其中對經筵講義進行專題研究的博士論文僅有 1 篇，期刊論文總計 8 篇（宋代經筵講義研究的論文為 6 篇），且主要以《詩經》《尚書》經筵講義研究為主，鮮有文獻對《大學》等經筵講義進行專門研究，這與經筵講義在宋代的興盛以及《大學》在理學中的地位是不相稱的。而對經筵講義為何會在宋代興起及其發展過程，經筵講義與理學、帝學之間的內在關係，學術界至今未有人進行過系統研究，留下了較大的拓展空間。

1.2.3 朱熹《大學》與「帝學」相關研究綜述

錢穆認為：「朱子畢生，於四書用功最勤最密」，將四書學作為朱子「全部學術之中心或其結穴」。〔註65〕而四書之中，《大學》又是朱熹花費心血最多的著作。他曾言：「某於《大學》用工甚多。溫公作《通鑒》，言：『臣平生精力，盡在此書。』某於《大學》亦然。」〔註66〕朱熹不僅撰寫了《大學章句》，使之與《中庸章句》、《論語集注》、《孟子集注》合集，建構以了「四書」為核心的理學新經典體系，而且撰寫了《經筵講義》，以《大學》為「不可不熟講」的「帝王之學」，〔註67〕力圖建構理學化的帝學理論體系，影響帝王，規範政治，塑造堯舜聖王，為政治社會秩序的重構提供理論依據與邏輯論證。然而從當今學界的研究現狀而言，更注重對朱熹《大學章句》及其與四書、理學關係等方面的研究，取得了豐碩的研究成果。而對其《經筵講義》與帝學思想研究，則只散見於一些文獻之中，並未出現專門的研究論文與專著，具有較大的研究空間。

現今涉及到朱熹《經筵講義》與帝學思想研究的文獻主要有：朱漢民、肖永明教授所著的《宋代〈四書〉學與理學》「附論」部分，將經筵講學與上封事奏劄作為理學向最高統治集團滲透的重要方式。認為通過朱熹《經筵講義》可以看出「《大學》之道是為治根本」，其《壬午應詔封事》中所謂的「帝王之學」就是《大學》。〔註68〕趙峰《朱熹的終極關懷》，從儒者關懷的宏觀定位、個體生命的意義安置、社會理想的執著追求，指出朱熹修道的目的在於行道，

〔註65〕錢穆：《朱子學提綱》，北京：生活·讀書·新知三聯出版社，2002 年，第 200 頁。
〔註66〕〔宋〕黎靖德：《朱子語類》卷 14，北京：中華書局，1986 年，第 258 頁。
〔註67〕從朱熹於紹興三十二年（1162）在《壬午應詔封事》中首次提出以《大學》為不可不熟講的帝王之學，至其紹熙五年（1194）入侍經筵，進講《經筵講義》，前後歷經 32 年。其間，朱熹一直利用各種進封事與奏劄的機會，力圖以《大學》經旨義理影響帝王及其政治實踐，實現致君堯舜、道濟天下的理想。
〔註68〕朱漢民、肖永明：《宋代〈四書〉學與理學》，北京：中華書局，2009 年。

而正君心、立綱紀、護民本，則是其政治學說的核心及實踐基礎。對其壬午封事、癸未之對、延和殿奏事、戊申封事等有關「帝王之學」的封事奏箚，及其經筵進講事蹟有所介紹。〔註69〕束景南在《朱熹研究》中，對朱熹生平的政治與學術進行系統梳理，對其入侍經筵進講《大學》的情況予以了介紹。〔註70〕吳曉榮在《兩宋經筵與學術》中，探討了經筵與學術的關係，並對朱熹的《經筵講義》進行了一定的解讀，認爲其以「敬」爲御君心之方，以誠意正心之學來格正君心，有益於治道的實現。〔註71〕陳東從君心不能自正、帝王之學有邪正之分、帝王爲學之序、經筵告君之道等角度論述了朱熹的帝王教育思想，認爲當以「大學」爲「正學」而正君心，達到教化君主、建言時事的目的。〔註72〕陳壁生認爲在教化帝王方面，朱熹以《大學》格物致知、誠意正心之學爲「帝王之學」，目的在於啓發聖心，成就君德，實現致君堯舜的理想。〔註73〕以上的研究對朱熹《經筵講義》及帝學思想都有不同程度的關注，但均未從帝學的視域對朱熹《經筵講義》進行全面系統的研究，並從宋代帝學興起、發展的整體脈絡中，審視朱熹在宋代帝學發展過程中的重要作用。

　　還有一些論著與論文，從政治思想與政治哲學的角度，對朱熹《大學》的思想特點進行了闡發。如余英時《朱熹的歷史世界》，通過對朱熹《文集》中政治與學術的考察，將文化史與政治史相結合，以宋代士大夫政治文化爲主題，探討朱熹所處的歷史世界，試圖揭示道學與治道之間的內在聯繫，指出「宋代儒學的整體動向是秩序重建」，治道是其起點。道學雖然以內聖爲特點，而「合理的人間秩序的重建」則是內聖的終極目的；得君行道包含著以朱熹爲代表的理學家們以政治主體自待的群體意識，認爲朱熹將《大學》作爲由內聖通向外王的「津梁」並納入理學系統，是其獨特貢獻。〔註74〕蕭公權認爲程朱政治哲學大體上以《大學》爲根據。〔註75〕周偉民認爲，朱熹通過對《大學》的闡釋，建立了以誠意、正心、修身來實現「格君心之非」的政治哲學，這是《大學》在宋代爲道學家所肯定並推崇的重要原因，具有歷

〔註69〕趙峰：《朱熹的終極關懷》，上海：華東師範大學出版社，2004 年。

〔註70〕束景南：《朱熹研究》，北京：人民出版社，2008 年。

〔註71〕吳曉榮：《兩宋經筵與學術》，南京大學碩士學位論文，南京：南京大學，2013 年。

〔註72〕陳東：《朱熹論帝王教育》，《第三屆世界儒學大會論文集》，北京：文化藝術出版社，2011 年。

〔註73〕陳壁生：《理教與經教之間——朱子政治哲學中的帝王、士大夫與庶民》，《現代哲學》，2014 年第 6 期。

〔註74〕余英時：《朱熹的歷史世界》，北京：生活・讀書・新知三聯書店，2011 年。

〔註75〕蕭公權：《中國政治思想史》，北京：商務印書館，2011 年，第 486 頁。

史的進步因素。〔註76〕謝曉東認爲朱熹以《大學》「新民」觀念爲中心，重構了儒家政治哲學，凸顯了德性與政治之間的內在聯繫。〔註77〕張勇討論了朱熹理學思想的形成和演變，認爲《大學章句》體現了朱子「絜矩之道」的政治哲學，回應了「宋代士大夫焦慮的內聖外王的理論難題」。〔註78〕李思遠主要是站在南宋士大夫的立場，認爲朱熹研究《大學》的著眼點，就在於通過格物致知的道德體認與誠意正心的道德踐履，實現修齊治平的政治理想，以此挽救南宋的危亡。〔註79〕張偉認爲朱熹的《大學》開啓了「成仁」塑造之學，是由個體道德完善推出修齊治平的理想〔註80〕。李山河認爲朱熹《大學章句》的主題就是「爲學亦爲政」等等。〔註81〕以上的這些文獻儘管主要以朱熹的《大學章句》爲研究對象，但是通過這些研究，我們可以發現《大學》「三綱領」、「八條目」確實可以溝通儒家的內聖外王、修己治人之道，既可以用之於個體的道德修養，成聖成賢，也可用之於國家治理與帝王教化，從而爲探討朱熹《經筵講義》與帝學理論建構，提供了一定的借鑒。

此外，對於《大學章句》的研究，學術界還採取了經學文獻整理和哲學義理詮釋的兩種進路，或將其納入「四書」學做整體研究，或對其進行專門研究。如將《大學章句》作爲「四書」學的有機整體進行研究的，主要有大槻信良《朱子四書集注典據考》〔註82〕、陳逢源《朱子與四書章句集注》〔註83〕、國建強《〈四書章句集注〉訓詁研究》〔註84〕、朱悅坤《論〈四書章句集注〉成書及文獻學特色》〔註85〕、顧歆藝等《〈四書章句集注〉

〔註76〕 周偉民：《論朱熹「格君心之非」的政治哲學》，《海南大學學報》，1991 年第 2 期。
〔註77〕 謝曉東：《朱熹的「新民」理念——基於政治哲學視角的考察》，《廈門大學學報（哲學社會科學版）》，2011 年第 4 期。
〔註78〕 張勇：《朱熹理學思想的形成與演變》，西北大學博士學位論文，西安：西北大學，2008 年。
〔註79〕 李思遠：《論朱熹的〈大學〉研究》，西北大學碩士學位論文，西安：西北大學，2013 年。
〔註80〕 張偉：《朱熹「四書學」思想研究》，河北大學博士學位論文，保定市：河北大學，2013 年。
〔註81〕 李山河：《爲學亦爲政：朱熹〈大學章句〉思想發微》，《朱子學刊》，2008 年第 1 輯。
〔註82〕 〔日〕大槻信良：《朱子四書集注典據考》，臺北：學生書局，1976 年。
〔註83〕 陳逢源：《朱子與四書章句集注》，臺北：里仁書局，2006 年。
〔註84〕 國建強：《〈四書章句集注〉訓詁研究》，新疆師範大學碩士論文，烏魯木齊：新疆師範大學，2005 年。
〔註85〕 朱悅坤：《論〈四書章句集注〉成書及文獻學特色》，中南民族大學碩士論文，武漢：中南民族大學，2009 年。

研究》〔註 86〕、周光慶《朱熹〈四書〉解釋方法論》〔註 87〕、朱漢民《朱熹〈四書〉學詮釋的二重進路》〔註 88〕、肖永明《朱熹〈四書〉學的治學特點》〔註 89〕、黃俊傑《論經典詮釋與哲學建構之關係——以朱子對〈四書〉的解釋爲中心》〔註 90〕、許家星《朱子「四書」學研究之回顧與前瞻》〔註 91〕、陳壁生《朱熹的〈四書〉與「五經」》〔註 92〕、李紀祥《〈四書〉本〈大學〉與〈禮記·大學〉：兩種文本的比較》〔註 93〕等著作或論文。

對《大學章句》進行專題研究的，如；蔣國保《朱熹〈大學〉研究之創見與迷失》〔註 94〕、朱漢民等《朱熹〈大學〉「明明德」詮釋的理學意蘊》〔註 95〕、陳來《論朱熹〈大學章句〉的解釋特點》〔註 96〕、鄒曉東《〈大學章句〉中的「出發點喪失」問題》〔註 97〕、戴兆國等《從〈大學章句〉引注考看朱熹經典解釋學的特點》〔註 98〕、楊佳《淺析朱熹〈大學章句〉》〔註 99〕、胡孝忠《「大學章句」新解及與朱熹注解的對比》〔註 100〕、陳林《朱熹〈大學章句〉

〔註 86〕 顧歆藝，金開誠：《〈四書章句集注〉研究》，《中國典籍與文化》，2003 年第 3 期。

〔註 87〕 周光慶：《朱熹〈四書〉解釋方法論》，《孔子研究》，2000 年第 6 期。

〔註 88〕 朱漢民：《朱熹〈四書〉學詮釋的二重進路》，《求索》，2004 年第 1 期。

〔註 89〕 肖永明：《朱熹〈四書〉學的治學特點》，《湖南大學學報（社會科學版）》，2004 年第 1 期。

〔註 90〕 黃俊傑：《論經典詮釋與哲學建構之關係——以朱子對〈四書〉的解釋爲中心》，《南京大學學報》，2007 年第 2 期。

〔註 91〕 許家星：《朱子「四書」學研究之回顧與前瞻》，《中華文化論壇》，2013 年第 2 期。

〔註 92〕 陳壁生：《朱熹的〈四書〉與「五經」》，《中山大學學報（社會科學版）》，2014 年第 2 期。

〔註 93〕 李紀祥：《〈四書〉本〈大學〉與〈禮記·大學〉：兩種文本的比較》，《文史哲》，2016 第 4 期。

〔註 94〕 蔣國保：《朱熹〈大學〉研究之創見與迷失》，《蘇州市職業大學學報》，2006 年第 2 期。

〔註 95〕 朱漢民，周之翔：《朱熹〈大學〉「明明德」詮釋的理學意蘊》，《哲學研究》，2012 年第 7 期。

〔註 96〕 陳來：《論朱熹〈大學章句〉的解釋特點》，《文史哲》，2007 年第 2 期。

〔註 97〕 鄒曉東：《〈大學章句〉中的「出發點喪失」問題》，《周易研究》，2011 年第 5 期。

〔註 98〕 戴兆國，耿芳朝：《從〈大學章句〉引注考看朱熹經典解釋學的特點》，《東嶽論叢》，2015 年第 1 期。

〔註 99〕 楊佳：《淺析朱熹〈大學章句〉》，《遼東學院學報》，2011 年第 4 期。

〔註 100〕 胡孝忠：《「大學章句」新解及與朱熹注解的對比》，《吉林廣播電視大學學報》，2013 年第 10 期。

「誠意」注解定本辨析》〔註101〕、張錦枝《對朱熹解釋思想的再思考——以〈大學章句集注〉爲例》〔註102〕、王宏海《大學之道的理學化——以朱熹〈大學章句〉爲核心的解讀》〔註103〕、樂愛國《朱熹〈大學章句〉「格物致知補傳」的「心學」內涵》〔註104〕、宋兵超《朱子〈大學章句〉建構體系的梳理與析出》〔註105〕、鄔建江《朱熹〈大學章句〉道德教育理論的當代啓示》〔註106〕等等。這些文獻或對《大學章句》進行訓詁考證、文獻整理等方面的研究，或對其進行義理詮釋，探討其哲學內涵、闡釋特點、思想意蘊及其與「四書」、理學之間的關係，對於研究者從各個不同的層面把握朱熹《大學》思想的內涵與特點，提供了研究方法與視角。

通過對朱熹《大學》與帝學思想研究的文獻梳理，我們可以發現，現今學術界對朱熹的《大學章句》的研究比較深入、全面，既有文字訓詁考證，又有義理詮釋，涉及到哲學、理學、四書學、教育學、政治學、倫理學等多個層面。而對朱熹《經筵講義》的研究則未引起足夠的重視，既沒有出現對朱熹《經筵講義》進行全面探討的專論，也沒有學者以《經筵講義》爲中心，對其帝學思想進行系統研究。

綜上所述，當前學術界對帝王之學與經筵講義的研究，雖然取得了一定的成果，但是從研究的廣度與深度而言，都有待進一步提升。尤其是對朱熹《經筵講義》與帝學思想的研究還處於初始階段，留下了較大的研究空間：1. 宋代「帝王之學」是如何逐漸興起，並成爲帝王與士大夫共同關注的話題？其發展、建構的邏輯線索是什麼？2. 朱熹是如何以《經筵講義》爲中心對帝學進行理論建構的？從范祖禹提出以《大學》爲帝王之學，到朱熹的《經筵講義》，再到眞德秀的《大學衍義》，朱熹在其間的地位和作用是什麼？3. 經筵講義、帝學與理學之間的關係是什麼？學術與政治之間又是如何互動的？

〔註101〕陳林：《朱熹〈大學章句〉「誠意」注解定本辨析》，《孔子研究》，2015年第2期。
〔註102〕張錦枝：《對朱熹解釋思想的再思考——以〈大學章句集注〉爲例》，《同濟大學學報（社會科學版）》，2008年第1期。
〔註103〕王宏海：《大學之道的理學化——以朱熹〈大學章句〉爲核心的解讀》，《高校教育管理》，2010年第3期。
〔註104〕樂愛國：《朱熹〈大學章句〉「格物致知補傳」的「心學」內涵》，《南昌大學學報（人文社會科學版）》，2014年第5期。
〔註105〕宋兵超：《朱子〈大學章句〉建構體系的梳理與析出》，《雞西大學學報》，2014年第2期。
〔註106〕鄔建江：《朱熹〈大學章句〉道德教育理論的當代啓示》，《倫理學研究》，2006年第4期。

對於這些問題的解答不僅可以豐富與發展宋代儒學研究，而且可以使朱熹作爲「士」與「大夫」的形象更加完整地彰顯出來。

1.3 研究內容與創新之處

1.3.1 研究內容

本文以朱熹《經筵講義》爲中心，綜合其所上封事奏箚，並聯繫宋代帝王之學興起、發展的大背景，首次對朱熹帝學思想進行了全面系統的研究，探尋朱熹如何以《大學》爲架構，以理學思想爲內涵，通過創造性的經典詮釋，解答帝王學什麼、爲什麼學、如何學等問題，爲帝王學爲聖王提供理論依據與哲理論證，寄寓其以道統規範治統，致君堯舜，重構社會秩序，道濟天下的王道理想，從而完成宋代帝學理論的第一次建構。以理學建構帝學，這既是朱熹對范祖禹以來帝學理念的繼承與發展，又爲眞德秀以《大學》爲間架，進一步理論化、系統化帝學提供了邏輯思路與理論框架，展現了宋代帝王之學興起、發展、演變的邏輯線索，揭示了經筵講義與帝學、理學之間的內在關係，豐富和拓展了朱熹思想及宋代儒學研究。

第一章：緒論。通過國內外文獻綜述，確立選題意義與研究內容。

第二章：宋代新帝學意識的興起與經筵講義的形成。宋代的文治導向，促進了士大夫階層的崛起與經筵制度的定型。在帝王與士大夫的互動交流中，一種「新」的帝學意識應運而生，逐漸形成了引君於「道」，以道統規範治統，塑造堯舜聖王之君，實現合理的政治社會秩序重構的價值追求，從而與宋代之前重在功利權謀、駕馭臣民的「帝王術」相區別。與此同時，經筵講義作爲與帝學發展相適應的新經學體例而逐漸流行開來。它既是宋代學術轉型與經筵制度定型的產物，又是士大夫建構帝王之學的重要載體。

第三章：朱熹入侍經筵及其帝學理念的確立。通過朱熹生平與入侍經筵活動的探尋，展現朱熹一生的學術與政治追求。並通過朱熹《壬午應詔封事》、《癸未垂拱奏箚》、《庚子應詔封事》、《辛丑延和奏箚》、《戊申延和奏箚》、《戊申封事》《己酉擬上封事》等有關「帝學」封事奏箚的梳理，研究朱熹在進呈《經筵講義》前，其帝學理念萌芽、發展、成型的過程，從而爲進一步探討朱熹如何以《經筵講義》爲中心，全面闡發與建構帝學理論體系奠定思想基礎。

　　第四章：朱熹以理學建構帝學。朱熹通過對儒學與其他學問的比較，確立了以《大學》爲思想框架的儒家正學的地位，其實質就是以理學建構帝學。朱熹通過天理論、心性論、理一分殊等哲學觀念與命題的運用，解答了帝王學什麼、爲什麼學、如何學等系列問題，爲聖王理想的確立及其實現提供了理論依據與邏輯論證，從而第一次完成了理學化帝學理論體系的建構，將宋代帝學的發展推上了一個新階段。

　　第五章：朱熹的《經筵講義》與帝學。通過朱熹《經筵講義》與《大學章句》的比較，從帝王之學與士大夫之學的視角，指出兩者在詮釋目的、詮釋體例、詮釋方式與語言表述風格等方面的不同，體現了帝王之學的興起對宋代學術轉型的影響。《經筵講義》專爲帝王而作，具有強烈的帝學主體意識，這是由帝王特殊的身份與朱熹的詮釋宗旨、個體道德認知與實踐特點所決定的。朱熹以《經筵講義》爲載體，建構理學化帝學理論體系，既是對重構合理的政治社會秩序時代課題的回應，又是對宋代帝學思想的繼承與發展。從范祖禹到朱熹、再到眞德秀，體現了宋代帝學興起、發展、演變的邏輯線索，推動了理學的進一步發展與傳播。

1.3.2　創新之處

　　1. 研究內容的創新：本文以朱熹《經筵講義》爲中心，結合朱熹所上的封事奏箚，首次對其帝王之學進行全面而系統的梳理，探討朱熹如何以理學思想爲內涵，以《大學》爲框架，通過創造性的經典詮釋，解答帝王學什麼、爲什麼學、如何學等問題，爲帝王學爲聖王提供了理論依據與哲理論證，第一次完成了具有理學化特徵的帝學理論建構，揭示了經筵講義與帝學、理學之間的內在聯繫，體現學術、思想與政治之間的互動。

　　2. 研究視野的創新：本文將朱熹帝學思想研究放入時代大背景下，從政治史、思想史、社會史、文化史等多重視野，首次系統地探討了宋代「新」帝學意識興起與經筵講義形成的過程，勾勒了從范祖禹、朱熹到眞德秀之間，宋代帝學理論發展、演變的內在邏輯，揭示了朱熹在帝學理論建構中的重要地位，進一步豐富與發展了朱熹思想與宋代儒學研究。

　　3. 研究方法的創新：本書既注重繼承傳統的以文獻學爲基礎的經學史研究方法，也注意借鑒現代詮釋學的研究方法；既注重對文本文獻的閱讀與梳理，又注重其內涵與義理的詮釋，從而達到研究目的與效果。

第 2 章　宋代新帝學意識的興起與經筵講義的形成

　　宋代的文治導向，促進了士大夫的崛起與經筵制度的定型。在帝王與士大夫的互動交流中，帝學經典體系初步形成，以《大學》爲帝學思想框架的意識日漸凸顯，逐漸形成了引君於「道」，以道統規範治統，塑造堯舜聖王之君，實現政治社會秩序重構的價值追求，一種具有內聖之學特徵的「新」帝學意識應運而生，並與宋代之前追求富國強兵、功利權謀、駕馭臣民的「帝王之術」區別開來。程頤所謂的「君德成就責經筵」，便是帝學重心由「術」向「德」轉移的高度概括。從某種意義上而言，帝學是由宋儒從士大夫的立場出發而建構的理想的帝王之學。帝學理論不斷發展與豐富的過程，其實質就是帝王理想「角色」不斷被士大夫「期待」與「塑造」的過程。與此同時，經筵講義作爲與帝學發展相適應的新的經學詮釋體例而逐漸流行開來，它既是宋代學術轉型與經筵制度定型的產物，又是士大夫建構帝王之學的重要載體。

2.1　宋代士大夫的崛起與經筵制度的定型

　　鑒於唐末五代以來，政權更迭頻繁，「數十年間，帝王凡易八姓，戰鬪不息，」﹝註1﹞天下生民塗炭，士大夫忠義之風蕩然無存。爲重建社會秩序，重振世道人心，鞏固中央集權，宋太祖在即位之初，便制定了抑武尚文的文治

﹝註1﹞〔宋〕李燾：《續資治通鑒長編》卷2「建隆二年七月戊辰條」，北京：中華書局，2004年，第49頁。

策略。對此，《宋史》卷四三九《文苑傳一》總序記載道：

> 自古創業垂統之君，即其一時之好尚，而一代規橅，可以豫知矣。藝祖革命，首用文吏而奪武臣之權，宋之尚文，端本乎此。太宗、眞宗其在藩邸，已有好學之名，作其即位，彌文日增。自時厥後，子孫相承。上之爲人君者，無不典學；下之爲人臣者，自宰相以至令錄，無不擢科，海內文士彬彬輩出焉。〔註 2〕

這段文字記載，至少給我們透露出了兩點重要信息：一是宋代抑武尚文的文治政策是宋太祖在開國初制定，並由太宗、眞宗等後續帝王子孫相承，遂爲「祖宗家法」。〔註 3〕二是爲了實現國家政治社會秩序的重建，宋代分別從帝王與士大夫兩個層面推行文治政策：爲人君者無不典學；爲人臣者無不擢科。正是由於帝王無不典學，愛好讀書，促使了經筵制度的發展與完善，爲帝學的興起提供了制度保障；而採取科舉取士等方式重用士大夫，又促使了士大夫階層的崛起，形成了以天下爲己任的政治主體意識。兩者互相影響、互相交織，共同促進了宋代學術、思想與政治的繁榮與發展，從而使得宋代「海內文士彬彬輩出」，其「聲明文物之治，道德仁義之風」，〔註 4〕無讓於漢唐，而與三代同風。

2.1.1　宋代士大夫階層的崛起

爲鞏固剛建立的趙宋王朝，宋代諸帝恪守著文治的家法，通過幸學、鼓勵讀書，科舉取士等方式，將一大批有著崇高理想與社會責任感的讀書人吸納到各級政府機關之中，國家政權、地方治理與公共事務全面向士大夫開放，極大地提高了他們參政議政的熱情，促進了士大夫階層的崛起及其政治主體意識的提升。

在宋朝開國之初，宋太祖於「正月幸國子監，二月又幸，詔加飾祠宇及塑繪先聖、先賢、先儒之象，帝親製文宣王、兗公二贊。」〔註 5〕表示其崇儒

〔註 2〕〔元〕脫脫等：《文苑傳一》，《宋史》卷 439，北京：中華書局，1985 年，第 12997 頁。

〔註 3〕關於宋代「欲武臣讀書」、「用讀書人」的「祖宗之法」或「祖宗家法」，可參看鄧小南：《祖宗之法：北宋前期政治述略》，北京：生活・讀書・新知三聯書店，2014 年，第 150～185 頁。

〔註 4〕〔元〕脫脫等：《太祖本紀》，《宋史》卷 3，北京：中華書局，1985 年，第 51 頁。

〔註 5〕〔宋〕范祖禹撰，陳曄校釋：《帝學校釋》，上海：華東師範大學出版社，2015 年，第 70～71 頁。

重道，重視讀書，以文化成天下的導向，可以說「儒學復振，寔自此始。」〔註6〕。同時宋太祖對武臣與文臣分別採取了不同的策略：一方面採取了「杯酒釋兵權」的方式，解除了武將的兵權，欲令他們讀書，「貴知爲治之道」〔註7〕；另一方面重用儒臣，「選儒臣幹事者百餘，分治大藩」，〔註8〕讓他們有機會進入國家機構之中，治理中央與地方事務，爲宋代文治打下了堅實的基礎。

之後，太宗、眞宗等列聖相承，謹守祖宗家法，「規模一以經術，事業付之書生」。〔註9〕太宗時不僅編修了《太平廣記》、《太平御覽》、《文苑英華》等大型類書，而且通過科舉取士，將一大批儒士文人吸收到國家機構中來。如將太祖與太宗朝錄取的進士與諸科人數進行對比，可以發現，太祖朝錄取的進士人數僅爲 186 人，而太宗朝爲 1457 人；諸科人數太祖朝爲 161 人，而太宗朝則爲 4359 人。〔註10〕從太宗即位（976）至眞宗天禧三年（1019），僅 44 年的時間，進士人數便大幅激增至 9323 人。而從天禧四年（1020）至仁宗嘉祐二年（1057）的 37 年間，又增加了 8509 人。〔註11〕可見，經過宋初七八十年間的醞釀，士大夫隊伍不斷發展壯大，國家政權對士大夫開放度也在不斷增加。

至仁宗天聖、明道間，士風爲之一變，「一洗五季之陋」，〔註12〕尤其是范仲淹、歐陽修等爲代表的士大夫，其「每感激論天下事，奮不顧身」的風範，給時人以巨大的感召，「一時士大夫矯厲尚風節」。〔註13〕逐漸形成了天下爲己任，與帝王「同治天下」的政治主體意識，並力圖超越漢唐，以「三代」爲理想政治模式，重建合理的政治社會秩序。〔註14〕范仲淹與王安石等

〔註6〕 〔宋〕范祖禹撰，陳曄校釋：《帝學校釋》，上海：華東師範大學出版社，2015 年，第 71 頁。

〔註7〕 〔宋〕范祖禹撰，陳曄校釋：《帝學校釋》，上海：華東師範大學出版社，2015 年，第 72 頁。

〔註8〕 〔宋〕李燾：《續資治通鑒長編》卷 130「開寶五年條十二月條」，北京：中華書局，2004 年，第 293 頁。

〔註9〕 〔宋〕陳傅良：《乾道壬辰進士賜第謝太上皇帝表》，《止齋集》卷 30，文淵閣四庫全書本。

〔註10〕 王瑞來：《略論宋太宗》，《社會科學戰線》，1987 年第 4 期。

〔註11〕 余英時：《朱熹的歷史世界》，北京：生活·讀書·新知三聯書店，2011 年，第 211 頁。

〔註12〕 〔宋〕陳傅良：《溫州淹補學田記》，《止齋集》卷 39，文淵閣四庫全書本。

〔註13〕 〔元〕脫脫等：《范仲淹傳》，《宋史》卷 314，北京：中華書局，1985 年，第 10268 頁。

〔註14〕 余英時：《朱熹的歷史世界》，北京：生活·讀書·新知三聯書店，2011 年，第 184～197 頁。

發動的「慶曆」與「熙寧」兩場變法運動，便是將這種儒家政治理想與社會變革方案，從「坐而言」的理論探討轉入了「起而行」的政治實踐，標誌著宋代士大夫作為政治主體正式登上了歷史舞臺。﹝註 15﹞雖然兩次變法均以失敗告終，但是范仲淹、王安石等士大夫所體現的砥礪名節、以道進退的風度，始終激勵著有宋一代士大夫們。他們紛紛致力於各種學問與思想體系的建構，力圖以學術影響政治，實現得君行道，道濟天下的理想。新學、蜀學、洛學、朔學、關學等眾多學術流派的產生，理學的興起與發展，就是這種時代潮流的產物，構成了宋代儒學的豐富內涵。

2.1.2　宋代經筵制度的定型

　　為實現秩序重構的目的，宋代帝王無不恪守著以文化成天下的祖宗家法，躬親讀書，身為表率，引領天下風氣。一種適應帝王讀書求治需求而產生的經筵制度呼之欲出。

　　宋太宗於太平興國八年（983），「以聽政之暇，日閱經史，求人以備顧問，始用著作郎呂文仲為侍讀，每出經史，即召文仲讀之」。﹝註 16﹞這是宋代帝王因學習經史的需要，而專門任命的第一位侍讀官。宋太宗為自己定下了一年讀遍《太平御覽》的學習任務，並留下了讀書廢寢忘食，「從巳至申，有鵒飛止殿吻，至罷方去」的典故，﹝註 17﹞堪稱宋代諸帝好學的楷模。

　　真宗皇帝即位後，同樣十分熱衷於儒家經史的學習。他認為「勤學有益，最勝它事。且深資政理，無如經書」。﹝註 18﹞認為學術與政治關係密切，要提升治國理政的能力，最有效的方式便是學習古先聖王留下來的經典。因而真宗讀書十分勤勉，經常是「暑月或衣單絺，流汗浹體而詳覽不輟」﹝註 19﹞，勤勉於學。同時，為更好地學習經書，真宗於咸平元年（998），訪求「博通

﹝註 15﹞　余英時：《朱熹的歷史世界》，北京：生活・讀書・新知三聯書店，2011 年，第 8 頁。

﹝註 16﹞　〔宋〕范祖禹撰，陳曄校釋：《帝學校釋》，上海：華東師範大學出版社，2015年，第 74〜75 頁。

﹝註 17﹞　〔宋〕范祖禹撰，陳曄校釋：《帝學校釋》，上海：華東師範大學出版社，2015年，第 75 頁。

﹝註 18﹞　〔宋〕范祖禹撰，陳曄校釋：《帝學校釋》，上海：華東師範大學出版社，2015年，第 81 頁。

﹝註 19﹞　〔宋〕范祖禹撰，陳曄校釋：《帝學校釋》，上海：華東師範大學出版社，2015年，第 85 頁。

諸經，尤善誦說」的崔頤正爲其講《尚書》。〔註20〕咸平二年（999），又以「兵部侍郎楊徽之、戶部侍郎夏侯嶠並爲翰林侍讀學士，國子監祭酒邢昺爲翰林侍講學士，翰林侍讀呂文仲爲翰林侍讀學士。」〔註21〕除原有的侍讀學士外，眞宗還增置了侍講學士專門爲自己講解經典，並完善了侍講、侍讀學士的官階待遇問題。如果說太宗時，雖命呂文仲爲翰林侍讀，寓直禁中，以備顧問，但仍然是名位未崇。眞宗則明確了講讀官的選拔標準與名位待遇，「擇耆儒舊德以充其選，班秩次翰林學士，祿賜如之」，同時「設直廬於秘閣，侍讀更直，侍講長上，日給尚食珍膳，夜則迭宿」。〔註22〕不僅選擇德高望重的碩儒充當講讀官，讓其享受與翰林學士相等的名位待遇，而且還專門設置值班的處所，提供食宿，輪流召對詢訪。從太宗到眞宗時，由於爲學求治的需要，爲帝王講學的職官名位開始固定與確立，講官隊伍逐漸擴大，待遇日漸明確，帝王學習經典的內容與範圍也逐漸明晰。如眞宗在爲太子時，邢昺曾爲其遍講九經，「《尚書》凡十四講」，〔註23〕但其即位後，又召崔偓佺講《尚書》，邢昺講《左氏春秋》，馮元講《易》。這時雖還沒有正式出現「經筵」的名稱，但已有「經筵」之實，因而可視爲經筵制度的草創階段。

經筵作爲帝王學習「儒家經典和歷史知識的御前學術講座」，〔註24〕雖然在漢唐亦有萌芽，但經筵之名從宋代才開始正式出現，在宋仁宗時成爲帝王經史教育制度的專稱。現今能見到最早使用「經筵」一詞的記錄，是乾興元年（1019），皇太后（眞宗劉皇后）爲提升仁宗皇帝的德性修養與治國能力，諭宰臣：「皇帝聽斷之暇，宜召名儒講習經書，以輔聖學。」於是仁宗「始御崇政殿西廡，召翰林侍講學士孫奭、龍圖閣直學士兼侍講馮元講《論語》，侍讀學士李維、晏殊與焉。初詔雙日御經筵，自是雖隻日亦召侍臣講讀。」〔註25〕爲加強對皇帝的

〔註20〕〔宋〕范祖禹撰，陳曄校釋：《帝學校釋》，上海：華東師範大學出版社，2015年，第79～80頁。

〔註21〕〔宋〕范祖禹撰，陳曄校釋：《帝學校釋》，上海：華東師範大學出版社，2015年，第79～80頁。

〔註22〕〔宋〕范祖禹撰，陳曄校釋：《帝學校釋》，上海：華東師範大學出版社，2015年，第80頁。

〔註23〕〔宋〕范祖禹撰，陳曄校釋：《帝學校釋》，上海：華東師範大學出版社，2015年，第84頁。

〔註24〕鄒賀，陳峰：《中國古代經筵制度沿革考論》，《求索》，2009年第9期。

〔註25〕〔宋〕范祖禹撰，陳曄校釋：《帝學校釋》，上海：華東師範大學出版社，2015年，第88～89頁。

儒家經史教育，仁宗由隔日御經筵改爲日日聽儒臣講習經典，並改變了眞宗天禧年間「凡侍臣講讀皆賜坐，講者設本於前，別坐而聽」的舊制，於「每說書日，侍臣皆先就座，賜茶訖，徹席立講。講畢復坐，賜湯」的講習儀式。〔註26〕

　　天聖四年（1026），仁宗「召輔臣於崇政殿西廡觀宋綬等讀《唐書》。」〔註27〕而在侍讀初立之時，並「無所職，但侍立而已。自宋綬、夏竦爲侍讀，始令日讀《唐書》一傳，參釋義理。」〔註28〕至此，侍講講經，侍讀讀史的分工開始明確。景祐元年（1034），仁宗又以「尚書都官員外郎賈昌朝，尚書屯田員外郎趙希言，太常博士、崇文院檢討王宗道，國子博士楊安國，並爲崇政殿說書，日以二人入侍講說。崇政殿置說書自此始。」〔註29〕四年（1037）「以崇政殿說書、尚書司封員外郎、直集賢院賈昌朝，尚書祠部員外郎、崇文院檢討王宗道，尚書屯田員外郎、國子監直講趙希言，並兼天章閣侍講（仁宗後不復置），預內殿起居，天章閣置侍講自此始。」〔註30〕由此可見，至仁宗朝時，經筵講讀官隊伍構成與來源更爲豐富。不僅有侍講、侍讀，而且新設了崇政殿說書、天章閣侍講，無疑擴大了講讀官的選拔與士大夫的參與範圍。據統計，仁宗在位的 42 年，約有 70 位經筵官爲其講讀經史。〔註31〕

　　經筵講讀的地點，除了常用的崇政殿西廡外，仁宗於景祐二年（1035）新置了邇英、延義二閣。其所進讀的經典除了《論語》、《孝經》、《周易》、《詩經》、《尚書》、《春秋左氏傳》、《周禮》等儒家經書外，還包括《漢書》、《後漢書》、《唐書》、《貞觀政要》、《帝範》、《三朝寶訓》、《正說》、《祖宗聖政錄》等史書與祖宗聖訓。經筵講讀的內容較太宗、眞宗朝更爲豐富，而經史進讀的選擇標準則必須是「資孝養、補政治」〔註32〕，有利於君德養成與政治治理。

〔註26〕 劉琳，刁忠民，舒大剛等校點：《宋會要輯稿・職官六》之「侍讀侍講」，上海：上海古籍出版社，2014 年，第 3191 頁。

〔註27〕 〔宋〕范祖禹撰，陳曄校釋：《帝學校釋》，上海：華東師範大學出版社，2015年，第 90 頁。

〔註28〕 劉琳，刁忠民，舒大剛等校點：《宋會要輯稿・職官六》之「侍讀侍講」，上海：上海古籍出版社，2014 年，第 3191 頁。

〔註29〕 〔宋〕范祖禹撰，陳曄校釋：《帝學校釋》，上海：華東師範大學出版社，2015年，第 93 頁。

〔註30〕 〔宋〕范祖禹撰，陳曄校釋：《帝學校釋》，上海：華東師範大學出版社，2015年，第 94 頁。

〔註31〕 姜鵬：《北宋經筵與宋學興起》，上海：上海古籍出版社，2013 年，第 67 頁。

〔註32〕 〔宋〕范祖禹撰，陳曄校釋：《帝學校釋》，上海：華東師範大學出版社，2015年，第 91 頁。

由此可見，經過仁宗朝的發展，無論是經筵官的設置、儀式儀規的形成，還是經筵開講的時間、地點、內容都已經初步固定，因而可以斷定在宋仁宗時經筵制度已經趨於成熟與定型。〔註33〕

呂中的《宋大事記講義》，詳細地記錄了宋代經筵制度逐漸發展與定型的過程：

> 祖宗好學，世爲家法。蓋自太祖幸國庠，謁先聖，勸宰臣以讀書，戒武臣以知學。其所以示後世子孫者，源遠而流長矣。自太平興國開設經筵，而經筵之講自太宗始。自咸平置侍講學士，而經筵之官自眞宗始。乾興末，雙日御經筵，體務亦不廢，而日御經筵，自仁宗始。於是崇政殿始置説書，天章閣始制侍讀，中丞始預講席，宰相始預勸講，舊相始入經筵以觀講，史官始入經筵以侍立。而經筵之上，文物憲度，始大備矣。」〔註34〕

由此可見，在帝王爲學求治需求的驅動下，宋代經筵制度經過太宗、眞宗朝的醞釀發展，至仁宗時已趨於成熟與定型。經筵制度的完善，爲帝王學習經史提供了專門的師資隊伍、組織機構、儀式儀規、時間保障與固定場所，促進了帝學的興起。同時，爲士大夫切入政治，根據時代與政治需要，對經典進行重新詮釋，通過經筵講學來影響帝王及其政治實踐，提供了制度性平臺，爲宋代學術擺脫傳統章句訓詁的束縛，轉向義理（性理）之學提供了契機。正是在帝王與士大夫的雙向互動中，帝學應運而生，成爲了宋代儒學的新動向。〔註35〕由於宋代新學、朔學、蜀學、洛學、閩學、湖湘學等重要學派的代表人物，如王安石、司馬光、蘇軾、程頤、朱熹、胡安國、張栻等無不出入過經筵，因而從某種意義上來說，帝學的興起對理學興盛與傳播有著重要的意義。

2.2　宋代新帝學意識的興起

隨著宋代文治政策的實施與經筵制度的定型，如何以儒家經典教化、影響

〔註33〕鄒賀，陳峰認爲經筵的制度化應該至少包括專門機構、專門職官、專門法規、固定時間、固定場所、固定科目。以此爲標準審視仁宗朝的經筵制度，無疑可以得出經筵制度至仁宗朝已經形成制度並定型的結論。見鄒賀，陳峰：《中國古代經筵制度沿革考論》，《求索》，2009 年第 9 期。

〔註34〕〔宋〕呂中撰：《仁宗皇帝》，《宋大事記講義》卷8，文淵閣四庫全書本。

〔註35〕姜廣輝，夏福英：《宋以後儒學發展的另一走向——試論「帝王之學」的形成與發展》，《哲學研究》，2014 年第 8 期。

帝王，成就君德帝業，逐漸成爲社會政治生活中的重大課題，「帝學」應運而生。尤其是范祖禹率先提出「帝王之學，謂之『大學』」後，〔註36〕關於如何建構一種與前代帝王之「術」不同的帝王之「學」，成爲帝王與士大夫共同關注的議題，並在君臣的互動交流中，逐漸形成了以《大學》爲思想框架，以儒家正學引導帝王於正道，規範其道德修養與政治實踐，培養堯舜聖王等「新」帝學意識，體現了帝王之學的重心由「術」到「德」的轉型，具有「內聖」之學的特徵。

那麼，宋代帝王之學的這種「新」意識是如何逐漸積累並發生的？通過對范祖禹的《帝學》與趙汝愚《宋朝諸臣奏議》中有關「帝學」奏箚等文獻梳理，〔註37〕可以從帝王與士大夫的價值追求、帝學經典體系的新探索、帝學思想框架的呈現、帝學概念的界定等視角，探尋宋代帝學興起、發展、演變的邏輯軌跡。

2.2.1 「學」「道」「治」之間：帝王與士大夫的價值追求

有鑒於重建政治社會秩序，鞏固中央集權的「文治」需要，宋代帝王無不恪守祖宗家法，汲汲於「學」以求「治」，力圖通過儒家經典學習提升治國理政的能力，確保國家穩定及江山永固。士大夫則以經筵爲平臺，將儒家之「道」的價值追求與政治理想注入經典詮釋之中，通過經筵講學等方式，力圖用「道統」來規範「治統」，影響帝王與政治，建構符合儒家價值理念的政治治理模式，實現天下有道的王道理想，從而確保國家的治理出於王道而非霸道。在帝王與士大夫的雙向互動交流中，逐漸形成了學以求治，引君於道，

〔註36〕〔宋〕范祖禹撰，陳曄校釋：《帝學校釋》，上海：華東師範大學出版社，2015年，第31頁。

〔註37〕范祖禹的《帝學》纂輯了從伏羲至宋神宗時的帝王務學事蹟，其中尤其詳細記載了宋太祖至宋神宗時帝王爲學及其與經筵官的互動交流的情況。而趙汝愚所編撰的《宋朝諸臣奏議》，在「君道門」中特立「帝學」一目，收錄了孫覺、陳襄、程顥、范祖禹、梁燾、彭汝礪、范百祿、鄒浩、上官均、胡安國、田錫、文彥博、蘇頌、蘇軾、曾鞏、陳瓘、陳師錫、錢勰、朱光庭、曾肇等共計 20 位名臣碩儒的勸學奏箚 27 篇，其中最早爲宋眞宗咸平三年（1000）田錫的《上眞宗進經史子集要語》，最晚的爲靖康元年（1226）胡安國的《上欽宗論聖學以正心爲要》。所收錄的奏箚：眞宗時 1 篇，神宗時 4 篇，哲宗時 16 篇，徽宗時 5 篇，欽宗時 1 篇。《帝學》與《宋朝諸臣奏議》所收錄的有關「帝學」的事蹟與資料，剛好貫穿了整個北宋時期，爲研究帝學的興起、發展過程，提供了可資借鑒的文獻資料。具體可參看：范祖禹撰，陳曄校釋：《帝學校釋》，上海：華東師範大學出版社，2015 年；趙汝愚編，北京大學中國中古史研究中心校點整理：《宋朝諸臣奏議》，上海：上海古籍出版社，1999 年。

致君堯舜的帝學目標與價值追求。

2.2.1.1　帝王以「學」求「治」的期望

宋初帝王以「學」求「治」的期望甚為殷切。從宋太祖倡言「帝王之子，當務讀經書，知治亂之大體」，〔註38〕至「太宗始命呂文仲為侍讀，眞宗置侍講、侍讀學士，仁宗開邇英、延義二閣」，〔註39〕宋初帝王躬親讀書的根本原因，就在於他們希望通過「學」以求「治」，探尋到國家治亂之「術」，經世致用，鞏固王朝統治。

這種「學」以求「治」的意識從其對經筵講讀篇目選擇的傾向上即可體現出來。如淳化五年（994），太宗召孫奭講《尚書》，李至執經講《堯典》，「一篇未畢，遽令講《說命》三篇」，其原因就在於他認為「《尚書》主言治世之道，《說命》居最。」〔註40〕其經筵選讀的標準在於是否有利於經邦治國。眞宗時，曾選「通經義，知損益」等明達經義的經筵官講《尚書》等經典，〔註41〕並言「勤學有益，最勝它事。且深資政理，無如經書」。〔註42〕無論是對經筵講讀官的選擇，還是對經史的學習，眞宗都是以知政治之損益、國家之治亂為準繩的。景祐四年（1037），討論《春秋》進講內容時，仁宗詔曰：「《春秋》自昭公之後，魯道陵遲，家陪用政，記載雖悉，而典要則寡，宜刪去蔓辭，止取君臣政教事節講之」。〔註43〕要求將那些繁雜寡要、詭異近誣、陪臣僭亂，無足勸誡的內容略而不講，只取有利於君臣政教的要旨進行講讀。而且只要是「能遠監前代興亡之跡」的圖治之要，仁宗則「每令講讀官敷經義於前，未嘗令有諱避。」〔註44〕經史講讀，無所避諱，關鍵在於能否有利於

〔註38〕〔宋〕司馬光撰，鄧廣銘、張希清點校：《涑水記聞》北京：中華書局，2017年，第 21 頁。

〔註39〕〔宋〕范祖禹撰，陳曄校釋：《帝學校釋》，上海：華東師範大學出版社，2015年，第 81 頁。

〔註40〕〔宋〕范祖禹撰，陳曄校釋：《帝學校釋》，上海：華東師範大學出版社，2015年，第 77～78 頁。

〔註41〕〔宋〕范祖禹撰，陳曄校釋：《帝學校釋》，上海：華東師範大學出版社，2015年，第 78～79 頁。

〔註42〕〔宋〕范祖禹撰，陳曄校釋：《帝學校釋》，上海：華東師範大學出版社，2015年，第 81 頁。

〔註43〕〔宋〕范祖禹撰，陳曄校釋：《帝學校釋》，上海：華東師範大學出版社，2015年，第 95 頁。

〔註44〕〔宋〕范祖禹撰，陳曄校釋：《帝學校釋》，上海：華東師範大學出版社，2015年，第 101 頁。

家國天下的治理。反之，對於不符合圖治要求的內容，則堅決地予以擯棄。如慶曆二年（1042）天章閣侍講林瑀上《周易天人會元紀》，被視爲是「以陰陽、小說上惑天聽」，而落職通判饒州，〔註45〕便是典型的例子。從另一個側面反映出帝學經典選擇的重心在於經世致用，有益治道。英宗曾讚歎張景所說《尚書・洪範》，「以三德爲馭臣之柄，猶爲善論。」〔註46〕神宗讚揚司馬光「經術行義爲世所推」，命其進讀《資治通鑒》，敷陳治道。〔註47〕由此可見，通過經典的學習，汲取政治經驗與致治之術，提升治國效能，實現國家治理，是宋代諸帝王不懈的追求。

2.2.1.2 士大夫引君於「道」的追求

「今日之學與不學，繫天下他日之治亂。」〔註48〕這是宋代士大夫關於帝王「學」與「治」關係的典型概括。但是，他們同時也意識到「學與政非二物，顧所學者如何爾。學帝王仁義之術，則爲德政；學霸者刑名之術，則爲刑政。」〔註49〕帝王所學不同，直接關係到國家治理與政治走向。宋代士大夫認爲，三代以降，治術駁雜，即使是漢唐盛世，帝王所學也多爲功利權謀的霸道之術。程顥認爲：「漢、唐之君，有可稱者，論其人則非先王之學，考其時則皆駁雜之政，乃以一曲之見，幸致小康，其創法垂統，非可繼於後世者，皆不足爲也」。〔註50〕代表了宋代士大夫對漢唐歷史的基本評價，因而他們力圖超越漢唐，追風三代，以堯舜聖王爲法，實現儒家的王道理想。所以朱熹說：「國初人便已崇禮義，尊經術，欲復二帝三代，已自勝如唐人，但說未透在。」〔註51〕爲實現三代之治的理想，重構王道的政治社會秩序，宋

〔註45〕 「（慶曆）二年二月，召御史中丞賈昌朝侍講邇英閣。故事，臺丞無在經筵者。帝以昌朝長於講說，特召之。天章閣侍講林瑀上《周易天人會元紀》，御史中丞賈昌朝言瑀以陰陽、小說上惑天聽，不宜在勸講之地，帝諭輔臣曰：『人臣雖有才學，若過爲巧僞，終有形跡。』乃落瑀職，通判饒州。」見〔宋〕范祖禹撰，陳曄校釋：《帝學校釋》，上海：華東師範大學出版社，2015 年，第 97～98 頁。

〔註46〕 〔宋〕范祖禹撰，陳曄校釋：《帝學校釋》，上海：華東師範大學出版社，2015 年，第 141 頁。

〔註47〕 〔宋〕范祖禹撰，陳曄校釋：《帝學校釋》，上海：華東師範大學出版社，2015 年，第 143 頁。

〔註48〕 〔宋〕范祖禹：《上哲宗論學本於正心》，趙汝愚編：《宋朝諸臣奏議》卷 5，上海：上海古籍出版社，1999 年，第 46～47 頁。

〔註49〕 〔宋〕王十朋：《經筵講義》，《梅溪集・後集》卷 27，文淵閣四庫全書本。

〔註50〕 〔宋〕程顥：《論王霸劄子》，《二程集》，北京，中華書局，2004 年，第 451 頁。

〔註51〕 〔宋〕黎靖德：《朱子語類》卷 129，北京：中華書局，1986 年，第 3085 頁。

代士大夫力圖通過經典詮釋與義理發揮，以儒家的內聖外王之道引導帝王成君德立聖治。

如眞宗咸平三年（1000）田錫《上眞宗進經史子集要語》，希望其通過經典學習，「聖德日新，與堯、舜、禹、湯、文、武比隆也，」〔註52〕成就聖王功業。皇祐元年（1049），在經筵講《季氏》篇時，仁宗問「遠人不服，則修文德以來之，如何？」經筵官趙師民對之以「君人之道，撫之以仁，制之以義，接之以禮，示之以信，皆文德也」，「至誠者，天下之大本，仁義禮樂皆必由之。陛下以爲最先，此實聖道之要。」〔註53〕他希望以仁義禮樂爲聖道之要引導仁宗。皇祐四年（1052）楊安國講《尙書》，引《中庸》「天命之謂性，率性之謂道，修道之謂教」的思想，指出王者當「常循其性，行其道而修之」，要求仁宗以「正身修德以御下，利節用儉以阜財，厚生敦本以養民」。〔註54〕主張帝王通過循道修德，實現國家治理與百姓安康。嘉祐八年（1063），呂公著講《論語》「學而時習之」章時，引申經義指出「人君之學，當觀自古聖賢之君，如堯、舜、禹、湯、文、武之所用心，以求治天下國家之要道」，希望宋英宗能「如舜之『誕敷文德』，文王之『皇自敬德』」，反身修德，德治天下。〔註55〕可見，以堯舜聖王爲法，以儒家德治仁政思想引導帝王修身立德、愛民厚生，成爲宋代士大夫闡釋經旨義理的重要傾向。

至神宗、哲宗前後，關於以堯舜等聖帝明王之道，成就君德帝業的討論更爲頻繁。如熙寧元年（1068）宋神宗初次召見王安石時，王安石便言：「陛下每事當以堯、舜爲法。」〔註56〕孫覺在奏議中也向神宗進言，希望他能夠通過學習以見聖人之道，本先王之意而出朝廷之政，使國家之治，「度越漢、唐而比隆於三代矣。」〔註57〕熙寧二年（1069）程顥上奏議曰：「君道之大，

〔註52〕〔宋〕田錫：《上眞宗進經史子集要語》，趙汝愚編：《宋朝諸臣奏議》卷6，上海：上海古籍出版社，1999年，第53頁。

〔註53〕〔宋〕范祖禹撰，陳曄校釋：《帝學校釋》，上海：華東師範大學出版社，2015年，第110頁。

〔註54〕〔宋〕范祖禹撰，陳曄校釋：《帝學校釋》，上海：華東師範大學出版社，2015年，第121～122頁。

〔註55〕〔宋〕范祖禹撰，陳曄校釋：《帝學校釋》，上海：華東師範大學出版社，2015年，第134～135頁。

〔註56〕〔清〕黃以周等輯注，顧吉辰點校：《續資治通鑑長編拾補》，北京：中華書局，2004年，第92～93頁。

〔註57〕〔宋〕孫覺：《上神宗論人主有高世之資求治之意在成之以學》，趙汝愚編：《宋朝諸臣奏議》卷5，上海：上海古籍出版社，1999年，第44頁。

在乎稽古正學」，當「以聖人之訓爲必當從，先王之治爲必可法，不爲後世駁雜之政所牽滯，不爲流俗因循之論所遷惑，信道極於篤」，「必期致世如三代之隆而後已也」。〔註58〕他提倡用「正學」引導帝王趨「道」之「正」，比隆三代。范祖禹在哲宗元祐五年（1090）進呈《帝學》，提出了「帝王之學謂之『大學』」，確立了「學爲堯舜」的帝學目標，將帝學的源頭上溯至伏羲，以堯、舜、禹、湯、文、武、周公、孔子等聖聖相傳之道爲帝王學習之「正道」，〔註59〕勾勒了儒家道統的序列。這既是對韓愈以來古文運動文以載道的思想繼承，又是對宋初以來柳開、歐陽修、石介、孫復、程顥等倡明「正學」，提倡道統的回應。標誌著「帝學」、「帝王之學」經過北宋初中期的醞釀，作爲一種專門用儒家思想教育與指導帝王修齊治平的學問，至哲宗之際正式誕生，並成爲時代的重要議題。

元祐中，彭汝礪上奏議指出，無論是欲盡君道，還是臣道，皆當「法堯舜而已」。〔註60〕朱光庭認爲「聖人未有不學而至於道」，希望哲宗召講官詢訪以進聖學，「專心聖道，以致盛德」〔註61〕。徽宗建中靖國元年（1101），上官均奏曰：「人主之學，在乎簡而知要，達而適用。知要在乎明道，明道在乎味五經之微言。適用在乎遠觀前世治亂盛衰之迹，而近稽祖宗聖明相繼治天下之意」，這就是「人主之好學所以爲先務也」等等。〔註62〕由此可見，用儒家之「正道」、「正學」引導帝王，「學」以明「道」，進而規範政治，塑造堯舜聖王之君，重建合理的政治社會秩序，確保儒家王道理想的實現，是宋代士大夫孜孜不倦的追求。

2.2.1.3　帝王與士大夫的價值追求

如果從帝王本身的立場出發，其「學」以求「治」所關注重心是統治駕馭之術的掌握與治國效能的提升。只要是有利於國家治理與江山穩固的，無論是

〔註58〕〔宋〕程顥：《上神宗論君道之大在稽古正學》，趙汝愚編：《宋朝諸臣奏議》卷5，上海：上海古籍出版社，1999年，第45～46頁。

〔註59〕〔宋〕范祖禹撰，陳曄校釋：《帝學校釋》，上海：華東師範大學出版社，2015年，第31～32頁。

〔註60〕〔宋〕彭汝礪：《上哲宗論人主盡道在修身修身在正學》，趙汝愚編：《宋朝諸臣奏議》卷5，上海：上海古籍出版社，1999年，第49頁。

〔註61〕〔宋〕朱光庭：《上哲宗乞召講官詢訪以進聖學》，趙汝愚編：《宋朝諸臣奏議》卷7，上海：上海古籍出版社，1999年，第61～62頁。

〔註62〕〔宋〕上官均：《上徽宗論治天下在好學廣問》，趙汝愚編：《宋朝諸臣奏議》卷5，上海：上海古籍出版社，1999年，第51頁。

儒、道、佛，還是管、商、刑名之術，皆可納入其學習的視野。如太宗相信「浮屠氏之教有裨政治」；〔註 63〕元豐時神宗留呂公著「極論治體，至三皇無爲之道，釋老虛寂之理」；〔註 64〕孝宗則倡言「以佛修心，以道養生，以儒治世」等，〔註 65〕即是這種治國理念與治國方式雜糅的體現。但是，從儒家士大夫的立場出發，他們希望的則是通過對帝王經史講讀的指導，以心目中理想的儒家之「道」來影響帝王，成就君德，進而影響政治，使帝國的統治與治理符合儒家道義的追求，以此作爲秩序重構與王道理想實現的重要保證。由於在國家政治中，帝王需要依靠士大夫維持國家治理與政治運作，因而也不得不部分地接受士大夫的價值理念及對帝王「角色」的期望；而士大夫要實現得君行道，致君堯舜的理想，也必須瞭解帝王的政治訴求，因勢利導，滿足其求治的期望。帝王與士大夫以經筵爲平臺，通過不斷地互動交流，逐漸形成了某些共同的價值觀念與爲政理念，爲君臣共治天下奠定了良好的思想基礎。

通過經筵講學等途徑，士大夫將儒家的價值理念傳遞給帝王，引發其對儒家仁政德治理念的共鳴，影響其立身行事。如宋太祖讀《尙書》有感而發曰：「堯舜之世，四凶之罪，止從投竄。何近代法網之密邪！」〔註 66〕太祖有感於上古堯舜對待凶罪之人寬厚仁慈的態度，而反思現實治理中的刑政措施是否過於嚴密，體現儒家仁政思想對其產生的影響。所以范祖禹在追述這段歷史的時，認爲太祖皇帝能夠透過《尙書》經文的表面，領悟到蘊含在背後的仁政思想，並有意於施之現實政治，爲後世君主讀書樹立了「學堯舜之道，務知其大指，必可舉而措之天下之民」的榜樣，可以稱得上是至仁。〔註 67〕景德四年（1007），眞宗爲邢昺餞行於龍圖閣時，邢昺指著閣中所掛《禮記·中庸》圖「爲天下國家有九經」之語，因「講述大義，序修身尊賢之理」，勸誡皇帝不要忘記治理國家天下的要旨，眞宗對之深表嘉納。〔註 68〕慶曆五年（1045），

〔註 63〕 〔宋〕李燾：《續資治通鑑長編》卷 24，「太平興國八年十月甲申條」，北京：中華書局，2004 年，第 554 頁。

〔註 64〕 〔宋〕范祖禹撰，陳曄校釋：《帝學校釋》，上海：華東師範大學出版社，2015 年，第 157 頁。

〔註 65〕 〔宋〕王應麟：《淳熙原道辯》，《玉海》卷 32，文淵閣四庫全書本。

〔註 66〕 〔宋〕范祖禹撰，陳曄校釋：《帝學校釋》，上海：華東師範大學出版社，2015 年，第 74 頁。

〔註 67〕 〔宋〕范祖禹撰，陳曄校釋：《帝學校釋》，上海：華東師範大學出版社，2015 年，第 74 頁。

〔註 68〕 〔宋〕范祖禹撰，陳曄校釋：《帝學校釋》，上海：華東師範大學出版社，2015 年，第 82 頁。

講《詩・角弓》篇時，仁宗有感而發：「幽王不親九族，以至於亡」。楊安國借機建言：「冬至日，陛下親燕宗室，人人撫藉，豈不廣骨肉之愛也」。進而引發仁宗對堯舜之德的傾慕：「《書》云『九族既睦，平章百姓，此帝堯之盛德也，朕甚慕之』。〔註69〕可見，在經筵「教」與「學」的互動中，經筵官可以通過引申經義，聯繫實際，啓發人君，在某些價值觀念上引起帝王共鳴，從而影響君德養成與國家治理。又如在讀《正說・愼罰篇》時，經筵官「述後漢光武帝罷梁統從重之奏」，仁宗指出：「深文峻法，誠非善政。」宋綬借機進言：「王者峻法則易，寬刑則難。夫以人主得專生殺，一言之怒則如雷如霆，是峻易而寬難也。」〔註70〕勸誡仁宗峻易寬難，人主當愼用專殺之權，多行善政。這種利用經筵講學，發揮經義，議論時事，啓沃君心，互相交流的講論方式，無疑是君臣在價值理念與思想意識等方面達成共識最有效的途徑之一。

在君臣的互動中，除了士大夫以儒家經義引導帝王外，帝王也會主動地向士大夫有意識地呈現其意圖。如太宗曾語重心長地囑咐趙普說：「卿國之勳舊，朕所毗倚，古人恥其君不及堯、舜，卿其念哉。」〔註71〕希望作為臣子的趙普能夠以堯舜之道致君，君臣在治國理念上形成共識。皇祐四年（1052），仁宗內出「欹器」，以示群臣，命以水注之，展示其「中則正，滿則覆，虛則欹」的特徵，與群臣共勉道：「朕欲以中正臨天下，當與列辟共守此道。」丁度等拜曰：「臣等亦願以中正事陛下。」〔註72〕欹器原為太宗時所製，真宗曾為之作《欹器》論。仁宗以「欹器」曉諭群臣，無非是希望以祖宗為法，君臣互勉，共守儒家中正之道，以實現政治穩定及社會治理。從中，可以看到宋代諸帝對儒家所倡導的治國理念與價值追求的逐漸認同，並在實際治理中發揮了一定的作用。如英宗接受韓琦的建議，認為「雖王子之親，其必由學；惟聖人之道，故能立身。若昔大猷，自家刑國」，〔註73〕下詔為宗室子弟增置宗室學官，聘請教授，用儒家的聖人之道來指導宗室子弟修身立德等。王安

〔註69〕〔宋〕范祖禹撰，陳曄校釋：《帝學校釋》，上海：華東師範大學出版社，2015年，第103～104頁。

〔註70〕〔宋〕范祖禹撰，陳曄校釋：《帝學校釋》，上海：華東師範大學出版社，2015年，第94頁。

〔註71〕〔元〕脫脫等：《趙普傳》，《宋史》卷256，北京：中華書局，1985年，第8938頁。

〔註72〕〔宋〕范祖禹撰，陳曄校釋：《帝學校釋》，上海：華東師範大學出版社，2015年，第122頁。

〔註73〕〔宋〕范祖禹撰，陳曄校釋：《帝學校釋》，上海：華東師範大學出版社，2015年，第137頁。

石以「學術」指導「政治」，獲得神宗高度認同而發動的熙寧變法，便是將迴向三代的政治理想付諸實際政治改革的典型事例。可見，在共同求治的目標下，通過君臣之間的互動交流，儒家的道德、仁義、中正之道逐漸爲帝王所接受與領悟，從而在治國理念與施政方式上與士大夫達成某種共識，形成價值同盟，爲實現「道」治天下的理想奠定了良好的基礎。

由上可知，帝王與士大夫雖然有著各自不同立場，但在「學」以求「治」整體目標的驅動下，通過經筵講學及互動交流，宋代帝王部分地接受了士大夫以儒家之道來成就君德，規範政治，致君堯舜的價值追求；而士大夫們則通過儒家經義的重新詮釋，引導帝王學習的重心由「術」向「德」轉變，力圖將外王事功的開拓建立在內聖的基礎之上，既滿足帝王求治的需求，又確保國家的治理出於王道而非霸道，從而使得宋代形成了與先秦漢唐之世不同的新帝學意識及其政治實踐。

2.2.2　經以治身，史以考變：帝學經典體系的新探索

自古文運動以來，「經者所以載道，而道者適治之路也」，〔註74〕關於經以載道，道以出治的觀念已經逐漸深入人心。如何從中國古聖先賢遺留下來的浩如煙海的經、史、子、集等著作中，選擇符合士大夫需要的經典教材，引導帝王成爲堯舜之君，實現「三代之治」，則是擺在宋代士大夫面前的又一重大課題。

漢唐之世的帝王雖也注重從儒家典籍中汲取治國理政的經驗與統治方法，但是總體而言，其學習的文獻典籍範圍較狹小，主要以《詩》、《書》、《禮》、《易》、《春秋》、《論語》、《孝經》等經學及部分史書爲主，學習的內容、時間也不確定，未形成完整的規模與制度。而北宋以來，隨著經筵制度在仁宗朝的定型，帝王學習經史有了專門的師資隊伍、組織機構、儀式儀規與固定科目，形成了經筵官在固定的時間與地點爲皇帝講解歷史知識與儒家典籍的制度。〔註75〕帝王學習的典籍範圍不斷地擴大，不僅有傳統的「五經」與史書，而且本朝士大夫創作的經史著作及祖宗「聖訓」、「寶訓」等也被列入學習範圍。尤其是仁宗朝（1022～1063），帝王學習的典籍與篇目較之前代，有

〔註74〕〔宋〕呂陶：《策問》，《淨德集》卷20，文淵閣四庫全書本。

〔註75〕關於經筵制度的發展與定型，可參看姜鵬：《北宋經筵與宋學興起》，上海：上海古籍出版社，2013 年；陳東：《中國古代經筵概論》，《齊魯學刊》，2008 年第 1 期；鄔賀、陳峰：《中國古代經筵制度沿革考論》，《求索》，2009 年第 9 期。

了極大的豐富與拓展，奠定了宋代帝王讀書的基本規模。通過范祖禹《帝學》中所記載的以「好學」著稱的漢唐諸帝讀書情況與北宋帝王進行對比，可以發現宋代帝學經典體系的新變化。如表 2.1 所示：

表 2.1　漢唐諸帝與宋代帝王讀書情況一覽表

帝　王	經典學習篇目
漢武帝	從倪寬問《尚書》一篇；徵蔡義待詔說《詩》。
漢昭帝	修古帝王事，通《保傳傳》，《孝經》、《論語》、《尚書》未云有明。 蔡義以《韓詩》授帝，博士韋賢亦進授帝《詩》。
漢宣帝	年十八，師受《詩》《論語》《孝經》。甘露三年（前 51），詔諸儒講五經同異。
漢光武帝	立五經博士。建武五年（29），帝受《尚書》。
漢明帝	爲太子時，桓榮以少傅授《尚書》，包咸以郎中授《論語》。 永平九年（66）爲四姓小侯立學，置五經師。悉令通《孝經》章句。
漢章帝	元和二年（85），使張酺講《尚書》一篇。帝降意儒術，特好《古文尚書》、《左氏傳》。建初四年（79），會諸儒於北宮白虎觀，講論五經同異。
後魏文帝	好讀書，手不釋卷，五經之義，覽之便講。親講《喪服》於清徽堂。
唐太宗	貞觀十四年（640），命祭酒孔穎達講《孝經》。
唐玄宗	開元三年（715），選儒學之士，使入內侍讀。褚無量與馬懷素更日侍讀。 開元八年（720）元行沖上《群書四錄》。
宋太祖	建隆三年（962），召趙孚講《周易》。 開寶元年（968），詔王昭素講《易·乾卦》。
宋太宗	太平興國八年（983），帝令每日進三卷《太平總類》（《太平御覽》）。 端拱元年（988），召李覺講《易》之「泰卦」。 淳化五年（994），召孫奭講《尚書》，李至講《堯典》。未畢，遽令講《說命》。
宋眞宗	咸平元年（998），召崔頤正講《尚書》於景福殿，又於苑中講《大禹謨》。 咸平二年（999）七月，召崔偓佺講《尚書·大禹謨》。命邢昺講《左氏春秋》。 景德四年（1007），邢昺講《禮記·中庸篇》「爲天下國家有九經」。 大中祥符元年（1008），命馮元講《易·泰卦》。 天禧元年（1017），詔馮元講《易》，待制預焉。

宋仁宗	天禧三年（1019），請賓客以下講《論語》，自是以爲常。 乾興元年（1022），召孫奭、馮元講《論語》。 天聖二年（1024）二月乙丑，召輔臣於崇政殿西廡觀講《孝經》。六月己未，講《孝經》徹也。八月己卯，令馬龜符說《論語》一篇。 天聖四年（1026），觀宋綬等讀《唐書》。錄進唐謝偃《惟皇誡德賦》《孝經》《論語》要言及唐太宗《帝範》二卷，明皇朝臣僚所獻《聖典》三卷，《君臣政理論》三卷。 天聖五年（1027），賜新及第，賜御詩及《中庸》篇各一軸。 明道元年（1032），呂夷簡上《三朝寶訓》三十卷。 景祐三年（1036）賈昌朝上《邇英延義二閣記注》。侍講馮元獻《金華五箴》。 景祐四年（1037）讀《唐書》《正說・愼罰》《正說・養民》篇。講《春秋》。 寶元二年（1039）講《春秋左氏傳》及讀《正說》終。帝問丁度《尚書・洪範》《酒誥》二篇大義。因詔續講《周易》。李淑讀《三朝寶訓》，丁度、李仲容讀所編《經史規鑒》事蹟。十一月癸巳，讀《三朝寶訓》。 慶曆元年（1041），詔以《唐書》紀傳君臣事蹟近於治道者，日錄一兩條上之 慶曆二年（1042），林瑀上《周易天人會元紀》。 慶曆四年（1044）命曾公亮講《詩經》，王洙讀《祖宗聖政錄》，丁度讀《前漢書》。乙酉，帝問輔臣《春秋》三傳異同之義。丙戌，丁度等上《答邇英聖問》。 慶曆五年（1045），讀《漢書・元帝紀》。講《詩經》多篇。讀《三朝經武聖略》 慶曆七年（1047）講《孝經》《論語・序》。讀《賈誼傳》《貞觀政要》。張揆上所著《太玄集解》。 皇祐元年（1049），講《論語》多篇。觀《三朝訓鑒圖》。召盧士宗講《周易》 皇祐二年（1050），講《周易》乾卦、坤卦、需卦、師卦、无妄卦」等。讀《前漢書・東方朔傳》《後漢書・安帝紀》。張揆讀後漢明德馬皇后《紀》。 皇祐三年（1051）講《周易》。令寫大衍一章，令進《洪範・稽疑》，經注具疏。詔丁度等編前、後《漢書》節義，詔以《前史精要》爲名。詔楊安國等編《五經正義》節解，詔以「五經精義」爲名。 皇祐四年（1052），講《尚書》。侍講學士上《五經精義・周易節解》二十卷、《五經精義・尚書節解》三十卷。丁度等上張揆修寫《太元經》。命賈昌朝講《乾卦》。講《尚書》。十月戊寅，詔俟講《尚書》畢講《周禮》。 皇祐五年（1053），講《冏命》。侍講學士上《五經精義・禮記節解》九十卷、《五經精義・春秋節解》八十卷。侍讀學士上《前史精要・後漢書》三十卷。十月甲寅，至和元年（1054）王洙上《周禮禮器圖》，講《周禮》。 至和二年（1055），盧士宗講《周禮》。張揆讀《後漢書》。王洙講《周官》。孫抃讀《史記・龜筴傳》。壬子講《周禮》《左氏傳》。李淑讀《太史公傳》。 嘉祐六年（1061），侍講呂公著講《春秋》。

宋英宗	嘉祐八年（1063），呂公著講《論語》。 治平元年四月（1064），呂公著講《論語》。 治平三年（1066），命司馬光編《歷代君臣事蹟》。召王廣淵書《洪範》於屏，並論《洪範》得失。
宋神宗	治平四年（1067），司馬光初進《資治通鑑》。 熙寧元年（1068），詔講筵權罷講《禮記》，開講《尚書》。 熙寧二年（1069）司馬光講《資治通鑑・漢紀》。壬午，呂惠卿講《咸有一德》。王珪進讀《史記》，司馬光進讀《資治通鑑》。 熙寧三年（1070），司馬光讀《資治通鑑》。 熙寧十年（1077）沈季長講《詩經》。侍讀鄧潤甫、陳襄讀《史記》。上令講《詩經》畢後，講《周禮》。 元豐元年（1080），沈季長講《周禮》。呂公著讀《後漢書》。黃履講「八柄」「九式」「宰夫之職」。沈季長講「九賦」「小宰」。 元豐六年（1085），蔡卞講《周禮》。 元豐七年（1086），司馬光上《資治通鑑・五代紀》三十卷。

由上表可知，宋代帝王學習的典籍較之漢唐，已具一定的體系與規模，出現了一些新變化。如果說漢唐諸帝所學主要以《五經》為主，那麼到了宋代，除了傳統的《五經》、《論語》、《孝經》等文本外，還出現了由士大夫整理刪節後的《五經精義》等讀本，如《周易節解》、《尚書節解》、《禮記節解》、《春秋節解》等；《中庸》等子學著作也開始進入帝王的視野。同時，宋代帝王也更為注重對歷史的學習，除了《漢書》、《後漢書》、《帝範》、《貞觀政要》等著作外，還出現了本朝祖宗「聖政」、「寶訓」，如《正說》、《三朝寶訓》、《祖宗聖政錄》、《三朝經武聖略》等，為「宋朝自太祖以來歷代君主的『嘉言美政』，是供繼嗣帝王汲取借鑒本朝經驗」而編撰的「帝王學教材」。〔註76〕

其中值得注意的是，本朝士大夫自己所創作的經史著作，也開始進入了經筵。這既是士大夫有意識地創作，資聖學益治道的產物，又是帝王學以求治的結果。如仁宗時，「侍講學士馮元獻《金華五箴》，降詔褒諭」。〔註77〕張揆上所著《太元（玄）集解》，「帝悅」，擢其為「天章閣待制、兼侍讀」等，〔註78〕都是士大夫主動向帝王進獻著作以資借鑒被嘉獎的事例。這種帶有士

〔註76〕鄧小南：《祖宗之法：北宋前期政治述略》，生活・讀書・新知三聯出版社，2014年，第377頁。
〔註77〕〔宋〕范祖禹撰，陳曄校釋：《帝學校釋》，上海：華東師範大學出版社，2015年，第94頁。
〔註78〕〔宋〕范祖禹撰，陳曄校釋：《帝學校釋》，上海：華東師範大學出版社，2015年，第108頁。

大夫個體濃厚的學術旨趣與價值理念的作品進入經筵，為其通過思想撰述與理論建構影響帝王及其政治實踐，創造了有利條件。同時，通過趙汝愚的《宋朝諸臣奏議》所收錄的田錫《上眞宗進經史子集要語》、文彥博《上哲宗進無逸圖》、蘇頌《上哲宗乞詔儒臣討論唐故事以備聖覽》、范祖禹《上哲宗進經書要言以備覽》、曾肇《上徽宗乞觀貞觀政要陸贄奏議》、陳瓘《上徽宗乞讀資治通鑒》、《上徽宗乞觀無逸及漢文宣唐太宗事》等奏議，〔註 79〕亦可看出士大夫對帝王經筵學習典籍的主動篩選與把握，以此掌握經筵講學的主導權與經典詮釋的優先權，為以學術影響政治，建構理想的帝王之學奠定基礎。

此外，帝王出於為學求治需要，也會下令編撰相應的帝學教材。如賈昌朝將「書筵侍臣出處升絀、封章進對、燕會賜與，皆用存記」編為二卷進程，仁宗詔以《邇英延義記注》為名，並命章得象等接續修撰。〔註 80〕這是由士大夫首先進獻著作引起了帝王注意，而後由帝王下令繼續修撰經史著作的事例。又如英宗時，「命龍圖閣直學士兼侍講司馬光編集《歷代君臣事蹟》以資借鑒。」〔註 81〕神宗時書成，賜名《資治通鑒》，成為經筵進講的內容，便是帝王出於有益治道的考慮，主動下令編撰經史著作的事例，體現了帝王與士大夫以經典為媒介，共同致力於立帝學成治道，實現政治社會秩序重構的努力與追求。

為什麼在宋代帝王的教育中，經、史著作的選讀與撰述會如此的豐富並受重視？這與當時士大夫與帝王的經史觀念密切相關。如果說在宋代之前，帝王與士大夫均是將「五經」視為「先王之政典」，從帝王治國理政、王朝永祚的角度出發，側重於對先王典章制度、政治經驗等治國之「術」的學習與詮釋。〔註 82〕到了宋代，帝王與士大夫中則將經與史的功能進行了細分，以「經」治身，以「史」治世。如陳瓘言：「臣竊謂人君稽古之學，一經一史。經則守之而治身，史則考之而應變。〔註 83〕「經」蘊涵著修身立德、

〔註 79〕〔宋〕趙汝愚編，北京大學中國中古史研究中心校點整理：《宋名臣奏議》，上海：上海古籍出版社，1999 年，第 53～59 頁。

〔註 80〕〔宋〕范祖禹撰，陳曄校釋：《帝學校釋》，上海：華東師範大學出版社，2015年，第 93～94 頁。

〔註 81〕〔宋〕范祖禹撰，陳曄校釋：《帝學校釋》，上海：華東師範大學出版社，2015年，第 140 頁。

〔註 82〕朱漢民：《六藝與儒家子學的思想差異》，《中國哲學史》，2017 年第 1 期。

〔註 83〕〔宋〕陳瓘：《上徽宗乞讀資治通鑒》，趙汝愚編：《宋朝諸臣奏議》卷 6，上海：上海古籍出版社，1999 年，第 58 頁。

經國理民之大「道」，為「唐虞之所以帝，夏商周之所以王」的根本原因；
〔註84〕「史」則包含著歷代王朝興衰治亂的歷史經驗與帝王駕馭臣民的權
謀功利之「術」。真宗曾說：「《六經》之旨，聖人用心，固與子史異矣。」
〔註85〕在宋代帝王與士大夫的眼中，經與史的作用是各不相同的。所以宋
高宗說：「朕觀六經，皆論王道；如史書，多雜霸道。其間議論，又載一時
捭闔辯士游說。」〔註86〕經書承載著聖人的王道理想，而史書則多論霸道。
所以對於欲復三代之治的宋代君臣而言，經高於史，學聖人之道要高於學霸
王之術。因此「勸學之道，莫尚宗經。宗經則道大，道大則才大，才大則功
大」。〔註87〕對於帝王而言，為學的首務就是尊經明道，為修身立德、治國
平天下奠定理論基礎，這也是宋代士大夫特別熱衷於儒家經義發揮及思想撰
述的根本原因。

　　在宋代經筵講學中，往往採取侍講「講」經，侍讀「讀」史或進「故事」
的方式對帝王進行教育。由於史書主要是記載歷代帝王治國理政之「術」與
王朝興衰治亂之「事」，代表了「霸道」的治國方式，所以對宋代士大夫而言，
他們更注重對儒家「經義」的重新詮釋，紛紛撰寫學術著作寄寓其政治理想
與價值追求，力圖發揮「經以治身」的功能，將帝王學習的重心從帝王術的
掌握，轉向君德養成的內聖修養，進而延及外王事功的開拓，以此超越漢唐，
追風三代，從而促使了宋代經學逐漸擺脫漢唐章句的束縛而轉向義理之學。
正是在這種學術轉型中，一種適應帝學發展、崇尚義理為特徵的新經學體例
——經筵講義應運而生，成為了士大夫用儒家經義影響帝王，切入政治的重
要載體。〔註88〕自宋神宗元豐年間，陸佃在經筵始進講義，〔註89〕經筵講義
便被廣泛地運用於經筵講學之中，至南宋時蔚為大觀，楊時、王十朋、程俱、

〔註84〕曾棗莊、劉琳主編：《全宋文》第 50 冊，上海：上海辭書出版社；合肥：安
　　　　徽教育出版社，2006 年，第 202 頁。
〔註85〕李燾：《續資治通鑑長編》卷 65，「景德四年閏五月壬申條」，北京：中華書局，
　　　　2004 年，第 1460 頁。
〔註86〕劉琳，刁忠民，舒大剛等校點：《宋會要輯稿‧崇儒七》之「經筵」，上海：
　　　　上海古籍出版社，2014 年，第 2886 頁。
〔註87〕范仲淹：《上時相議制舉書》，《范文正集》卷 9，文淵閣四庫全書本。
〔註88〕朱漢民教授認為經筵講義屬於「講義」體，為宋代產生並流行的新經學體例，
　　　　是儒臣用儒家經義對帝王進行道德教育的經學講義。見朱漢民、洪銀香：《宋
　　　　儒的義理解經與書院講義》，《中國哲學史》，2014 年第 4 期。
〔註89〕王應麟撰，樂保群等校點：《經說》，《困學紀聞》卷 8，上海古籍出版社，2015
　　　　年，第 201 頁。

周必大、張栻、朱熹、真德秀、袁燮、袁甫、徐元傑等紛紛撰寫「經筵講義」教導帝王，其內容不僅涉及「五經」，而且包括《大學》、《論語》、《孟子》等經典，〔註90〕因而至南宋時，宋代帝王學習的經典體系開始完善，體現了士大夫們對帝學體系的新探索。

由此可見，在帝王與士大夫的不斷互動交流中，至宋仁宗時已經初步形成了以經、史為主要內容的帝學經典體系，其範圍不僅包括前代經史典籍，而且包括當代士大夫創作的經史著作及本朝祖宗「聖政」、「寶訓」，奠定了宋代帝王學習的基本規模，並至南宋時帝王學習的經典體系正式定型。由於經具有治身的功能，更便於儒家士大夫通過經義發揮與義理講說，實現引君於道，成就堯舜聖王之君，重構政治社會秩序的王道理想，因此士大夫們更致力於對儒「經」的重新注疏、詮釋與創作，從而促進了宋代學術轉型與新經學體例的產生，影響了一代之學術與政治。

2.2.3　帝王之學謂之「大學」：帝學思想框架的呈現

在帝王眾多學習的典籍中，應該以哪部經典作為入門著作，更好地實現引君於道，致君堯舜的帝學目的呢？自從韓愈在《原道》中引用《禮記·大學》「古之欲明明德於天下者，先治其國；欲治其國者，先齊其家；欲齊其家者，先修其身；欲修其身者，先正其心；欲正其心者，先誠其意」〔註91〕，以正心誠意作為修身立德而及於家國天下治理的理論武器，與佛教相抗衡後，《大學》的作用在宋代逐漸被帝王與士大夫重新發現與挖掘，並成為士大夫建構帝王之學的思想框架。

《大學》原為《禮記》中的一篇，在宋代以前依附於《禮記》而行並未單獨行世，其最初進入帝王的視線當在宋仁宗之時。根據仁宗天聖三年（1025）三月「詔輔臣於崇政殿西廡觀孫奭講《曲禮》」，〔註92〕至天聖五年（1027）十月「講《禮記》徹，燕近臣於崇政殿」〔註93〕的史料記載可知，從經筵進讀《禮記》首篇《曲禮》至其終篇，前後花去了兩年多的時間，其中雖沒有

〔註90〕　王琦：《論宋代經筵講義的興起》，《中國哲學史》，2018 年第 2 期。

〔註91〕　〔唐〕韓愈著，錢仲聯等校點：《原道》，《韓愈全集》，上海：上海古籍出版社，1997 年，第 121 頁。

〔註92〕　〔宋〕李燾：《續資治通鑒長編》卷 103「天聖三年三月己酉條」，北京：中華書局，2004 年，第 2378 頁。

〔註93〕　〔宋〕李燾：《續資治通鑒長編》卷 103「天聖五年十月庚辰條」，北京：中華書局，2004 年，第 2452 頁。

進講《禮記》具體篇目的記載，但是從一般的常理推測，《大學》應該是在講讀範圍之內，否則就難以解釋天聖八年（1030），仁宗皇帝爲何會賜新及第進士《大學》一篇，「自後與《中庸》間賜，著爲例」。〔註94〕可見最遲在仁宗時，《大學》已爲帝王所熟知，並成爲賞賜新科進士的重要篇章而流傳於世，這無疑爲《大學》的地位提升，及其在帝學建構中的作用發揮奠定了基礎。

仁宗皇祐五年（1053），有侍講學士上「《五經精義・禮記節解》九十卷」，〔註95〕其中是否有《大學》，因缺乏詳細的史料支撐，不可得而知。但是哲宗元祐五年（1090），右正言劉唐老言曰：「『伏睹《大學》一篇，論入德之序，願詔經筵之臣訓釋此書上進，庶於清燕之閒，以備觀覽。』從之。」〔註96〕這是士大夫上奏議請經筵官以單篇的形式訓釋《大學》進呈的較早記錄。同年，范祖禹進呈《帝學》著作，正式提出「帝王之學謂之『大學』」。「故學者所以致知、誠意、正心、修身、齊家、治國、明明德於天下，堯舜之道是也。帝王之學，所以學爲堯舜也，堯舜亦學於古先聖王而已。」〔註97〕以《大學》之道爲堯、舜、禹、湯、文、武、周公、孔子等聖聖相傳之「正道」，「其他皆非道也。」〔註98〕力圖以《大學》爲思想框架，引導帝王於「正道」，成就君德帝業，從而使得《大學》成爲士大夫建構帝王之學的重要思想武器。這既是對前代及同代士大夫學術思想的總結，又獲得了其後士大夫的廣泛認同。

在范祖禹之前，程顥、程頤不僅以《大學》爲「孔子之遺言」與「入德之門」，〔註99〕對《大學》進行了「改正」〔註100〕，而且力圖用《大學》對君主進行規範。如程顥認爲君心之正與不正決定了王道與霸道之別，認爲「得

〔註94〕 劉琳，刁忠民，舒大剛等校點：《宋會要輯稿・選舉二》之「貢舉二」，上海：上海古籍出版社，2014年，第5268頁。

〔註95〕 〔宋〕范祖禹撰，陳曄校釋：《帝學校釋》，上海：華東師範大學出版社，2015年，第126頁。

〔註96〕 〔宋〕李燾：《續資治通鑒長編》卷446「元祐五年八月丙午條」，北京：中華書局，2004年，第10742頁。

〔註97〕 〔宋〕范祖禹撰，陳曄校釋：《帝學校釋》，上海：華東師範大學出版社，2015年，第31～32頁。

〔註98〕 〔宋〕范祖禹撰，陳曄校釋：《帝學校釋》，上海：華東師範大學出版社，2015年，第31～32頁。

〔註99〕 〔宋〕程顥，程頤：《論書篇》，《二程集》，北京：中華書局，2004年，第1204頁。

〔註100〕 程顥有《明道先生改正大學》，程頤有《伊川先生改正大學》，見：《二程集》，北京：中華書局，2004年，第1126～1132頁。

天理之正，極人倫之至者」爲「堯舜之道」；「用其私心，依仁義之偏者」爲「霸者之事」，「誠心而王則王矣，假之而霸則霸矣」，要求帝王「審其初」，以堯舜之心自任，「然後爲能充其道」〔註101〕，以此格正君心之非，確保堯舜之道的實現。司馬光作《大學廣義》及《致知在格物》篇，〔註102〕用《大學》構建其心性理論，並《上神宗論人君修心治國之要三》〔註103〕、《上哲宗論人君修心治國之要三》等系列奏箚，以「人君之心」爲治亂安危存亡之本，要求君主內修「仁、明、武」之德，外施「用人、賞功、罰罪」之策。〔註104〕神宗時孫覺上奏議云：「人主之學，苟不深造於道德性命之際，則無以應萬務變之務、知群下之情」，希望神宗通過篤學力行以「攬道德之粹精，極性命之微妙」，以使朝廷之政「盡得先王之意」，先後之序「盡合聖人之道」，成就「度越漢、唐而比隆於三代」的功業。〔註105〕《大學》中有關道德性命、正心修身的思想被重新挖掘，成爲士大夫正君心立聖德的重要典籍。

　　至哲宗時，梁燾引《大學》「自天子至於庶人，皆以修身爲本。本亂而末治者，未之有也，故曰身修而家齊，家齊而國治，國治而天下平」之言，認爲「聖人之道」，「其始則正心誠意而不出方寸之間，其終則德業滂洋而遍滿天下」，〔註106〕以正心誠意的內聖修養爲君德帝業成就的起點與關鍵。彭汝礪提出：「修身無他，在乎學而已。大學之道，始於誠意正心，終於治天下。……心正故身正，身正故無所不正。此其守甚約而其施甚博，其源甚近而其流甚遠」，君主爲學如能正其本，則「二帝三王之盛，蓋可跂而至也。」〔註107〕類似的言論，不勝枚舉。由此可見，在神宗、哲宗之際，以《大學》爲帝學

〔註101〕〔宋〕程顥：《上神宗論王霸之辨在審其初》，趙汝愚編：《宋朝諸臣奏議》卷2，上海：上海古籍出版社，1999年，第17頁。

〔註102〕朱彝尊《經義考》：「取《大學》於《戴記》，講說而專行之，實自溫公始。」見〔清〕朱彝尊《經義考》卷156，《司馬氏大學廣義》，文淵閣四庫全書本。

〔註103〕〔宋〕司馬光：《上神宗論人君修心治國之要三》，趙汝愚編：《宋朝諸臣奏議》卷2，上海：上海古籍出版社，1999年，第8頁。

〔註104〕〔宋〕司馬光：《上哲宗論人君修心治國之要三》，趙汝愚編：《宋朝諸臣奏議》卷2，上海：上海古籍出版社，1999年，第21頁。

〔註105〕〔宋〕孫覺：《上神宗論人主有高世之資求治之意在成之以學》，趙汝愚編：《宋朝諸臣奏議》卷5，上海：上海古籍出版社，1999年，第44頁。

〔註106〕〔宋〕梁燾：《上哲宗論進學之時不可失》，趙汝愚編：《宋朝諸臣奏議》卷5，上海：上海古籍出版社，1999年，第47～48頁。

〔註107〕〔宋〕彭汝礪：《上哲宗論人主盡道在修身修身在正學》，趙汝愚編：《宋朝諸臣奏議》卷5，上海：上海古籍出版社，1999年，第49～50頁。

思想框架的意識日益凸顯，體現了士大夫們力圖以《大學》之道規範帝王修身齊家、治國平天下的傾向與意識，直指道德性命之理與格正君心之非。

范祖禹以《大學》爲「帝王之學」的思想，也得到了後世學者廣泛認同。如鄒浩在《上徽宗論帝王爲學之本》中認爲，《大學》從「明明德於天下」至「治國、齊家、修身、正心、誠意、致知、格物」的路徑，體現了儒家由外王逐層深入內聖的「學之本」；而從物格、知致、意誠、心正的內聖修養至身修、家齊、國治、天下平的外王事功成就，突出的是「學之效」。〔註108〕顯然，《大學》爲「內聖」與「外王」之間架起了一來一往的雙軌通道。〔註109〕之後，胡安國以「聖學以正心爲要」勸誡欽宗。〔註110〕張九成曰：「帝王之學何學也？以民爲心也。夫自致知、格物以至平天下家國，曷嘗不以民爲心哉？苟學之不精，不先於致知，使天下之物足以亂吾之知，則理不窮。理不窮則物不格，物不格則知不至。意不誠，心不正，身不修，出而爲天下國家，則爲商鞅，蘇、張之徒。以血肉視人，而天下不得安其生矣。」〔註111〕認爲由格物致知、誠意正心的修身工夫而及於天下國家的治理，是確保民心向背與王道政治實現的保障，也是與蘇秦、張儀之徒所採取的霸道政治，荼毒天下不同。所以陳長方說：「《禮記·大學》一篇，爲帝王學問之宗。雖秦火之餘，簡編紊散，先後之次多失其舊，然聖人之指昭昭可尋也。」〔註112〕以《大學》爲帝學的「學問之宗」，自北宋中後期以來，已成爲眾多士大夫的共同意識。雖然「治道」的追求依然是君主爲學的最終目的，但是士大夫通過各自的理論撰述與經典詮釋，力圖將其學習的重心由帝王之「術」轉向以君德成就爲根本的帝王之「學」，引導帝王學爲堯舜，由聖而王，確保國家的治理符合儒家王道理想的追求，避免走向功利權謀的霸道政治。程頤所謂「天下治亂繫宰相，君德成就責經筵」，〔註113〕便是對宋代帝王之學注重帝王道德完善的高

〔註108〕〔宋〕鄒浩：《上徽宗論帝王爲學之本》，趙汝愚編：《宋朝諸臣奏議》卷5，上海：上海古籍出版社，1999年，第50～51頁。

〔註109〕余英時：《朱熹的歷史世界》，北京：生活·讀書·新知三聯書店，2010年，第417頁。

〔註110〕〔宋〕胡安國：《上欽宗論聖學以正心爲要》，趙汝愚編：《宋朝諸臣奏議》卷5，上海：上海古籍出版社，1999年，第52頁。

〔註111〕〔宋〕張九成：《孟子傳》卷2，文淵閣四庫全書本。

〔註112〕〔宋〕陳長方：《帝學論》，《唯室集》卷1，文淵閣四庫全書本。

〔註113〕〔宋〕程頤：《論經筵第三劄子》，《二程集》，北京：中華書局，2004年，第540頁。

度概括，其間透露了帝學意識的新變化。

　　對於帝學的發展，范祖禹雖有首倡之功，但他只提出了某些理念，並未將帝學理論化、系統化，這一任務最終是由朱熹與眞德秀共同完成的。朱熹傾其一生的精力與學識，重新詮釋了《大學》，不僅創作了《大學章句》，使之成爲「四書」之首，而且撰寫了《經筵講義》進呈宋寧宗，力圖以《大學》的三綱領、八條目爲思想框架，通過理學思想的運用，引導當世帝王「正君心立綱紀」，〔註114〕爲帝王學爲堯舜提供理論依據，建構其理想的帝王之學。之後，眞德秀發揮朱熹「熟究《大學》作間架，卻以他書塡補去」的理論路徑，〔註115〕將其視爲「君天下者之律令格例」，〔註116〕創作了《大學衍義》進呈宋理宗，標舉帝王之學，進一步將帝學理論化、系統化，爲帝王修身理政提供了具體事例與操作規範。從范祖禹、朱熹到眞德秀，他們通過各自的學術思想與體系建構，共同確立了《大學》在儒家經典及帝學中的重要地位，展現了宋代帝學發展、演變的內在邏輯，寄寓了宋代士大夫以理學建構帝學，致君堯舜，重構政治社會秩序的王道理想。

2.2.4　帝王之學與士大夫之學：帝學概念的界定

　　宋代士大夫所要建構的帝王之學，不僅與宋之前重功利權謀、駕馭臣民的帝王術相區別，而且與析章句、考異同的士大夫之學也有所不同〔註117〕。因而自范祖禹率提出「帝學」的概念後，關於什麼是帝王之學，什麼不是帝王之學等問題，引起了士大夫們持久而熱烈的討論，試圖對帝學進行界定，〔註118〕力圖建構一種不同於士大夫之學的帝王之學。

　　宋代士大夫往往喜歡將帝王之學與士大夫之學對舉，凸顯帝學的內涵與

〔註114〕〔宋〕朱熹：《庚子應詔封事》，《晦庵先生朱文公文集》卷11，《朱子全書》第 20 冊，上海：上海古籍出版社；合肥：安徽教育出版社，2010 年，第 581〜585 頁。

〔註115〕〔宋〕黎靖德：《朱子語類》卷 14，北京：中華書局，1986 年，第 250 頁。

〔註116〕〔宋〕眞德秀：《〈大學衍義〉序》，《大學衍義》朱人求點校，上海：華東師範大學出版社，2010 年，第 3 頁。

〔註117〕在宋代，有關帝王之學與書生之學、儒生之學、文士之學、人臣之學、士大夫之學有何不同的討論比比皆是。本文籠統地以「士大夫之學」指稱經生、博士、學士、儒生、士大夫等所研習的學問，以此來與帝王之學對舉。

〔註118〕關於宋儒對帝王之學與士大夫之學不同的論述，夏福英在其博士論文《「帝王之學」視域下的〈大學衍義〉研究》附錄 B（湖南大學嶽麓書院，2015 年）中有比較詳細的收集，可參看。

特點。如呂公著說：「人君之學，當觀自古聖賢之君，如堯、舜、禹、湯、文、武之所用心，以求治天下國家之要道，非若博士諸生治章句、解訓詁而已。」〔註119〕范祖禹曰：「人君讀書，學堯舜之道，務知其大指，必可舉而措之天下之民，此之謂學也。非若人臣，析章句，考異同，專記誦，備應對而已。」〔註120〕指出帝王之學與士大夫學不同，不重章句訓詁而重堯舜之道。虞儔曰：「臣聞帝王之學與經生、學士不同。夫分析章句，窮究前聖之旨，考論同異，折衷諸儒之說，此經生、學士之學也。若緝熙光明之用，發之於一身；仁義詩書之澤，施之於四海，此帝王之學也。」〔註121〕可見，帝王之學重在學堯舜之道，經世致用，成就君德帝業，惠澤天下蒼生；士大夫之學重在分章析句，明訓詁通經義，備應對輔人主，兩者有著不同的為學重點與目標。這種觀念也為宋代帝王所接受，如宋高宗就明言：「有帝王之學，有士大夫之學。朕在宮中，無一日廢學，然但究前古治道，有宜於今者要施行耳，不必指謫章句以為文也。」〔註122〕正是在這種對帝王之學與士大夫之學不同的區分中，體現了宋代士大夫有意識地建構專門的帝王之學，力圖以堯舜之道指導帝王修身立德、治國理政的價值追求。

此外，宋代士大夫還試圖通過什麼不是帝王之學的思考與討論，將包括章句訓詁、功利權謀、老子釋氏之學等排斥在帝王之學外。如胡安國曰：「若夫分章析句，牽制文義，無益於心術者，非帝王之學也。」〔註123〕章句訓詁不是帝王之學。洪擬曰：「章句書藝為非帝王之學」，〔註124〕謝鄂言：「帝王之學，匪藝匪文」等。〔註125〕文學、藝術、書法不是帝王之學。張九成說：「豈有以帝王之學入陰謀詭計，而能造天下者乎？蓋為天下國家，必有天下國家之材，如商鞅、

〔註119〕〔宋〕范祖禹撰，陳曄校釋：《帝學校釋》，上海：華東師範大學出版社，2015年，第134頁。

〔註120〕〔宋〕范祖禹撰，陳曄校釋：《帝學校釋》，上海：華東師範大學出版社，2015年，第74頁。

〔註121〕〔宋〕虞儔：《已見篰子》，《尊白堂集》卷6，文淵閣四庫全書本。

〔註122〕〔宋〕李心傳：《建炎以來繫年要錄》卷14「紹興十一年十二月乙卯條」，北京：中華書局，1988年，第2297頁。

〔註123〕〔宋〕胡安國：《上欽宗論聖學以正心為要》，趙汝愚編：《宋朝諸臣奏議》卷5，上海：上海古籍出版社，1999年，第52頁。

〔註124〕〔宋〕李心傳：《建炎以來繫年要錄》卷44「紹興元年五月乙巳條」，北京：中華書局，1988年，第798頁。

〔註125〕〔宋〕羅大經：《鶴林玉露甲編》卷6，上海：上海古籍出版社，2012年，第64頁。

孫臏、蘇秦、張儀、稷下數公之說，皆閭閻市井商賈駔儈之材也。將以此輩爲天下國家之材，宜乎亂亡相繼，至秦而大壞也。」〔註126〕陰謀詭計、功利權謀之術不是帝王之學。朱熹云：「蓋記誦華藻，非所以探淵源而出治道；虛無寂滅，非所以貫本末而立大中。」〔註127〕記誦詞章、老子釋氏之說，不是帝王之學，只有以《大學》爲核心的儒家「正學」才是「不可不熟講」的帝王之學。〔註128〕

可見，隨著討論的深入，帝學的概念進一步明晰。宋代士大夫想要建構的帝王之學，既不包括文學、藝術、書法等門類，又不是記誦詞章、釋氏老子、管商功利之學，而是以《大學》爲核心的儒家「正學」。對此，南宋時劉燁概括道：「帝王之學當本之《大學》，探之《中庸》，參之《論語》、《孟子》，然後質之《詩》、《書》，玩之《周易》，證之《春秋》，稽之《周官》，求之《儀禮》，博之《禮記》，於修身、治天下之道猶指掌矣。」〔註129〕揭示了應以「純正」的儒學引導帝王成君德立聖治的思想意識，並確立了帝王學習經典先「四書」後「五經」的秩序，體現了「四書」新經典體系的形成及其地位提升的訊息，呈現了宋代士大夫建構帝王之學的主體意識。

通過以上探討，可以發現宋代「新」帝學意識是在「學」以求「治」的目標下，以經筵爲平臺，以經典爲媒介，通過士大夫與帝王的互動交流，逐漸積累、興起與建構的。之所以說它是一種「新」帝學意識，主要表現爲：一是從建構的主體與學習的重心而言，宋之前主要是從帝王的立場出發，側重於富國強兵、功利權謀、駕馭臣民的帝王術的學習；宋代則是從士大夫的立場出發，以培養理想的帝王爲目的，通過經筵講學，利用經典詮釋的優先權，以儒家之道規範帝王修身及政治實踐，成就君德帝業，從而確保國家的治理是出於王道而非霸道，因而帝王學習的重心在「德」而不在「術」。雖只是一字之差，卻體現了霸道與王道兩種不同的治國理念。二是與士大夫之學相比較，帝王之學不是以章句訓詁爲主的科舉應對之學，而是學爲堯舜的經世致用之學。三是與其他學問相比較，帝王之學既不包括文學、藝術、書法等門類，也不包括老子釋氏、管商功利、詞章記誦之術，而是儒家正學。由此可見，宋代士大夫所要建

〔註126〕〔宋〕張九成：《孟子傳》卷 4，文淵閣四庫全書本。

〔註127〕〔宋〕朱熹：《壬午應詔封事》，《晦庵先生朱文公文集》卷 11，《朱子全書》第 20 冊，上海：上海古籍出版社；合肥：安徽教育出版社 2010 年，第 572 頁。

〔註128〕〔宋〕朱熹：《壬午應詔封事》，《晦庵先生朱文公文集》卷 11，《朱子全書》第 20 冊，上海：上海古籍出版社；合肥：安徽教育出版社 2010 年，第 571～572 頁。

〔註129〕〔清〕朱彝尊：《通說》，《經義考》卷 296，文淵閣四庫全書本。

構的帝王之學是以儒家思想為指導，以君德成就為根本，以培養堯舜聖王為目的，指導帝王修身立德、治國平天下的專門之學。從某種意義上而言，帝學是宋儒從士大夫立場出發而建構的理想的帝王之學。帝學理論不斷發展與豐富的過程，實質就是帝王理想「角色」不斷被士大夫「期待」與「塑造」的過程。也正如鄧小南所言：「自趙宋建國之日起，規約『人君』角色、塑造帝王完美形象以期垂範後世的努力，即一直在進行之中。所謂『角色』，無疑是帝王的個人行為所體現；但從特定時代的角度觀察，符合規範的角色不僅是由宋初帝王個人扮演而成，而是由當時的士大夫參預塑就的。」〔註130〕「帝學」就是士大夫規範人君，塑造完美帝王的途徑與手段，經筵制度則是其保障與平臺。

2.2.5　反思與重構：宋代帝學興起的原因

任何一種思潮的興起，均是對時代與社會問題的回應。宋代之所以會興起一種以儒家思想為指導，以君德養成為根本而及於治國平天下的新帝學意識，是建立在對傳統反思與現實需要的基礎之上。

其一，基於對漢唐儒法雜糅的治國理念的反思

雖然說自從漢武帝「獨尊儒術」之後，儒學成為國家的意識形態，「五經」被列為博士，並在國家制度與政治治理等層面發揮作用，帝王學習經典的重點主要是從國家治理的宏觀層面，側重於典章制度、禮儀規範、駕馭臣民之「術」的汲取，並在實際上形成了儒法互補的國家治理體系。〔註131〕同時漢儒拘泥於「家法」「師法」，以章句訓詁解經的方式，使得儒學在佛道思想的衝擊下，因無法解決人在社會中的安身立命問題，而漸漸失去了對世道人心的規範作用。尤其是面對晚唐及五代十國之亂所造成的社會失序與人心淪喪等嚴峻現實，如何重構政治社會秩序，挽救世道人心，重振儒學，是宋代帝王與士大夫所面臨的重大時代課題。宋代帝學的興起與發展，正是建立在對漢唐帝王治國理念與方式的反思之上，他們力圖通過對傳統經典思想內涵的重新挖掘與詮釋，為社會秩序重構與個體安身立命提供理論依據與解決方案。

其二，宋代文治導向與經筵制度的定型，為帝學的興起提供了平臺

宋代文治政策，一方面促進了士大夫階層的崛起，激發了他們以天下為

〔註130〕鄧小南：《祖宗之法：北宋前期政治述略》，北京：讀書・生活・新知三聯書店，2014年，第197頁。
〔註131〕朱漢民，胡長海：《儒、法互補與傳統中國的治理結構》，《武漢大學學報》，2017年第2期。

己任的政治主體意識；另一方面，爲適應帝王「學」以求「治」需要而設置的經筵制度，經過太宗、眞宗朝的發展，至仁宗時正式定型，從而使得帝王學習經史有了專門的講官隊伍、制度儀式、教學科目、組織機構與講習場所，爲士大夫通過經筵講學，借助經典詮釋的優先權，以儒家之道規範帝王及其政治提供了有效途徑，以至「很多理論都在這個平臺基礎上被設計出來」。無論是王安石、司馬光，還是蘇軾、蘇洵兄弟，乃至遠離政治的程顥、程頤兄弟等，他們「都致力於撰述或設計思想體系等學術手段來宣揚政治理想」，〔註132〕從而力圖得君行道，致君堯舜。帝學的興起與發展，正是宋代士大夫利用經筵平臺，建構思想理論體系，爭取學術主導權，成就君德帝業，寄寓其政治理想與價值追求的產物。

　　其三，基於對王安石變法的反思

　　一方面，宋代士大夫對王安石與神宗君臣遇合，以學術輔人主，將儒家的理想從「坐而言」的理論推進到「起而行」的實踐〔註133〕，讓士大夫看到了通過經筵，以學術影響政治乃是致君堯舜，實現三代之治最根本、最有效的方法，從而激發了士大夫通過經典詮釋，建構理想的帝王之學的熱情。另一方面，雖然王安石對「道德性命」之學具有倡導之功，但士大夫普遍認爲其變法失敗的根本原因，就在於將「外王」建立在錯誤的「性命之理」上面。〔註134〕如張栻云：「王氏之說皆出於私意之鑿，而其高談性命，特竊取釋氏之近似者而已。」〔註135〕陳師錫曰：「安石之學，本出於刑名度數，性命道德之說，實生於不足。」〔註136〕王安石的道德性命之學既不排斥釋老，又對刑名法術兼收並蓄，從而導致「學術不正，遂誤天下」。〔註137〕宋高宗南渡後也批評王安石：「安石之學，雜以伯道，取商鞅富國強兵。今日之禍，人徒知蔡京、王黼之罪，而不知天下之亂生於安石。」〔註138〕將亡國之罪歸之於王安石，

〔註132〕姜鵬：《北宋經筵與宋學興起》，上海：上海古籍出版社，2013 年，第 11 頁。

〔註133〕余英時：《朱熹的歷史世界》，北京：生活・讀書・新知三聯書店，2010 年，第 8 頁。

〔註134〕余英時：《朱熹的歷史世界》，北京：生活・讀書・新知三聯書店，2010 年，第 12 頁。

〔註135〕〔宋〕張栻：《與顏主簿》，《南軒集》卷 19，文淵閣四庫全書本。

〔註136〕〔宋〕陳師錫：《與陳瑩中書》，呂祖謙編：《宋文鑒》卷 120，文淵閣四庫全書本。

〔註137〕〔宋〕黎靖德：《朱子語類》卷 127，北京：中華書局，1986 年，第 3064 頁。

〔註138〕〔宋〕李心傳：《建炎以來繫年要錄》卷 87「紹興五年三月庚子條」，北京：中華書局，1988 年，第 1449 頁。

幾乎已成歷史定論。因而在北宋中期以後，宋代士大夫特別關注當以何種學問為「正學」，引導帝王於「正道」的討論，呈現出一種以理學建構帝學，以道統規範治統，成就堯舜聖王之君的思想傾向，從而影響了一代學術與政治。

2.3 宋代經筵講義的形成與發展

宋代經筵制度的定型，為帝王學習經史提供了專門的師資隊伍、組織機構、儀式儀規、時間保障與固定場所等條件，帝學應運而生，逐漸形成了引君於道，以道統規範治統，致君堯舜，成就君德帝業，重構政治社會秩序的價值理想與目標追求。而要實現「學為堯舜」的帝學目標，其中的關鍵環節，就在於如何重新詮釋經典，利用經筵講學的機會，與帝王在思想觀念與治國理念上達成某種共同的價值意識，從而影響帝王及其政治實踐。因此宋代士大夫紛紛致力於經典的重新詮釋與思想體系的重新建構，這就必然要求在經典詮釋的方法上突破傳統章句訓詁之學的束縛，一種以崇尚義理為特徵的新經學體例——經筵講義逐漸產生並形成。〔註139〕自「元豐間，陸農師（陸佃）在經筵始進講義」開始，〔註140〕經筵講義便作為士大夫詮釋儒家經旨義理，為教導帝王而撰寫的經筵講稿與帝學教材流傳開來。它既是宋代經筵制度定型與帝王之學發展的產物，又是宋代經學從「惟知章句訓詁之為事」到「復求聖人之意，明夫性命道德之歸」的「義理」轉型的結果，〔註141〕體現了學術與政治之間的互動與交融。

那麼，經筵講義是如何逐漸形成與流傳的？它與傳統的章句訓詁之學相比有何特點？通過范祖禹《帝學》所記載的帝王為學事蹟與士大夫經筵講學的記錄等文獻資料的梳理，可以探究到經筵講義是如何在君臣的互動交流中，逐漸興起與發展，並形成自己的特點的。

2.3.1 經筵講義的萌芽與形成

經筵官的設置及經筵制度的完善，最初源於帝王於聽政之暇，閱讀經史、

〔註139〕 朱漢民教授認為講義是宋代盛行的一種新的解經體例，根據對象與場所的不同，分為經筵講義、官學講義與書院講義，其中「經筵講義是儒臣用儒家經義對帝王進行道德教育的經學講義。」見朱漢民，洪銀香：《宋儒的義理解經與書院講義》，《中國哲學史》，2014年第4期。

〔註140〕 〔宋〕王應麟撰，欒保群等校點：《經說》，《困學紀聞》卷8，上海：上海古籍出版社，2015年，第201頁。

〔註141〕 〔宋〕朱熹：《中庸集解序》，《晦庵先生朱文公文集》卷75，《朱子全書》第24冊，上海：上海古籍出版社；合肥：安徽教育出版社，2010年，第3640頁。

質問經義、召對詢訪而出「治道」的需要。〔註 142〕因爲他們深信「經者所以載道，而道者適治之路也」，〔註 143〕通過儒家經典的學習，是可以提升帝王德性修養與治國能力，並成就堯舜三代之治的。這種爲學求治的傾向，無疑影響了帝王與士大夫對經典的選擇標準與詮釋傾向，促進了宋代學術轉型與經筵講義的產生。

2.3.1.1　宋代帝王對經筵教材的選擇及「義理」解經的偏好

帝王「今日之學與不學，繫他日之治亂」，〔註 144〕是對學術與政治關係的最經典概括。宋朝開國以來，歷代帝王謹守以文化成天下的祖宗家法，無不勤學好問，躬親讀書，身爲典範，以成治道。其「學」以求「治」的追求，影響了帝王對經筵進讀經典的選擇。如太宗曰：「朕覽前書，備見歷代治亂。」〔註 145〕仁宗年幼時，「皇太后命擇前代文字可以資孝養、補政治者，以備帝覽」。〔註 146〕慶曆時，仁宗「詔兩制檢閱《唐書》紀傳君臣事蹟近於治道者，日錄一兩條上之。」〔註 147〕神宗時，爲「敷陳治道，以箴遺闕，故命進讀《資治通鑒》」等，〔註 148〕可見，帝王經筵進讀典籍與教材的選擇，是以是否有利於成聖德益治道爲標準的。爲此，宋代帝王特重經旨義理的理解與體悟。

太宗謂近臣曰：「朕讀書，必究微旨」，並就《尚書》關於「伊尹放太甲」的故事提出與前人不同的看法。〔註 149〕眞宗聽邢昺講《春秋》有感而言：「勤學有益，最勝它事。且深資政理，無如經書。朕聽政之餘，惟文史是樂，講論經義，以日繫時，寧有倦邪？」〔註 150〕仁宗時只要是能「遠監前代興亡之

〔註 142〕〔宋〕范祖禹撰，陳曄校釋：《帝學校釋》，上海：華東師範大學出版社，2015年，第 78～80 頁。

〔註 143〕〔宋〕呂陶：《策問》，《淨德集》卷 20，文淵閣四庫全書本。

〔註 144〕〔宋〕范祖禹：《上哲宗論學本於正心》，趙汝愚編：《宋朝諸臣奏議》卷 5，上海：上海古籍出版社，1999 年，第 47 頁。

〔註 145〕〔宋〕李燾：《續資治通鑒長編》卷 24「太宗太平興國八年十一月壬申條」，北京：中華書局，2004 年，第 558 頁。

〔註 146〕〔宋〕范祖禹撰，陳曄校釋：《帝學校釋》，上海：華東師範大學出版社，2015年，第 91 頁。

〔註 147〕〔宋〕范祖禹撰，陳曄校釋：《帝學校釋》，上海：華東師範大學出版社，2015年，第 97 頁。

〔註 148〕〔宋〕范祖禹撰，陳曄校釋：《帝學校釋》，上海：華東師範大學出版社，2015年，第 143 頁。

〔註 149〕〔宋〕范祖禹撰，陳曄校釋：《帝學校釋》，上海：華東師範大學出版社，2015年，第 76 頁。

〔註 150〕〔宋〕范祖禹撰，陳曄校釋：《帝學校釋》，上海：華東師範大學出版社，2015

跡」的「圖治之要」，都「令講讀官敷經義於前，未嘗令有諱避」。〔註 151〕由此可見，如何從經典中掌握爲君之道與治國之要，以實現治國平天下的經世事業是宋代帝王最關切的問題。這就必然要求士大夫在經筵講學中，突破傳統章句訓詁的詮釋形態，採取一種新的方式對經典進行重新詮釋，從而更好地幫助帝王理解經旨要義，掌握修己治人之道。所以高宗說：「有帝王之學，有士大夫之學，朕在宮中，無一日廢學，但推前古治道，有益於今者要施行耳！不必指謫章句以爲文也。」〔註 152〕可謂一語中的地指出了帝王之學與士大夫之學對經典詮釋的不同要求，其間便蘊涵了中國經學詮釋形態從傳統章句訓詁之學向義理之學轉型的契機。

此外，出於求治的需要，宋代帝王還體現出對儒臣「義理」解經的偏好。如端拱元年（988），太宗幸國子監聽李覺講《易》之「泰卦」時，就對其發揮經義，「因述天地感通，君臣相應之旨」表示讚許，並賜帛百匹，以之爲「君臣鑑戒」。〔註 153〕咸平年二年（999），眞宗聽「崔偓佺講《尚書·大禹謨》」時，稱讚其講《書》「頗達經義，甚可稱也。」〔註 154〕均是對經筵官解經能夠達經義備治道的肯定。仁宗時因「《易》旨微奧，每須詳問」，對經筵官言道：「賴卿等宿儒博學，多所發明，朕甚悅之。」〔註 155〕體現出了對經旨義理探究的興趣。仁宗時的侍講錢象先，因善於講說，解經「語約而義明」，每有顧問，皆能「依經以對，因諷諭政事，遂及時務，有啓迪獻納之益」，因此被仁宗前後留侍經筵十五年，「特被恩禮，每乞外官輒不許，既去必見思而復召。」〔註 156〕可見在仁宗時以義理解經，聯繫時政的講學方式，已經深受帝王的喜愛。

　　　　　　年，第 81 頁。

〔註 151〕〔宋〕范祖禹撰，陳曄校釋：《帝學校釋》，上海：華東師範大學出版社，2015年，第 101 頁。

〔註 152〕〔宋〕李心傳：《建炎以來繫年要錄》卷 143「紹興十一年十二月乙卯條」，北京：中華書局，1988 年，第 2297 頁。

〔註 153〕〔宋〕范祖禹撰，陳曄校釋：《帝學校釋》，上海：華東師範大學出版社，2015年，第 77 頁。

〔註 154〕〔宋〕范祖禹撰，陳曄校釋：《帝學校釋》，上海：華東師範大學出版社，2015年，第 81 頁。

〔註 155〕〔宋〕范祖禹撰，陳曄校釋：《帝學校釋》，上海：華東師範大學出版社，2015年，第 117 頁。

〔註 156〕〔宋〕范祖禹撰，陳曄校釋：《帝學校釋》，上海：華東師範大學出版社，2015年，第 131 頁。

　　由於在當時社會中，帝王身處權力的頂端，其一言一行無不決定了天下之風向，因而這種探求經義要旨而出治道的爲學追求，必然影響並帶動經筵官突破傳統章句訓詁之學的束縛而轉向經典「義理」詮釋，一種新的經學體例逐漸醞釀而生。

2.3.1.2　宋代士大夫經筵經義注疏的進呈

　　在仁宗之前，經筵官講學往往口說經義卻並無記錄，但是從寶元二年（1039）開始，出現了經筵官撰寫講稿或記錄進呈的記載。如仁宗「問丁度《尚書·洪範》、《酒誥》二篇大義，度悉以對。帝命錄二篇以進。」〔註157〕這是皇帝詢問經書「大義」，要求經筵官撰寫經義進呈御覽的事蹟，已初具經筵講義的萌芽。又如皇祐三年（1051），講「極數知來之謂占」，仁宗對「大衍之術」產生了興趣，「遂命王洙撰著，得坎之艮。令寫大衍一章，經注具疏。翌日進」。接著仁宗「又問龜筮之事，令進《洪範·稽疑》，經注具疏。」〔註158〕可見，仁宗因學習需要，要求經筵官「經注具疏」，整理經文進呈，解經具有「注疏」與「大義」並存的特點，表明此時經筵講義體例暫未完全形成。

　　另仁宗時，還出現了由經筵官主動進呈經文大旨的記錄。范祖禹《帝學》記載云：

> （皇祐四年九月）己未，御邇英閣，命賈昌朝講「乾卦」。帝謂
> 侍臣曰：「昌朝位將相，執經侍講，朝廷美事也。」翌日，賈昌朝又
> 手疏：「『乾卦』大旨，在上一爻，夫爻在亢極，必有凶災。不即言
> 凶，而言『亢龍有悔』者，以悔中有可凶可吉之象，若修德以濟世，
> 則免悔而獲吉也。」帝面賜手詔嘉獎，以所陳卦義付史館。〔註159〕

　　賈昌朝作爲隨侍仁宗多年的經筵官，居將相之位而執經侍講，發揮「乾卦」經文大旨，引導君王修德濟世，以免悔獲吉的釋經方式，無疑是十分符合「講義」以己意解經，闡發原文思想大義的特點。〔註160〕而其自覺地將所

〔註157〕〔宋〕范祖禹撰，陳曄校釋：《帝學校釋》，上海：華東師範大學出版社，2015年，第96頁。

〔註158〕〔宋〕范祖禹撰，陳曄校釋：《帝學校釋》，上海：華東師範大學出版社，2015年，第119頁。

〔註159〕〔宋〕范祖禹撰，陳曄校釋：《帝學校釋》，上海：華東師範大學出版社，2015年，第123～124頁。

〔註160〕馮浩菲：《中國古籍整理體式研究》，北京：高等教育出版社，2003年，第160頁。

講內容筆之於書的行為，無疑會對當時經筵官的講學風格與行為方式產生重大的影響，這些為後來的經筵官主動撰寫經筵「講稿」或整理講學「記錄」起到了較好的「示範」作用，「講義」的創作及其名稱也呼之欲出。

此外，英宗於嘉祐八年（1063）即位後，於十二月始御經筵，侍講呂公著曾為英宗講《論語・學而》第一章。他將該章分解成「學而時習之」，「有朋自遠方來，不亦樂乎」，「人不知而不慍，不亦君子乎」三條，逐句闡發經文大義。治平元年（1064）又講《論語》「子之所慎，齊、戰、疾」等章節，在范祖禹的《帝學》中均留下了詳細的經義闡釋記錄，〔註161〕但並未以「講義」之名稱之。然而，《全宋文》則對呂公著以上經筵講學的內容，均冠之以《論語講義》之名予以了收錄。從所記載的文字與闡發內容而言，《全宋文》與《帝學》並沒實質性區別。

以《全宋文》所收錄的呂公著《論語講義一》「有朋自遠方來」句為例，其內容如下：

> 有朋自遠方來
>
> 自天子至於庶人，皆須有朋友講習。然士之學者以得朋為難，故有朋自遠方來，則以為樂。至於王者之學，則力可以致當世之賢者，使之日夕燕見，勸講於左右。又以左右之賢為未足，於是乎訪諸岩穴，求諸滯淹。則懷道抱德之士，皆不遠千里而至，此天子之朋友自遠方來者也，其樂亦大矣。〔註162〕

《全宋文》採取了先列經文，再另起一段闡發經義的形式，以人人皆須講習，引申至天子當汲汲求賢而為朋，勸誡君主以擇賢而處為大樂。其所記載的內容與范祖禹《帝學》並無二致，所不同的是《帝學》採取了記述的形式，未將經文與經義闡發分段處理。此外，與後世成熟的講義相較，全宋文收錄的呂氏講義唯一缺少的就是在經義闡發之前，沒有冠以「臣某曰」、「臣聞」、「臣按」等按語，作為另起一段，闡發己意的引語。

如果以所記錄的文字，是否出自經筵講學且具有義理解經的特點為標準，來判定何為經筵講義，那麼，在范祖禹的《帝學》中，早已有比較翔實的經義

〔註161〕〔宋〕范祖禹撰，陳曄校釋：《帝學校釋》，上海：華東師範大學出版社，2015年，第134～136頁。

〔註162〕曾棗莊，劉琳主編：《全宋文》第50冊，上海：上海辭書出版社；合肥：安徽教育出版社，2006年，第265～266頁。

發揮記錄。如大中祥符元年（1008），眞宗命馮元講《易‧泰卦》，馮元對經義進行了發揮，曰：「地天爲泰者，以天地之氣交也。君道至尊，臣道至卑，惟上下相與，則可以輔相天地，財成萬物。」以天尊地卑、天地交泰以喻君臣之道，「帝悅，賜元緋章服。」〔註163〕至仁宗朝，這種以義理解經的方式更爲常見。如景祐四年（1037）講《正說》「愼罰」、「養民」二篇，〔註164〕慶曆五年（1045）講《詩經》諸篇終年，〔註165〕皇祐元年（1049）至五年（1053）分別講《論語》、《尙書》、《周易》、《周禮》等諸經，〔註166〕留下了極爲豐富的經筵講經、義理發揮的記錄。可見，在仁宗慶曆後，以「義理」詮釋經典的方式已經比較盛行。但由於它們是范祖禹以「史」的形式在《帝學》中予以記載，並不是經筵官自己有意識地整理撰述之作，因而可視爲是經筵講義萌芽階段。全宋文所收集的呂公著的《論語講義》也是後人搜輯整理的結果，所以此時，並無以「講義」之名來稱呼這種以義理解經的方式與體例。

2.3.1.3　經筵官由尊「注疏」到尚「義理」的學術風尚轉變

如果說仁宗早期的經筵官主要是以孫奭、楊安國等爲代表，解經多遵從傳統的章句訓詁之學，〔註167〕那麼，在仁宗中晚期則隨著胡瑗、歐陽修、劉敞等加入經筵官的隊伍，一批鄙薄注疏、崇尚義理解經的學者開始登上歷史舞臺。尤其是神宗之際，新學代表人物王安石、陸佃等入侍經筵，〔註168〕對於宋代學術從章句訓詁之學向義理之學的轉型起到了關鍵作用，經筵講義應運而生。

南宋學者王應麟在《困學紀聞》中勾勒了宋代學術轉型與經筵講義發生的軌跡：

> 自漢儒至於慶曆間，談經者守訓故而不鑿。《七經小傳》出而

〔註163〕〔宋〕范祖禹撰，陳曄校釋：《帝學校釋》，上海：華東師範大學出版社，2015年，第83頁。

〔註164〕〔宋〕范祖禹撰，陳曄校釋：《帝學校釋》，上海：華東師範大學出版社，2015年，第94～95頁。

〔註165〕〔宋〕范祖禹撰，陳曄校釋：《帝學校釋》，上海：華東師範大學出版社，2015年，第101～104頁。

〔註166〕〔宋〕范祖禹撰，陳曄校釋：《帝學校釋》，上海：華東師範大學出版社，2015年，第109～131頁。

〔註167〕姜鵬：《北宋經筵與宋學興起》，上海：上海古籍出版社，2013年，第129～134頁。

〔註168〕關於胡瑗、歐陽修、劉敞、王安石、陸佃等擔任侍講、侍讀等經筵官的時間與事蹟，可參看姜鵬：《北宋經筵與宋學興起》中第二章第三節《經筵官考論》，第66～107頁。

稍尚新奇矣，至三經義行，視漢儒之學若土梗。古之講經者，執卷
而口說，未嘗有講義也。元豐間，陸農師在經筵始進講義。自時厥
後，上而經筵，下而學校，皆爲支離曼衍之詞，說者徒以資口耳，
聽者不復相問難，道愈散而習愈薄矣！」〔註169〕

　　從漢代至宋初，學者多以章句訓詁的方式詮釋經典。至仁宗慶曆之後學風新
變。如果說劉敞的《七經小傳》代表了「好以己意改經，變先儒淳實之風」的開
始，〔註170〕給當時的學術界帶來了一股「新奇」之風，那麼，王安石的《三經
新義》則將經學推上了義理解經的新階段。〔註171〕自其「新義」一出，「一時學
者，無敢不傳習，主司純用以取士，士莫得自名一說，先儒傳注，一切廢而不用」，
〔註172〕影響了一代學術思潮之轉變。而劉敞、王安石等入侍經筵，必然會將這
種「義理」解經的學術旨趣帶入經筵講學之中。神宗元豐間，陸佃「始進講義」，
〔註173〕「講義」之名首次出現在經筵講學之中，標誌著經筵講義的正式產生。
　　之後，隨著王安石所引介的「新學」人物呂惠卿、曾布、王雱、沈季長、
黃履、蔡卞等進入經筵，促進了以「義理」解經方式的定型與經筵講義的流
行。即使是反對王安石變法的司馬光、程頤、范祖禹等，其解經也是以「義
理」爲崇尚。如程頤曰：「經所以載道也，誦其言辭，解其訓詁，而不及道，
乃無用之糟粕耳。」〔註174〕范祖禹、司馬康、吳安詩等爲方便帝王經筵聽講
前後「尋繹」〔註175〕或「溫尋」〔註176〕，主動將經筵講學的內容記錄下來，

〔註169〕〔宋〕王應麟撰，欒保群等校點：《經說》，《困學紀聞》卷8，第201頁。
〔註170〕四庫全書研究所整理：《欽定四庫全書總目》卷33，北京：中華書局，1997
　　　　年，第425頁。
〔註171〕余英時：《朱熹的歷史世界》，北京：生活‧讀書‧新知三聯書店，2011年，
　　　　第47頁。
〔註172〕〔元〕脫脫等：《王安石傳》，《宋史》卷327，北京：中華書局，1985年，第
　　　　10550頁。
〔註173〕〔宋〕王應麟撰，欒保群等校點：《經說》，《困學紀聞》卷8，第201頁。
〔註174〕〔宋〕程頤：《與方元菜手帖》，《二程集》，北京：中華書局，1981年，第
　　　　671頁。
〔註175〕范祖禹哲宗元祐四年（1089）《進〈尚書‧說命〉講義箚子》曰：「臣等近講
　　　　《尚書‧說命》，竊以爲君治天下國家，欽天稽古，修身務學，任賢立政，至
　　　　言要道，備在此書，誠能法之，可爲堯舜。……伏望陛下詳覽深思，必有啓
　　　　迪聖學之益。臣等雖罄竭謏聞講解於前，謹輒記錄所言，編寫成冊，以備尋
　　　　繹，或賜顧問，庶幾少助聰明之萬一。其《說命講義》三冊，謹具上進，取
　　　　進止。」見曾棗莊，劉琳主編：《全宋文》第98冊，第59頁。
〔註176〕范祖禹《進〈無逸〉講義箚子》曰：「臣近於邇英閣面奏，乞候講《尚書》畢，

編寫成冊，進呈《說命講義》、《無逸講義》。可見，自神宗後，「講義」作爲新的經學體例已經爲北宋各學派所共同接受而被廣泛地運用於經筵講學之中，它既是宋代經筵制度定型的產物，又是當時學術轉型的結果。

2.3.2　經筵講義的發展與流傳

經筵講義作爲宋代興起的新經學體例，是儒家士大夫詮釋經旨義理並對帝王進行教育的經筵講稿與帝學教材，爲宋代經筵制度定型與學術轉型的產物。自從神宗元豐間，陸佃講《周官》，爲神宗始進講義，經筵講義便作爲一種新的經學體例流行開來。爲方便皇帝課前預習或課後溫習，更好引導帝王掌握經旨要義，提升德性修養與治國理政的能力，經筵官們往往在皇帝聽講之前或之後，進呈經筵講義。如神宗時經筵講義是在進講前一天由經筵官進呈，而至哲宗元祐時又改爲開講次日進呈。如范祖禹所上《傳宣進講義箚子》：「今後邇英閣說過所引證口義，令次日別具進呈。」〔註 177〕又如高宗紹興十四年，經筵官要求依照舊制，「起立進讀畢，以次奉設繕寫講義進講」。〔註 178〕黃榦追述朱熹在經筵講學時的情況說：「先生進講，每及數次，復以前所講者，編次成帙以進。」〔註 179〕可見，自神宗後於經筵進講前後進講義，已經成爲一種慣例。

隨著經筵講義在講學中的廣泛運用，經筵講義的創作也日益豐富，至南宋時，不僅出現了「五經」經筵講義，而且「四書」經筵講義也逐漸呈現。通過對《四庫全書》與《全宋文》中，直接以「經筵講義」命名的文獻資料的收集與整理，可以看出經筵講義在宋代的發展與流傳情況，〔註 180〕如表 2.2 所示：

録《無逸》全篇講義上進，以備聖學溫尋。臣等今編寫成一冊，謹具進呈。」
見：曾棗莊，劉琳主編：《全宋文》第 98 冊，第 120 頁。

〔註 177〕曾棗莊，劉琳主編：《全宋文》第 98 冊，上海：上海辭書出版社；合肥：安徽教育出版社，2006 年，第 110 頁。

〔註 178〕劉琳，刁忠民，舒大剛等校點：《宋會要輯稿・崇儒七》之「經筵」，上海：上海古籍出版社，2014 年，第 2888 頁。

〔註 179〕〔宋〕黃榦：《朝奉大夫文華閣待制贈寶謨閣直學士通議大夫謚文朱先生行狀》，見束景南著：《朱熹年譜長編》，上海：華東師範大學出版社，2014 年，第 1483 頁。

〔註 180〕關於宋代經筵講義的文獻資料，顧宏義教授在《宋代〈四書〉文獻論考》中曾做過初步整理，爲本文的撰寫提供了有益借鑒。本文通過對《四庫全書》與《全宋文》的梳理，進一步豐富了宋代經筵講義文獻目錄。

表 2.2　宋代經筵講義一覽表

作者名	講義名	出處	備註
楊　時	尚書經筵講義	《全宋文》卷 2685，第 124 冊；《龜山集》卷 5	存
楊　時	論語經筵講義	《全宋文》卷 2685，第 124 冊。《龜山集》卷 5	存
周憲之	經筵講義四卷	楊時《龜山集》卷 36《周憲之墓誌銘》	
程　俱	論語經筵講義四篇	《北山集》卷 29《進講》	存
程　俱	孟子經筵講義四篇	《北山集》卷 29《進講》	存
程　俱	經筵講義二	明程敏政撰《新安文獻志》卷 39	存
虞允文	經筵春秋講義三卷	《宋史》卷 383，列傳第 142	
王十朋	經筵講義（春秋）	《梅溪集·後集》卷 27	存
王十朋	經筵講義（論語）	《梅溪集·後集》卷 27	存
張　闡	經筵講義故事	宋周必大《文忠集》卷 61，《龍圖閣學士左通奉大夫致仕贈少師諡忠簡張公闡神道碑》	
蕭　燧	經筵講義二卷	宋周必大《文忠集》卷 67，《資政殿學士宣奉大夫參知政事蕭正肅公燧神道碑》	
張　栻	經筵講義（詩）	《南軒集》卷 8	存
朱　熹	經筵講義（大學）	《晦庵集》卷 15《講義》	存
陳傅良	經筵孟子講義二篇	《止齋集》卷 28；《經義考》卷 234	存
袁　燮	絜齋毛詩經筵講義四卷	《欽定四庫全書總目》卷 15	存
黃　震	經筵講義（詩經葛覃）	《黃氏日抄》卷 39	存
袁　甫	經筵講義（易／論語）	《蒙齋集》卷 1	存
眞德秀	經筵講義（大學／中庸）	《西山文集》卷十八（進讀朱熹《大學章句》、《中庸》九經章、至聖章以及《大學衍義》）	存
杜　範	經筵講義三卷	《清獻集·提要》；《宋史》卷 407，列傳第 166；《欽定四庫全書總目》卷 162	
葉味道	經筵講義	《浙江通志》卷 242，《經籍二》	
牟子才	經筵講義	《宋史》卷 411，列傳第 170	
洪天錫	經筵講義	《宋史》卷 424，列傳第 183	
王大寶	經筵講義二卷	《廣東通志》卷 44，《人物志》	
陳宗禮	經筵講義	《宋史》卷 421，列傳第 180	
蔣繼周	經筵講義五卷	《浙江通志》卷 242，《經籍二》	
張　綱	經筵詩講義	《華陽集》卷 24	

虞雍國忠肅公	經筵春秋講義三卷	明趙琦美編《趙氏鐵網珊瑚》卷 8；卞永譽撰，《式古堂書畫匯考》卷 21	
徐元傑	經筵講義（論語）	《楳埜集》卷 1	存
程元鳳	經筵講義	明程敏政撰《新安文獻志》卷 75	
趙汝騰	經筵講義跋	《全宋文》卷 7780 第 337 冊；《庸齋集》卷 5	存
徐經孫	崇政殿經筵尚書講義	《矩山存稿》卷二《講章》	存

通過上表可知，經筵講義在南宋取得了快速發展，不僅數量明顯增加，而且內容也更為豐富。不僅有《尚書》、《春秋》、《詩經》、《易》等「五經」經筵講義，而且出現了《論語》、《孟子》、《大學》、《中庸》等經筵講義，這與宋代《孟子》的升格運動，《大學》、《中庸》作用的日益凸顯，以及理學的興起與發展密切相關。其中尤其要注意的是朱熹在寧宗朝所進呈的《（大學）經筵講義》，以及真德秀在經筵進讀朱熹的《大學章句》以及《中庸》與《大學衍義》等章節，對於「四書」經典體系的定型與流傳，以《大學》為核心經典的帝學理論體系建構，無疑具有重要的意義，體現了宋代儒學發展的新動態。當然，當時經筵進呈的講義並不僅僅只有這些，還有一些注疏雖沒有直接以「經筵講義」命名，但只要是經筵官在經筵講學時闡發儒家經典義理之作，皆可視為經筵講義。如呂公著、劉克莊的《論語講義》、范沖《左氏講義》、徐鹿卿的經筵《尚書》與《詩經》講章等等，不勝枚舉，所以《四庫全書總目》說：「考講義之作，莫勝於南宋。」〔註181〕指出了講義類著作在南宋發展的盛況。

2.3.3　經筵講義的特點

經筵講義是適應帝王為「學」求「治」的需求而產生的新經學體例，體現了與重在章句訓詁的士大夫之學不同的帝王之學的要求，承載了士大夫以儒家經旨義理教化帝王，致君堯舜的理想追求，因而它必然呈現出與漢唐注疏之學不同的「義理」特徵與「帝學」色彩。

2.3.3.1　發揮經旨義理，感格君心

仁宗早期，經筵講官多為遵守漢唐注疏餘緒的「孫奭系講官」，〔註182〕解經多以字詞章句、名物訓詁為主。甚至在慶曆間，還發生了楊安國因孫復「講

〔註181〕四庫全書研究所整理：《欽定四庫全書總目》卷 94，北京：中華書局，1997 年，第 1235 頁。
〔註182〕姜鵬：《北宋經筵與宋學興起》，上海：上海古籍出版社，2013 年，第 129～131 頁。

說多異先儒」為由，反對其入經筵講說的事件。〔註183〕但就是這樣一位入侍經筵二十七年，被後人譏為「一以注疏為主，無他發明」，恪守傳統注疏之學的學者，〔註184〕他在經筵闡釋經典時，也無法避免地要對經旨義理進行概括與發揮。

如仁宗皇祐四年（1052），楊安國講《尚書‧大禹謨》「水、火、金、木、土、穀，惟修」時，便順著仁宗「惟修者，明順其性也」的體悟，借機闡發曰：「臣謹按，《洪範‧五行傳》：『一曰水，其性智；二曰火，其性禮；三曰木，其性仁；四曰金，其性義；五曰土，其性信。此五者在天，則其氣流行；在地，則人所行用也。』《中庸》曰『天命之謂性，率性之謂道，修道之謂教。』王者常循其性，行其道而修之，所謂修也。」〔註185〕引《中庸》之言對《尚書》的經義進行發揮，希望仁宗能夠循性行道，修身治民。講「正德、利用、厚生、惟和」時，楊安國對曰：「人君常正身修德以御下，利節用儉以阜財，厚生敦本以養民，此三者和，則不失其事也。」〔註186〕其講經並沒有拘泥於字詞訓詁，而是融匯自己的學術觀點，發揮經旨義理，影響帝王，感格君心，希望仁宗以儒家仁政德治思想治國理政，節用愛民。此外，他在講《詩》、《論語》、《周易》、《尚書》等時，〔註187〕類似的經旨義理發揮的言論也多處可見。

由此可見，在說經以推明治道，帝王讀書當「學堯舜之道」而知其大旨，舉而措諸天下的為學追求，〔註188〕決定了經筵官在講解經典時，不能僅僅停留在字詞章句等知識層面的講解，而是要將經典中所蘊含的義理要旨闡發出來，以此幫助帝王快速地掌握修身治國之道。這就必然要求經筵官在闡釋經典時，相應地突破傳統的以章句訓詁方式解經的束縛，充分挖掘經典中蘊涵的聖帝明王之道，講明正理，啟沃君心，為今世帝王提供借鑒與指導。太宗

〔註183〕〔元〕脫脫等：《孫復傳》，《宋史》卷432，北京：中華書局，1985年，第12833頁。

〔註184〕〔元〕脫脫等：《楊安國傳》，《宋史》卷294，北京：中華書局，1985年，第9828頁。

〔註185〕〔宋〕范祖禹撰，陳曄校釋：《帝學校釋》，上海：華東師範大學出版社，2015年，第121～122頁。

〔註186〕〔宋〕范祖禹撰，陳曄校釋：《帝學校釋》，上海：華東師範大學出版社，2015年，第121～122頁。

〔註187〕〔宋〕范祖禹撰，陳曄校釋：《帝學校釋》，上海：華東師範大學出版社，2015年，第102～125頁。

〔註188〕〔宋〕范祖禹撰，陳曄校釋：《帝學校釋》，上海：華東師範大學出版社，2015年，第74頁。

讀書的「必究微旨」，﹝註189﹞眞宗對經筵官「頗達經義」的贊許，﹝註190﹞寧宗對侍讀侍講「講解義理，引古證今，庶不爲文具」的要求等，﹝註191﹞均體現了帝王對義理解經的偏好與喜愛。因而以崇尚「義理」爲特徵的新經學詮釋體例的出現與流行，既是宋代帝學發展的必然要求，也是士大夫詮釋經典，感格君心，致君堯舜的重要手段。

　　同時這種「義理」之學的追求，也打上了經筵官自身學術旨趣的烙印。如高宗紹興時開經筵，原本依循舊例，「每兩員同講一經，人各一授，上下相接，不分卷佚、篇章」。但是，由於兩人同講一經，往往容易造成對經旨理解的「互相牴牾」與意見不一，因而在侍講周葵的建議下，不得不採取「分篇進講」的方式﹝註192﹞。這即是經筵官以「己意」解經的明證。經筵官因其生平經歷與爲學宗旨等不同，必然導致其解經的詮釋傾向與闡釋重點不一樣。入侍經筵爲帝王師，不僅是經筵官一生最大的榮耀，而且是其實現得君行道、致君堯舜最有效的方式。一般經筵官所進呈的講義，往往濃縮了其一生的學術精髓與價值理念，帶有濃厚的個人學術印記與思想意識，從而使得經筵講義具有以己意解經，闡發義理，感格君心的特點。

2.3.3.2　聯繫帝王實際，語含勸誡。

　　經筵講義是專爲帝王而作，因而多從帝王角度立論，聯繫其生活實際，語含勸誡，以此規範帝王立身行事。如英宗「自即位感疾」，多不喜進藥，一直未痊癒，呂公著便利用經筵講《論語》「子之所愼，齊、戰、疾」之機，進言道：「有天下者，爲天地、宗廟、社稷之主，其於齋戒祭祀必致誠盡敬，不可不愼。古之人君，一怒則伏尸流血，則於興師動眾不可不愼。至於人之疾病，常在乎飲食起居之間，眾人所忽，聖人所愼。況於人君任大守重，固當節嗜欲、遠聲色、近醫藥，爲宗社自愛，不可不愼。」從帝王自身所承擔的天地宗廟社稷之主的重任著眼，指出齋戒、戰爭、疾病是帝王必須認眞對待

﹝註189﹞〔宋〕范祖禹撰，陳曄校釋：《帝學校釋》，上海：華東師範大學出版社，2015年，第 76 頁。

﹝註190﹞〔宋〕范祖禹撰，陳曄校釋：《帝學校釋》，上海：華東師範大學出版社，2015年，第 81 頁。

﹝註191﹞劉琳，刁忠民，舒大剛等校點：《宋會要輯稿・崇儒七》之「經筵」，上海：上海古籍出版社，2014 年，第 2896 頁。

﹝註192﹞劉琳，刁忠民，舒大剛等校點：《宋會要輯稿・崇儒七》之「經筵」，上海：上海古籍出版社，2014 年，第 2889～2890 頁。

的大事，因而勸誡英宗應「節嗜欲、遠聲色、近醫藥，爲宗社自愛」，使得英宗「爲之俛首而動容」，採納了他的建議。「自是，每因講進戒，帝必肅然」。〔註193〕呂公著所採取了貼近帝王生活實際的方式，引申經義進行勸誡，從而影響了帝王的立身行事，取得了良好的效果。又如神宗時，「上留公著極論治體」，言唐太宗之事時，公著有鑒於神宗「臨御日久，群臣畏上威嚴，莫敢進規」的實際，趁機進諫說：「太宗所以能成王業者，以其能屈己從諫耳」，神宗爲之警醒，「至是聞公著言，竦然敬納之」。〔註194〕

可見，能夠打動帝王，感格君心，影響其立身行事的經筵講義，必然是能夠聯繫實際，從帝王角度立論，具有針對性與勸誡性之作。如朱熹在《經筵講義》中發揮經義時，總是不時地勸誡寧宗皇帝「小而嚬笑念慮之間，大而號令黜陟之際」，反身而思，身是否有未修，家是否有未齊，〔註195〕並希望其從日用常行、修身立德處，「實下工夫，不可但崇空言，以應故事而已也」，〔註196〕按照儒家修齊治平的內聖外王之道嚴格要求自己，成聖德出聖治。這種從聯繫帝王實際，語含勸誡的特點也體現在其他士大夫的經筵著作之中，並成爲其重要特徵之一。

2.3.3.3　講說形式自由，語言通俗

「講義」，從字面意義而言，就是講說義理。經筵講義作爲儒家士大夫在經筵講學活動中所使用的教學講稿，需要使用通俗易懂、明白曉暢的語言，將經文中的大義清楚明白地表達出來。如建炎二年，高宗謂輔臣曰：「儒臣講讀，若其說不明，則如夢中語耳，何以啓迪朕意？」〔註197〕在經筵講學中，只有將經文中的大義明白易懂地講說清楚，才能夠更好地爲帝王所掌握而起到啓迪君心的作用。從《帝學》所記錄的君臣關於經義的問答互動中，也可看出經筵講學中對語言通俗化的要求。

〔註193〕〔宋〕范祖禹撰，陳曄校釋：《帝學校釋》，上海：華東師範大學出版社，2015年，第136頁。
〔註194〕〔宋〕范祖禹撰，陳曄校釋：《帝學校釋》，上海：華東師範大學出版社，2015年，第157～158頁。
〔註195〕〔宋〕朱熹：《經筵講義》，《晦庵先生朱文公文集》卷15，《朱子全書》第20冊，上海：上海古籍出版社；合肥：安徽教育出版社，2010年，第698～699頁。
〔註196〕〔宋〕朱熹：《經筵講義》，《晦庵先生朱文公文集》卷15，《朱子全書》第20冊，上海：上海古籍出版社；合肥：安徽教育出版社，2010年，第710頁。
〔註197〕劉琳，刁忠民，舒大剛等校點：《宋會要輯稿·崇儒七》之「經筵」，上海：上海古籍出版社，2014年，第2885頁。

　　如慶曆五年（1045），講《詩・小旻》篇曰：「如彼泉流，無淪胥以敗。」帝謂趙師民曰：「以水喻政，其有指哉？」對曰：「水性順，順故通，通則清。逆故雍，雍則敗。喻用賢王政通而世清，用邪則王澤雍而世濁。幽王失道，絀正用邪，正不勝邪，雖有善人不能爲治，亦將相率，淪於污敗也。」〔註198〕由此可見，經筵講讀一般是經筵官先講說經義，然後由皇帝提問，經筵官再進一步解答，深化經義，進行思想引導。其講、問、答等相互交融的形式，很類似於我們今天的課堂教學。

　　如果在講讀時，皇帝不發問，經筵官便會提出異議。如英宗御邇英閣聽講，「未嘗發言有所詢問」，司馬光便引用《易》、《論語》、《中庸》中關於學、問、思、辨等言論，闡明「學非問辨，無由發明。今陛下若皆默而識之，不加詢訪，雖爲臣等疏淺之幸，竊恐無以宣暢經旨，禆助聖性。望陛下自今講筵，或有臣等講解未盡之處，乞賜詰問。或慮一時記憶不能詳備者，許令退歸討論，次日別具箚子敷奏，庶幾可以輔稽古之志，成日新之益。」〔註199〕經筵講學中這種強調經筵官主講，帝王積極提問，「宣暢經旨」的問辨交流方式，意味著運用於帝王教育教學過程中的經筵講義，必須要便於講說、討論與交流，是一種通俗流暢的生活語言，所以經筵講義有時又被稱之爲「口義」。如高宗紹興二年，詔講筵所：「今後住講日，令講讀官依講筵日分，除假、故、旦、望，隔日輪官接續供進《春秋口義》一授，開講日依舊。」〔註200〕即是將《春秋》經筵講義稱之爲「口義」的例子。朱熹在爲寧宗講學時，曾將《大學》講義編寫成冊子進呈，「越三日晚講」時，因奏曰：「臣所進講《大學》，口義不審，曾經聖覽否？」〔註201〕以「口義」稱呼經筵講義，正好體現了其通俗易懂的口語化特徵。

　　從形式上而言，經筵講義創作，不受字數限制，義理闡發隨需要而定，篇幅可長可短。如朱熹進呈的《經筵講義》，其經文的義理闡發，最短的爲「物

〔註198〕〔宋〕范祖禹撰，陳曄校釋：《帝學校釋》，上海：華東師範大學出版社，2015年，第 103 頁。

〔註199〕〔宋〕范祖禹撰，陳曄校釋：《帝學校釋》，上海：華東師範大學出版社，2015年，第 139 頁。

〔註200〕劉琳，刁忠民，舒大剛等校點：《宋會要輯稿・崇儒七》之「經筵」，上海：上海古籍出版社，2014 年，第 2885～2886 頁。

〔註201〕〔宋〕佚名編，汝企和點校：《續編兩朝綱目備要》，北京：中華書局，1995年，第 45 頁。

有本末」至「則近道矣」一句，共計 125 字；〔註202〕最長的是對「大學之道，在明明德，在親民，在止於至善」的闡發，共計 1005 字。〔註203〕此外，經筵講義的篇幅長短不一，有的可能有幾卷，也可能僅一篇。如袁燮現存有《絜齋毛詩經筵講義》四卷，程俱有《論語》與《孟子》經筵講義四篇，而張栻僅有《經筵講義》一篇。有的經筵講義只取某部經典中的一句（章）進行闡發，如呂公著的《論語講義（一）》將《論語》「學而」第一章，分成了「學而時習之」、「有朋自遠方來」、「人不知而不慍」三句，分別進行了義理闡發。而其《論語講義（二）》則僅對「子之所慎齊戰疾」章進行了發揮。〔註204〕也有經筵講義選取多章（節）進行闡發。如楊時的《尚書經筵講義》就包括「吉人為善節」、「播棄犁老節」、「惟天惠民節」、「惟受罪浮於桀節」四章等。〔註205〕其篇幅的長短、內容的多寡、字數的多少等，全由經筵官視講解經義的需要而定。這種組合自由、語言通俗，便於講說的形式，使得經筵講義形式靈活，語言生動，通俗易懂，很好地適應了經筵講學的需求而為帝王所接受。

2.3.3.4　建言朝廷時政，經世致用

　　經筵官的職位從其設置之日起，便具有「備顧問」的功能，其經義闡發，都離不開益治道的主題。因而經筵官在講說經義，闡發經旨時，往往建言朝廷時政，力圖經世致用。如仁宗時經筵官錢象先因善講說，「帝間有顧問，必依經以對，因諷諭政事，遂及時務，有啟迪獻納之益」，而被留侍經筵十五年，〔註206〕便是經筵官以經義言時務，有啟迪聖心之功，被帝王所喜愛的例子。又如，神宗熙寧時，司馬光利用講「曹參代蕭何為相國，一遵何故規」時，借用《荀子》的話語闡發「為治在得人，不在變法」，反對激進的新法。而新法的擁護者呂惠卿則針鋒相對，借講《咸有一德》，以「惠帝除三族罪、妖言

〔註202〕〔宋〕朱熹：《經筵講義》，《晦庵先生朱文公文集》卷 15，《朱子全書》第 20 冊，上海：上海古籍出版社；合肥：安徽教育出版社，2010 年，第 695～696 頁。

〔註203〕〔宋〕朱熹：《經筵講義》，《晦庵先生朱文公文集》卷 15，《朱子全書》第 20 冊，上海：上海古籍出版社；合肥：安徽教育出版社，2010 年，第 692～695 頁。

〔註204〕曾棗莊，劉琳主編：《全宋文》第 50 冊，上海：上海辭書出版社；合肥：安徽教育出版社，2006 年，第 265～266 頁。

〔註205〕曾棗莊，劉琳主編：《全宋文》第 50 冊，上海：上海辭書出版社；合肥：安徽教育出版社，2006 年，第 277～279 頁。

〔註206〕〔宋〕范祖禹撰，陳曄校釋：《帝學校釋》，上海：華東師範大學出版社，2015 年，第 131 頁。

令、挾書律」等帝王的故事，闡發「法不可不變」之意。指出司馬光之論是因「國家近日多更張舊政」，針對「制置三司條例」與「看詳中書條例」而發，請神宗「召光詰問，使議論歸一」。司馬光與呂惠卿關於法之「變」與「不變」的問題在經筵辯論多次，司馬光因其言不用而求去，神宗不得不勸慰道：「相與共講是非耳，何至乃爾。」〔註207〕由此可見，隨著經筵官通過經義的闡發而介入政治程度的加深，經筵的政治功能不斷地得以擴張。尤其是從元豐年間起，允許經筵官「講讀書內，或有所見，許讀畢，具箚子奏陳」，〔註208〕使得經筵逐漸由「學術」講論的空間轉向「探討時政的空間」。〔註209〕學術與政治之間的互動交流，使得經術具有「所以經世務」功能，〔註210〕經筵成為了宋代士大夫切入政治，得君行道的有效平臺與途徑；經筵講義則成了其建構帝學，致君堯舜的重要載體，從而促進了宋代帝學的發展與理學的興盛。

綜上所述，經筵講義具有發揮經旨義理，感格君心；聯繫帝王實際，語含勸誡；講說形式自由，語言通俗；建言朝廷時政，經世致用等特點，而與傳統的章句訓詁之學相區別。經筵講義的產生、發展與流傳，既是宋代經筵制度定型與義理之學發展的產物，又是士大夫切入政治，建構帝學的重要載體，寄寓了宋儒以經筵為平臺，通過儒家經旨義理的重新詮釋，影響帝王及政治，致君堯舜，重構秩序的政治理想，是帝學形成與理學發展的重要環節。

〔註207〕〔宋〕范祖禹撰，陳曄校釋：《帝學校釋》，上海：華東師範大學出版社，2015年，第149～153頁。

〔註208〕朱瑞熙：《中國政治制度通史》（宋代卷），北京：社會科學文獻出版社，2011年，第117頁。

〔註209〕姜鵬：《北宋經筵與宋學興起》，上海：上海古籍出版社，2013年，第129～131頁。

〔註210〕〔明〕陳邦瞻：《宋史紀事本末》卷37，北京：中華書局，2015年，第327頁。

第 3 章　朱熹入侍經筵及其帝學理念的確立

朱熹一生，無論是無論是奉祠賦閒，還是為官一任、入侍經筵，始終恪守著儒家的修己治人、內聖外王之道，或著書立說，授徒講學，建構「四書」為核心的理學思想體系，為國家培養經世濟民的人才；或將儒家之道，施之於地方治理，救民於水火之中；或以《大學》建構帝學，以學術影響政治，上封事奏箚，進呈《經筵講義》，正君心立綱紀，限君權成君德，規範政治，挽救南宋王朝的政治社會危機，道濟天下蒼生。

3.1　朱熹的生平及入侍經筵

3.1.1　朱熹的生平

朱熹（1130～1200），字元晦，一字仲晦，號晦庵，祖籍徽州婺源（今江西省婺源縣）。父親朱松，字喬年，號韋齋先生，為婺源著姓，師從楊時的高足羅從彥，以儒名家，中進士第，因仕入閩，曾任左承議郎、守尚書吏部員外郎兼史館校勘，累贈通議大夫，因反對秦檜議和，奉祠而歸。[註 1]

在金人鐵騎南下、烽火連天的亂世飄搖之中，南宋建炎四年九月（1130年陽曆 10 月），朱熹出生於南劍尤溪縣（今福建省尤溪縣）城北的鄭氏草堂之中，為朱松第三子，小名沈郎，小字季延，從小聰明穎悟，莊重能言。在

〔註 1〕　〔宋〕黃榦：《朝奉大夫文華閣待制贈寶謨閣直學士通議大夫謚文朱先生行狀》，束景南著：《朱熹年譜長編》，上海：華東師範大學出版社，2014 年，第 1466 頁。

其五歲時，朱松指著天說：「天也」，朱熹問曰：「天之上何物？」朱松異之，〔註2〕並爲其延請老師，不時親加教導，以儒家經典啓迪朱熹，希望其成爲忠君濟世之才。紹興十三年（1143）朱松病逝，臨終前將朱熹母子託付給在崇安五夫里奉祠家居的劉子羽。朱熹遵從父親遺命，從學績溪胡憲（1086～1162）、白水劉勉之（1091～1149）、屏山劉子翬（1101～1147）。〔註3〕由於武夷三先生同屬程門後學，尊奉儒學，但同時又對佛老之學有著較濃厚的興趣，所以朱熹既勤讀儒家經典，接受了周敦頤、張載、程顥、程頤、謝良佐、胡安國等理學思想，爲其之後匯綜百家，集理學思想之大成奠定了堅實的基礎，同時又於禪、道、文章、詩、兵法等無不涉獵，〔註4〕甚至於「釋氏之說，蓋嘗師其人，尊其道，求之亦切至矣」〔註5〕，出入釋老十餘年，在早期形成了儒釋道雜糅的思想。

　　經過勤學苦讀，朱熹於紹興十七年（1147）舉建州鄉貢；紹興十八年（1148），赴臨安省試，登進士第；紹興二十一年（1151），銓試中等，授左迪功郎、泉州同安縣主簿，並於紹興二十三年（1153）五月，正式赴臨安主簿任，開始了其仕宦生涯。〔註6〕在赴任經過南劍時，朱熹拜見了李侗，這是朱熹由出入釋老重歸儒門的重要事件。初見時，李侗便以理一分殊的爲學方法開導他：「公恁地懸空理會得許多道理，而面前事卻理會不下。道亦無他玄妙，只在日用間著實做工夫處，便自見得。」〔註7〕要求朱熹摒棄釋老空無之說，從日用處著實做工夫，對其思想轉變，起到了重要的作用。據李子方的《紫陽年譜》記載：「初，先生學歷常師，出入經傳，泛濫釋老者，亦既有年。及見延平，洞明要道，頓悟異端之非，盡能掊擊其失。由是專精致誠，剖微窮深，晝夜不懈，至忘寢食，而道統之傳始有所歸矣。」〔註8〕從此在師生之間的學問辯難、書信往來探討中，朱熹逐漸回歸「醇儒」的軌

〔註2〕〔元〕脫脫等：《朱熹傳》，《宋史》卷429，北京：中華書局，1985年，第12751頁。

〔註3〕束景南：《朱熹年譜長編》，上海：華東師範大學出版社，2014年，第72～77頁。

〔註4〕〔宋〕黎靖德：《朱子語類》卷104，北京：中華書局，1986年，第2620頁。

〔註5〕〔宋〕朱熹：《答江尚書》，《晦庵先生朱文公文集》卷30，《朱子全書》第21冊，上海：上海古籍出版社；合肥：安徽教育出版社，2010年，第1295頁。

〔註6〕以上朱熹生平事蹟，均見束景南：《朱熹年譜長編》，上海：華東師範大學出版社，2014年，第107～165頁。

〔註7〕束景南：《朱熹年譜長編》，上海：華東師範大學出版社，2014年，第163頁。

〔註8〕束景南：《朱熹年譜長編》，上海：華東師範大學出版社，2014年，第163頁。

道。〔註9〕《延平答問》作爲其師事李侗的總結，其中關於理一分殊說、已發未發說、涵養說、境界說等問題的討論，顯示了其思想轉變的軌跡。乾道五年（1169），朱熹的乙丑之悟與中和新說的提出，標誌著其由出入釋老到以儒學爲宗的思想轉變的正式完成。〔註10〕淳熙四年（1177），朱熹第一次正式序定《大學章句》、《中庸章句》，並使之《論語集注》、《孟子集注》，構成了一個相互補充印證的《四書集注》經學體系，於淳熙九年刊刻於婺州，完成了其生平學問的第一次總結。〔註11〕淳熙十六年（1189），朱熹第二次序定了《大學章句》與《中庸章句》，爲其生平學問的第二次總結，標誌著其以「四書」爲核心的理學思想體系臻於成熟。〔註12〕從此，朱熹高揚孔孟儒學的眞精神，以承續道統爲己任，批判佛老之說，並最終集理學思想之大成，影響中國文化幾百年之久。

　　朱熹一生，歷經高宗、孝宗、光宗、寧宗四朝，從其登進士第（1148年）至其致仕退休（1199年）五十多年間，「仕於外者，僅歷同安簿、知南康軍、提舉浙東常平茶鹽、知漳州、潭州，凡五任九考，及經筵纔四十日」。〔註13〕更多的是待次賦閒、奉祠家居。其中差監潭州南嶽廟、主管台州崇道觀、差管武夷山沖祐觀、差主管台州崇道觀、差主管華州雲臺觀、差主管南京鴻慶宮、主管西京嵩山崇福宮、主管西太乙宮、提舉南京鴻慶宮等，前後奉祠二十二年又七個月。〔註14〕

　　然而無論是奉祠賦閒，還是爲官一任，朱熹都始終以自己的方式恪守著儒家內聖外王、修己治人、道濟天下的價值理想。當奉祠閒居時，朱熹或著書立說，傳播儒學；或授徒講學，培養人才，留下了《周易本義》、《家禮》、《大學中庸章句》、《四書或問》、《論語集注》、《孟子集注》、《中庸輯略》、《太極圖說解》、《通書解》、《西銘解》、《參同契考異》、《韓文考異》、《通鑑綱目》、《宋名臣言行錄》《近思錄》、《河南程氏遺書》、《伊洛淵源錄》、《詩集傳》、《楚辭集注》、《朱子文集》等卷軼浩瀚的著作，涉及經、史、子、集等各個

〔註9〕　束景南：《朱熹年譜長編》，上海：華東師範大學出版社，2014 年，第 225～230 頁。

〔註10〕　束景南：《朱熹研究》，北京：人民出版社，2008 年，第 73～80 頁。

〔註11〕　束景南：《朱熹研究》，北京：人民出版社，2008 年，第 95～96 頁。

〔註12〕　束景南：《朱熹研究》，北京：人民出版社，2008 年，第 183 頁。

〔註13〕　〔清〕黃宗羲：《晦翁學案》，《宋元學案》卷48，北京：中華書局，1986 年，第 1503 頁。

〔註14〕　陳榮捷：《朱熹》，北京：三聯書店，2012 年，第 128 頁。

方面，建立起以《四書》爲核心的理學思想新體系，可謂綜羅百代，致廣大盡精微。除在爲官任上重修、擴建白鹿洞書院與嶽麓書院之外，朱熹還修建了寒泉精舍、武夷精舍與竹林精舍（後改名爲滄州精舍），作爲講學傳道之地，培養了大批立志學道，知行合一的儒學人才，據陳榮捷依《語類》問答之例統計，共得入門弟子四百六十七人，另未及門而私淑者二十一人，共計四百八十八人，〔註15〕爲孔子之後，授徒最多之人，被尊稱爲「朱子」，成爲宋代理學之正宗。

當擔任地方官職，有機會行道之時，朱熹則「行其所學」，將儒家的政治社會理想與方案施之於地方治理之中，取得了「已試之效卓然」的政績與效果。〔註16〕如任同安主簿時，朱熹蒞職勤敏，事必躬親，整吏治、興縣學、明教化，「苟利於民，雖勞無憚」〔註17〕；守南康，則抑挫豪強，減勉租稅，興利除害，抗荒救災，救民如喪，凡活饑民「大人一十二萬七千六百七口，小兒九萬二百七十六口」〔註18〕，以致「賑荒措置，人傳以爲法，大江南北荒政第一，廣被傳頌」；〔註19〕提舉浙東常平茶鹽事時，朱熹巡歷各州，鉤訪民意，撫問存恤，賑荒救災，戢盜捕蝗，興修水利，建立社倉，「所活不可勝計」。〔註20〕而其不畏強權，六劾唐仲友，則「震動」一時。陸九淵稱讚其曰「大節殊偉，劾唐與正一事，尤快眾人之心」；〔註21〕知漳州，則改革弊政，以正經界、蠲橫賦、敦風俗、播儒教爲施政綱領，「奏除屬縣無名之賦七百萬，減經總制錢四百萬」，並力圖將孟子仁政自正經界始的理想付諸實踐，後爲豪

〔註15〕陳榮捷：《朱熹》，北京：三聯書店，2012年，第90頁。

〔註16〕〔宋〕黃榦：《朝奉大夫文華閣待制贈寶謨閣直學士通議大夫謚文朱先生行狀》，見束景南著：《朱熹年譜長編》，上海：華東師範大學出版社，2014年，第1474頁。

〔註17〕〔宋〕黃榦：《朝奉大夫文華閣待制贈寶謨閣直學士通議大夫謚文朱先生行狀》，見束景南著：《朱熹年譜長編》，上海：華東師範大學出版社，2014年，第1466頁。

〔註18〕〔宋〕朱熹：《繳納南康軍任滿合奏稟事件狀》，《晦庵先生朱文公文集》卷16，《朱子全書》20冊，上海：上海古籍出版社；合肥：安徽教育出版社，2010年，第754頁。

〔註19〕束景南：《朱熹年譜長編》，上海：華東師範大學出版社，2014年，第686頁。

〔註20〕〔宋〕黃榦：《朝奉大夫文華閣待制贈寶謨閣直學士通議大夫謚文朱先生行狀》，見束景南著：《朱熹年譜長編》，上海：華東師範大學出版社，2014年，第1473頁。

〔註21〕〔宋〕陸九淵：《與陳倅》，《陸九淵集》卷7，北京：中華書局，1980年，第97頁。

右所沮而不得行；〔註22〕差知潭州荊湖南路安撫，則撫瑤民，申教令，嚴武備，戢奸吏，抑豪民，興學校，明教化，四方學者畢至，政績昭然。〔註23〕

　　正是在出任地方官員的時候，朱熹廣泛地接觸了南宋的政治與社會生活，百姓的流離失所，吏治的腐敗低效，官府的橫征暴斂，朝廷的苟且偷安，金人的虎視眈眈，國力的日益衰頹等等，無時無刻不在深深地刺痛朱熹這位忠君愛民的儒家學者，促使他不斷地思索救國救民的良策。還在乾道三年（1167），朱熹協助崇安縣官賑災時便已發現：「大率今時肉食者漠然無意於民，直是難與圖事，不知此箇端緒，何故汩沒得如此不見頭影？因知若此學不明，天下事決無可爲之理。」〔註24〕認識到通過講學造就人才，倡明士風，提振士氣，形成強大的社會共識與力量，是實現道濟天下蒼生理想的重要途徑。爲此，朱熹綜其一生筆耕不輟，著書立說，授徒講學，建構了以「四書」爲核心的理學新體系，力圖以儒家正學「教天下之士，使之知所以修身、齊家、治國、平天下之道，而待朝廷之用也」，〔註25〕造就大批濟世之才。同時隨著社會與官場閱歷的加深，朱熹也越發認識到「天下之務莫大於恤民，而恤民之本，在人君正心術以立紀綱」。〔註26〕要解決南宋整體性的社會危機，必須從權力的源頭開始，通過儒家正學格正君心之非，方可收其「正心以正朝廷，正朝廷以正百官，正百官以正萬民，正萬民以正四方」的效果。〔註27〕因此，朱熹撰寫了《壬午應詔封事》、《庚子應詔封事》、《戊申封事》、《癸未垂拱奏劄》、《辛丑延和奏劄》、《戊申延和奏劄》等系列奏劄與封事，希望用《大學》作爲「不可不熟講」的「帝王之學」，〔註28〕通過格物致知、誠意正心等方式正君心立綱紀，以道統

〔註22〕〔元〕脫脫等：《朱熹傳》，《宋史》卷429，北京：中華書局，1985年，第12762～12763頁。

〔註23〕〔元〕脫脫等：《朱熹傳》，《宋史》卷429，北京：中華書局，1985年，第12763頁。

〔註24〕〔宋〕朱熹：《答林擇之》，《晦庵先生朱文公文集》卷43，《朱子全書》第22冊，上海：上海古籍出版社；合肥：安徽教育出版社，2010年，第1963頁。

〔註25〕〔宋〕朱熹：《送李伯諫序》，《晦庵先生朱文公文集》卷75，《朱子全書》第24冊，上海：上海古籍出版社；合肥：安徽教育出版社，2010年，第3637頁。

〔註26〕〔元〕脫脫等：《朱熹傳》，《宋史》卷429，北京：中華書局，1985年，第12753頁。

〔註27〕〔宋〕朱熹：《庚子應詔封事》，《晦庵先生朱文公文集》卷11，《朱子全書》第20冊，上海：上海古籍出版社；合肥：安徽教育出版社，2010年，第581頁。

〔註28〕〔宋〕朱熹：《壬午應詔封事》，《晦庵先生朱文公文集》卷11，《朱子全書》第20冊，上海：上海古籍出版社；合肥：安徽教育出版社，2010年，第571頁。

規範治統，制止君權無限制膨脹對國家正常政治生態造成的重大破壞，以此緩和社會危機，實現國家富強與百姓安康。正是在爲官一任、造福一方的作爲中，在著書立說、傳道授業中，朱熹的聲名逐漸傳播於海內，遂成一代名儒，「至於夷虜，亦知慕其道，竊問其起居」。〔註29〕這些均爲朱熹紹熙五年（1194）入侍經筵，成爲帝王師奠定了良好的基礎。然而可惜的是，因各種複雜的原因，朱熹立朝總計才四十多天，進呈《經筵講義》，進講《大學》僅七次，便被迫離開朝廷。從此朱熹伏居山林，將一片拳拳愛國之心付諸於道統之傳，著書立說，培養人才，直至其生命的終結。

3.1.2　朱熹入侍經筵

紹熙五年（1194），南宋時局變化，光宗內禪，寧宗趙擴即位。在趙汝愚、彭龜年等極力推薦下，宋寧宗首闢經筵，徵召朱熹入侍，於同年八月五日除朱熹爲煥章閣待制兼侍講，並在告詞中寄寓了他對朱熹的期望：「朕初承大統，未暇他圖，首闢經帷，詳延學士。眷儒宗之在外，頒召節以趣歸，徑登從班，以重吾道。爾發《六經》之蘊，窮百氏之源。其在兩朝，未爲不用，至今四海，猶謂多奇。擢之次對之班，處以邇英之列，若程頤之在元祐，若尹焞之於紹興。副吾尊德樂義之誠，究爾正心誠意之說，豈惟慰滿於士論，且將增益於朕躬。非不知政化方行，師垣有賴。」〔註30〕將朱熹比作程頤、尹焞，視爲一代儒宗。

面對著帝王師的徵召，朱熹激起了一股得君行道，啓沃君心的熱情。雖然此去，前途不可預測，但是朱熹認爲：「然天下無不可爲之時，人主無不可進之善，以天子之命召藩臣，當不俟駕而往。吾知竭吾誠、盡吾力耳。」〔註31〕決心盡自己的能力輔助人主。對於朱熹的入侍經筵，士大夫們紛紛寄予了厚望。九月三十日，朱熹在大家的翹首期盼中達到了六和塔，永嘉諸賢陳傅良、葉適、薛叔似、許及之、蔡幼學、陳謙、項安世、路德章、吳斗南等紛紛雲集，〔註32〕對於其該以何種「施行之策」應對帝王，大家獻言獻策。

〔註29〕〔宋〕黃榦：《朝奉大夫文華閣待制贈寶謨閣直學士通議大夫諡文朱先生行狀》，見束景南著：《朱熹年譜長編》，上海：華東師範大學出版社，2014 年，第 1491 頁。

〔註30〕束景南：《朱熹年譜長編》，上海：華東師範大學出版社，2014 年，第 1133 頁。

〔註31〕束景南：《朱熹年譜長編》，上海：華東師範大學出版社，2014 年，第 1137 頁。

〔註32〕束景南：《朱子大傳：「性」的救贖之路》，上海：復旦大學出版社，2016 年，第 738～739 頁。

　　十月四日，朱熹入對，在行宮便殿見到了寧宗趙擴，即上五箚。第一箚言君臣父子之常道。要趙擴吸取光宗的經驗教訓，動心忍性，竭誠盡孝，以正大倫、立大本、安社稷；第二箚言爲學之道。希望寧宗能夠居敬持志、循序至精而讀書窮理，求得「義理至當之歸」，驗之於身，「使異時嘉靖邦國如商高宗，興衰撥亂如周宣王，以著明人主講學之效，卓然爲萬世帝王之標準」，成就君德帝業。如能造就理想聖王，即使是退伏田野，與世長辭，朱熹也是感到「與有榮矣」。第三、四、五箚則言潭州善後處理事宜。〔註33〕

　　在多次辭免待制職名不允的情況下，朱熹拜命供職。十月十四日，朱熹受詔首講《大學》。「務積誠意以感動上心，以平日所論著者敷陳開析，坦然明白，可舉而行。講畢，有可以開益上德者，罄竭無隱，上亦虛心嘉納焉。」〔註34〕每次講學，朱熹總是綜其平生所學，反覆敷陳，闡發義理，邏輯清晰，坦然明白，以此感動上心，裨益君德。寧宗也不時地予以回應，虛心接納。經筵講學，君臣互動，氣氛融洽。對於朱熹奏乞的「除朔、望、旬休及過宮日外，不以寒暑、雙隻月日諸色假故，並令逐日早晚進講」的建議，寧宗也予以接納。〔註35〕首講完畢之後，寧宗特降下一道《初講畢案前致詞降殿曲謝》曰：「久聞高詣，傾佇嘉猷，來侍邇英之游，講明《大學》之道。庶幾於治，深慰予懷」，對朱熹以《大學》益治道之功，進行了褒獎。〔註36〕朱熹回憶這段講講經歷時說：「主上留神問學，得以少效區區……今日入侍，方講《大學》，頗蒙開納，歸來疲憊」。〔註37〕之後，朱熹又在十月十八日晚講，二十三日早講，閏十月一日晚講，三日早講，四日晚講，十九日晚講，共計經筵進講《大學》七次。〔註38〕

〔註33〕〔宋〕朱熹：《行宮便殿奏箚二》，《晦庵先生朱文公文集》卷14，《朱子全書》第20冊，上海：上海古籍出版社；合肥：安徽教育出版社，2010年，第668～670頁。

〔註34〕〔宋〕佚名編，汝企和點校：《續編兩朝綱目備要》，北京：中華書局，1995年，第46頁。

〔註35〕〔宋〕佚名編，汝企和點校：《續編兩朝綱目備要》，北京：中華書局，1995年，第45頁。

〔註36〕束景南：《朱熹年譜長編》，上海：華東師範大學出版社，2014年，第1157頁。

〔註37〕〔宋〕朱熹：《答汪長孺書》，《晦庵先生朱文公文集》卷29，《朱子全書》第21冊，上海：上海古籍出版社；合肥：安徽教育出版社，2010年，第1270～1271頁。

〔註38〕束景南：《朱子大傳：「性」的救贖之路》，上海：復旦大學出版社，2016年，第744頁。

在閏十月一日晚講至「盤銘日新」時，朱熹「因論成湯有盤銘，武王有丹書，皆人主憂勤警戒之意」，〔註39〕借題闡發義理，勸誡寧宗日新其德，推以及民而上承天命。第二天，朱熹將所講內容，「編次講章以進。」〔註40〕在閏十月四日晚講時，朱熹便對其上次所講內容進行了奏問：「臣所進講《大學》，口義不審，曾經聖覽否？」關心寧宗課後是否有思考與溫習。當寧宗回答「宮中無事常看」時，朱熹又奏請曰：「萬幾事煩，恐講義卷軸大，難於披覽，欲寫成冊子進入，以便反覆觀考。」將經筵講學內容編成冊子進呈，以便皇帝在處理國事閑暇之際，溫習鞏固，確保學習效果。並不時地提醒寧宗：「臣所進入講義冊子，必經聖覽」，時時詢問「不知於聖意如何？」當寧宗欣然回答道：「看來緊要處只在求放心耳。」朱熹頓時欣喜若狂，頓首稱謝說：「聖學高明，宣論極是，老師宿儒窮日竟月，不曾見得此意、說得此語。陛下天縱生知，拈出此『求放心』語，正是聖學要領，願推之以見於實行，不患不爲堯舜之君也。」〔註41〕講畢歸家，朱熹欣喜地對門人說：「上可與爲善，願常得賢者輔導，天下有望矣。」〔註42〕接著，他又趁熱打鐵，上《乞進德箚子》〔註43〕，希望寧宗從切身處做起，「日用之間，語默動靜，必求放心以爲之本」，玩經觀史，親近儒學，切劘治道，而成「堯、舜、湯、武之盛」。如能「蚤得遂其所願」，自己「則雖夕死，瞑目無憾矣。」〔註44〕其中可見朱熹欲借經筵講學之機，致君堯舜的拳拳之心。

然而對於這樣一位剛正耿介，立志於成君德立聖治的碩儒，寧宗只是將其視爲即位後裝點新政門面，收服天下士子之心的工具。在經筵講學之初，對朱熹不涉及實際問題的道德說教，表現了一定的容納與接受，對朱熹本人也給予了一定的禮讓與優榮：如朱熹第一次進講，覃恩授朝請郎，賜紫金魚袋。閏十月八日，封朱熹婺源縣開國郎，食邑三百戶，三子朱在補承務郎。閏十月十一日，朱熹入史院，任實錄院同修撰。〔註45〕而對於朱熹上奏的《乞

〔註39〕〔宋〕佚名編，汝企和點校：《續編兩朝綱目備要》，北京：中華書局，1995年，第45頁。
〔註40〕束景南：《朱熹年譜長編》，上海：華東師範大學出版社，2014年，第1165頁。
〔註41〕〔宋〕佚名編，汝企和點校：《續編兩朝綱目備要》，北京：中華書局，1995年，第45～46頁。
〔註42〕束景南：《朱熹年譜長編》，上海：華東師範大學出版社，2014年，第1167頁。
〔註43〕束景南：《朱熹年譜長編》，上海：華東師範大學出版社，2014年，第1166頁。
〔註44〕〔宋〕朱熹：《乞進德箚子》，《晦庵先生朱文公文集》卷14，《朱子全書》第20冊，上海：上海古籍出版社；合肥：安徽教育出版社，2010年，第675頁。
〔註45〕束景南：《朱熹年譜長編》，上海：華東師範大學出版社，2014年，第1159～1180頁。

不以假故逐日進講箚子》、《乞差官看詳封事箚子》、《乞瑞慶節不受賀箚子》
等無關大政方針、君權實際的建議也予以了採納。但是朱熹的奏箚一旦向君
權專斷、近習弄權、朝廷綱紀等實質性問題發出挑戰的時，其結果不外是或
不置可否，或石沉大海，甚者因此得罪。在入侍經筵的四十多天裏，朱熹所
上的《經筵留身面陳四事箚子》，既是寧宗對其態度發生轉變的轉捩點，又是
其政治生涯的轉捩點。

　　十月二十三日，朱熹在第三次進講《大學》之後，經筵留身面奏四事。
因爲他不滿足於只做一名「碌碌隨群，解釋文義，時時陳說一二細微，以應
故事」，備員應景的普通侍講。面對朝政綱紀混亂，近習弄權，他希望能夠「以
從容諷諫爲職」，匡正朝政，成就君德，「仰裨聖治」，做一名眞正的帝王師。
〔註 46〕因此他抱著既使「自今以往，不獲久侍清閒之燕」的決心，〔註 47〕對
今日之急務進行了面奏：一是罷修葺東宮之役，二是壽康定省之禮，三是朝
廷之紀綱，四是孝宗山陵之卜。

　　在朱熹所論的四事中，尤以第三事論朝廷紀綱爲重心，其矛頭直指寧宗
君權獨斷與近習弄權。在箚子中朱熹毫不客氣地指出：「今者陛下即位未能旬
月，而進退宰執，移易臺諫，甚者方驟進而忽退之，皆出於陛下之獨斷，而
大臣不與謀，給舍不及議，」既使這些事情「悉當於理，亦非爲治之體」。他
認爲君主因一己之私，不經大臣合議的專斷獨行，是對國家政治生態最大的
戕害，將造成主威下移，小人弄權，國家綱紀頹壞的嚴重後果。他希望寧宗
能夠帶頭嚴肅朝廷綱紀，「上自人主，以下至於百執事，各有職業，不可相侵。
蓋君雖以制命爲職，然必謀之大臣，參之給舍，使之熟議，以求公議之所在。
然後揚於王庭，明出命令而公行之。」〔註 48〕君臣各守其位，各盡其職，循
理而行，取之公議，共治天下。爲保證朝廷綱紀的有效實施，他給寧宗提出
了三條建議：一是「深詔左右勿預朝政」。禁止近習恃寵弄權，對於那些「實

〔註 46〕〔宋〕朱熹：《經筵留身面陳四事箚子》，《晦庵先生朱文公文集》卷 14，《朱
　　　　子全書》第 20 冊，上海：上海古籍出版社；合肥：安徽教育出版社，2010
　　　　年，第 678～679 頁。

〔註 47〕〔宋〕朱熹：《經筵留身面陳四事箚子》，《晦庵先生朱文公文集》卷 14，《朱
　　　　子全書》第 20 冊，上海：上海古籍出版社；合肥：安徽教育出版社，2010
　　　　年，第 683 頁。

〔註 48〕〔宋〕朱熹：《經筵留身面陳四事箚子》，《晦庵先生朱文公文集》卷 14，《朱
　　　　子全書》第 20 冊，上海：上海古籍出版社；合肥：安徽教育出版社，2010
　　　　年，第 680～681 頁。

有勳庸而所得褒賞未愜眾論者（暗指韓侂胄）」，當詔大臣公議，「稽考令典，厚報其勞」。二是信任宰執大臣。「凡號令之弛張，人才之進退，則一委之二三大臣，使之反覆較量，勿徇己見，酌取公論，奏而行之」；三是遵守封駁制度。凡是不須奏覆的指令，先送後省審覆，再令尚書省施行，如有疑義，則「詔大臣與繳駁之官當晚入朝」，進行論難，並「擇其善者稱制臨決。」如此，「則不惟近習不得干預朝權，大臣不得專任己私。而陛下亦得以明習天下之事，而無所疑於得失之算矣。」〔註49〕由此可見，朱熹要建立的理想治體，是君臣各守其職，各盡其責，互不相侵的君臣共治天下的政治運行模式。這無疑直接觸及到了封建專制制度本身，刺痛了喜歡獨斷專行，政事徑由內批的寧宗，也因此得罪了以韓侂胄爲首的近習。「疏入，侂胄大怒，陰與其黨謀『去其爲首者，則其餘去之易爾。』所謂首者，蓋指熹也。乃於禁中令優人效熹容止爲戲，熒惑上聽。」〔註50〕自此以後，朱熹作爲道學黨魁而被韓侂胄等近習集團視爲眼中釘，欲除之而後快。再加上朱熹前後所上之《山陵議狀》、《乞討論喪服箚子》、《祧廟議狀》等奏議，也多與朝臣不合，遭到了不少大臣的排擠。朱熹因「急於致君，知無不言，言無不切，亦頗見嚴憚，於是侂胄之計遂行」，〔註51〕寧宗也漸漸對朱熹心生厭惡，逐漸疏遠。

閏十月十九日，朱熹入侍晚講，利用經筵留身之際，固執地再次申言前次經筵留身所陳四事，「再乞施行前疏」。寧宗趙擴再也忍不住了，一紙內批，將朱熹逐出經筵：「朕憫卿耆艾，方此隆冬，恐難立講，已除卿宮觀，可知悉。」〔註52〕趙汝愚獨袖內批還上，且諫且拜，也無法改變寧宗的心意。韓侂胄則借機必欲出之，指使內侍使王德謙封好內批直授朱熹，「熹即附奏謝，遂行」。〔註53〕於二十一日，「出居靈芝寺待命。」〔註54〕關於朱熹被逐的原因，在工

〔註49〕 〔宋〕朱熹：《經筵留身面陳四事箚子》，《晦庵先生朱文公文集》卷14，《朱子全書》第20冊，上海：上海古籍出版社；合肥：安徽教育出版社，2010年，第680～682頁。

〔註50〕 束景南：《朱熹年譜長編》，上海：華東師範大學出版社，2014年，第1163頁。

〔註51〕 〔宋〕佚名編，汝企和點校：《續編兩朝綱目備要》，北京：中華書局，1995年，第53頁。

〔註52〕 束景南：《朱熹年譜長編》，上海：華東師範大學出版社，2014年，第1184～1185頁。

〔註53〕 〔宋〕佚名編，汝企和點校：《續編兩朝綱目備要》，北京：中華書局，1995年，第51頁。

〔註54〕 束景南：《朱熹年譜長編》，上海：華東師範大學出版社，2014年，第1184～1185頁。

侍兼侍講黃艾在追問下，寧宗道出了其中緣由：「始除熹經筵耳，今乃事事欲與。」〔註55〕而當吏侍兼侍講孫逢吉上疏留朱熹時，寧宗曰：「朱熹所言多不可用。」〔註56〕可見，當初寧宗將朱熹召入經筵一是因為其聲望，二是因為新政伊始，需要延請學士碩儒裝點門面，體現其崇儒重道之態，而並非事事指手畫腳，天天叨念誠意正心之學的帝王師。尤其是朱熹想要用正君心成君德來限制君權，參與到朝廷、宗廟、人事任用等朝政大事上來，觸及到他的君權獨斷之時，寧宗皇帝就忍無可忍地直接以內批的形式，毫不留情地將朱熹逐出了國門。

對於眾望所歸的經筵碩儒被逐，舉朝震動，引發了一場聲勢浩大的挽留朱熹的行動。首先是給事中樓鑰封還錄黃道：「當今人望儒宗，無出熹之右者」，「天下士大夫視其進退以為重輕」，朱熹之來，「學士翕然向風」，而其「忽然去之，舉朝失色」，此事關係甚重。並批評寧宗「命令不由中書，不由封駁之地」，而御批徑以付之，將朱熹逐出朝廷，「尤非所以示天下」，「又甚於失人望矣。」〔註57〕接著鄧馹、劉光祖、陳傅良、吳獵、項安世等紛紛上書或封還錄黃，希望寧宗收回成命，挽留朱熹。登聞鼓院游仲鴻亦上言：「朱熹海內名儒，首蒙收召，四方傳誦，以為天下大老歸之。纔四十餘日復有宮祠之命，遠近相弔，以為天下大老去之，則人孰不欲去者？若正人盡去，陛下何以為國？願亟還朱熹，毋使小人得志，養成亂階。」〔註58〕然而面對眾人的上書與苦口婆心的勸諫，寧宗均不為所動。下旨除朱熹寶文閣待制，於是朱熹攜弟子浩然南歸。

從朱熹「以十月辛卯入見，中間進講者七，內引留身奏事者再，面對、賜食各一，在朝甫四十有六日云。」〔註59〕至此，一代帝王師力圖通過儒家正學引導當代帝王於正道，以格物致知、誠意正心之學匡正君心，規範君權，成君德立綱紀、任賢臣遠近習、美風俗解民困、致君堯舜的王道理想，在殘酷的現實面前宣告破滅。面對著紛紛攘攘的朝政，爾虞我詐的政治鬥爭，朱熹遠離朝

〔註55〕〔宋〕佚名編，汝企和點校：《續編兩朝綱目備要》，北京：中華書局，1995年，第51頁。

〔註56〕束景南：《朱熹年譜長編》，上海：華東師範大學出版社，2014年，第189頁。

〔註57〕〔宋〕樓鑰：《論朱熹補外》，《攻媿集》卷26，文淵閣四庫全書本。

〔註58〕〔宋〕佚名編，汝企和點校：《續編兩朝綱目備要》，北京：中華書局，1995年，第51頁。

〔註59〕〔宋〕佚名編，汝企和點校：《續編兩朝綱目備要》，北京：中華書局，1995年，第51頁。

廷，回到考亭，隱居山林，以承續堯、禹、湯、文、武、周公、孔、孟儒家道統爲己任，在一片禁「僞學」的風聲鶴唳中，著書立說，授徒講學，傳播儒學，造就人才。慶元六年（1200）庚申，一代大儒朱熹溘然離世，爲後世樹立了爲學爲人的典範，留下了博大精深的學術著作與垂範萬世的精神財富。

朱熹的高弟黃榦在《朝奉大夫文華閣侍制贈寶謨閣直學士通議大夫諡文朱先生行狀》中這樣描述先師朱熹：「先生平居悁悁，無一念不在於國。聞時政之闕失，則戚然有不豫之色，語及國勢之未振，則感慨以至泣下。然謹難進之禮，則一官之拜，必抗章而力辭；厲易退之節，則一語不合，必奉身而亟去。其事君也，不貶道以求售；其愛民也，不徇俗以苟安。故其與世動輒齟齬，自筮仕以至屬纊，五十年間，歷事四朝，仕於外者僅九考，立於朝者四十日。道之難行也如此，然紹道統，立人極，爲萬世宗師，則不以用舍爲加損也。」〔註60〕可謂高度概括了朱熹一生：無論是家居賦閒，還是爲官一任，或是入侍經筵，朱熹始終不忘國計民謨，不計個人安危得失，積極探索拯社稷安萬民的良策。達則積極行道立政，以《大學》建構帝學，引君於「道」，救民於水火之中；窮則著書立說，建構以《大學章句》爲首的四書學新理學體系，傳道授業，造就人才，爲後世立人極垂典範，以其實際行動踐履著儒家內聖外王、修己治人之道，令人可敬可歎！

朱熹去世之後，隨著韓侂冑集團的覆滅，「嘉定元年（1208），朝廷詔賜諡，與遺表恩澤。明年，賜諡曰文。又明年，贈中大夫，特贈寶謨閣直學士。後以明堂恩，累贈通議大夫。」〔註61〕理宗寶慶三年（1227），贈太師，追封信國公，改徽國公。〔註62〕淳祐元年（1241），朱熹以聖人之道的權威詮釋者從祀孔廟，在宋朝終於獲得了其應有的名分與地位。到元仁宗延祐二年（1315），朱熹的《四書章句集注》被定爲科舉取士的標準，從此，朱熹的理學思想逐漸成爲封建社會的統治思想而影響深遠，並最終得以配享孔廟，被後人尊稱爲「朱子」而享譽海內外。

〔註60〕〔宋〕黃榦：《朝奉大夫文華閣侍制贈寶謨閣直學士通議大夫諡文朱先生行狀》，見束景南著：《朱熹年譜長編》，上海：華東師範大學出版社，2014年，第1487頁。

〔註61〕〔宋〕黃榦：《朝奉大夫文華閣侍制贈寶謨閣直學士通議大夫諡文朱先生行狀》，見束景南著：《朱熹年譜長編》，上海：華東師範大學出版社，2014年，第1487頁。

〔註62〕〔元〕脫脫等：《朱熹傳》，《宋史》卷429，北京：中華書局，1985年，第12768頁。

3.2　《大學》與朱熹帝學理念的確立

　　《大學》原爲《禮記》中一篇,「自唐以前無別行之本」,〔註63〕一直依附《禮記》而行,未能引起儒者足夠的重視。而至宋代,由於帝王的倡導與士大夫的不斷詮釋,《大學》的思想資源被重新挖掘,逐漸從《禮記》中獨立出來,升格成爲「專經」。〔註64〕經宋代諸儒的不斷推崇與闡發,至朱熹時集其大成,以《大學章句》與《中庸章句》、《論語集注》、《孟子集注》合刊爲《四書章句集注》,使之成爲一個有著內在聯繫的理學新經典體系,並確立了其「四書」之首的地位,體現了宋代經學到理學的轉型。與此同時,隨著宋代經筵制度的定型與帝學思潮的興起,范祖禹率先提出以《大學》爲「帝王之學」後,《大學》日益成爲宋代士大夫們闡發思想,致君堯舜最重要的文本依據與詮釋經典,並獲得了司馬光、程顥、梁燾、彭汝礪、鄒浩、胡安國、張九成等同時代或之後學者的積極認同與回應。士大夫們紛紛以《大學》爲思想武器,以正君心爲重點,以道統規範治統,塑造理想帝王。但是他們只提出了某些觀點,並未從理論上進行系統的闡述。首先以《大學》爲框架,對帝學進行系統的思考與理論建構的,是南宋時的理學集大成者朱熹。

　　朱熹除了以《大學章句》爲首經,建構了以「四書」學爲核心的理學思想體系外,還力圖以《大學》建構「帝王之學」。早在紹興三十二年(1162),朱熹就在《壬午應詔封事》中,提出了「帝王之學不可不熟講」,〔註65〕開始以《大學》的格物致知、誠意正心之學影響帝王修身立政的嘗試。紹熙五年(1194),朱熹被任命爲煥章閣待制兼侍講,爲宋寧宗進講《經筵講義》,則標誌著其帝學思想的全面成熟。從首次提出以《大學》爲帝學到其經筵講學之際的32年,朱熹從未放棄過對「帝王之學」的思索。除《壬午應詔封事》外,他還先後撰寫了《癸未垂拱奏箚》、《庚子應詔封事》、《辛丑延和奏箚》、《戊申延和奏箚》、《戊申封事》、《己酉擬上封事》等言「帝學」的封事與奏箚,共計7篇。

〔註63〕 四庫全書研究所整理:《欽定四庫全書總目》卷 35,北京:中華書局,1997年,第 461 頁。

〔註64〕 束景南,王曉華:《四書升格運動與宋代四書學的興起》,《歷史研究》,2007年 5 期;另關於《大學》之流傳及宋代四書學的形成,朱漢民等《宋代〈四書〉學與理學》、李祥俊《道通於一》、劉又銘《〈大學〉思想的歷史變遷》已有較多論述,本文不再贅言。

〔註65〕 〔宋〕朱熹:《壬午應詔封事》,《晦庵先生朱文公文集》卷11,《朱子全書》第20 冊,上海:上海古籍出版社;合肥:安徽教育出版社,2010 年,第 571 頁。

由於一個人的思想發展成熟，必定有一個連續不斷、前後相遞的內在發展過程，因而，如果我們將《經筵講義》視爲朱熹帝學思想的成熟階段，那麼在這之前，朱熹「帝學」理念的形成，應該有一個逐漸發展的過程。爲了更好地探討朱熹以《大學》爲中心的帝學理論體系建構及其內在邏輯，可以依據其所進封事奏箚，將朱熹入侍經筵前的帝學思想的形成分爲三個階段：第一個階段從朱熹第一次上《壬午應詔封事》（1162 年），至隆興元年（1163）的《癸未垂拱奏箚》，爲其帝學思想的萌芽期；淳熙七年（1180）《庚子應詔封事》與淳熙八年（1181）《辛丑延和奏箚》，爲其帝學的發展期；而淳熙十五年（1188）的《戊申延和奏箚》《戊申封事》與淳熙十六年（1189）的《己酉擬上封事》，則爲其帝學的成型期。其間恒定不變的主題就是以《大學》「誠意正心」之學，正君心立紀綱，以道統規範治統，從權力的源頭約束君權，挽救南宋王朝的危機。我們從中不僅可以瞭解朱熹帝學逐步發展、確立的過程，而且可以探析宋代士大夫是如何以經典詮釋爲依託，建構思想體系，寄寓其政治理想，進而呈現一個更爲立體、豐富、生動的朱熹。

3.2.1　朱熹帝學思想的萌芽

縱觀朱熹文集，最先將《大學》與「不可不熟講」的「帝王之學」聯繫起來的，當屬紹興三十二年（1162）朱熹所上的《壬午應詔封事》。當時朱熹同安主簿之任早已結束，任左迪功郎、監潭州南嶽廟。恰逢高宗趙構內禪，「孝宗皇帝即位，詔求直言」，朱熹應詔上封事。〔註66〕

在封事中，朱熹首言：「帝王之學不可以不熟講」，認爲文章辭藻之學與釋老之學不是帝王之學，帝王當以《大學》爲「正學」。「格物致知」與「誠意正心」即是堯舜授受的「精一」與「執中」之道，爲孔子筆之於《六經》，而詳明於《大學》。帝王「苟惟不學」，學則當以此爲主，以知天下國家所以爲治的大本大源。因此帝王惟有延訪眞儒，通過「講學而自得之」，方可知「體用之一原，顯微之無間，而獨得乎堯、舜、禹、湯、文、武、周公、孔子之所傳」，以應當世無窮之變，「躋之堯舜之盛」，成就君德帝業。〔註67〕次言罷

〔註66〕〔宋〕朱熹：《壬午應詔封事》，《晦庵先生朱文公文集》卷 11，《朱子全書》第
　　　　20 冊，上海：上海古籍出版社；合肥：安徽教育出版社，2010 年，第 571 頁。
〔註67〕〔宋〕朱熹：《壬午應詔封事》，《晦庵先生朱文公文集》卷 11，《朱子全書》
　　　　第 20 冊，上海：上海古籍出版社；合肥：安徽教育出版社，2010 年，第 571
　　　　～573 頁。

「講和之說」而「定修攘之計」；〔註68〕三論四海利病與斯民休戚之本原，在於正朝廷、舉賢才。此三事為天下「要道先務而不可緩者。」在「學」、「道」、「治」之間，當以「講學所以明理而導之於前，定計所以養氣而督之於後，任賢所以修政而經緯乎其中，天下之事無出乎此者矣」。〔註69〕以講學明理（道）為政治治理的前提，而任賢使能則為修政惠民的關鍵。這是朱熹第一次明確提出以《大學》為「不可不熟講」的「帝王之學」，體現了對范祖禹以來的「帝學」思潮的回應與思索。雖然其封事最終沒有被孝宗採納，但卻開始了以《大學》引導帝王與政治的嘗試。

朱熹上《壬午應詔封事》之後至隆興元年（1163），因金軍入侵，南宋王朝的政局在短時間內，經歷了從隆興北伐到符離兵敗，以至屈己求和的迅速轉變，這些都極大地刺激了朱熹，使他認識到失敗的根源，就在於朝廷。朱熹經過精心準備及與李侗的反覆討論，〔註70〕開始應詔入對，上《癸未垂拱奏箚》三箚。

第一箚論「大學之道」。開篇直接闡發所謂的大學之道，就是「自天子以至於庶人，壹是皆以修身為本」。而修身的本源又在於格物致知以即物求理，誠意正心以立德修身，所謂家齊、國治、天下平「莫不由是出焉」。這既是堯舜授受的「惟精惟一，允執闕中」之道，又是孔子「筆之於書，以示後世之為天下國家」之學。帝王當「博訪真儒知此道者，講而明之，考之於經，驗之於史，而會之於心，以應當世無窮之變」，將大學之道用之於修身治國的政治生活實際之中，知其所當為與不當為者，以此「正其本」而「萬事理」，不惑於詞章記誦之學與釋老之說。指出孝宗即位以來，國家的「平治之效所以未著」的根源，就在於「不講乎大學之道而溺心於淺近虛無之過也」。〔註71〕

〔註68〕〔宋〕朱熹：《壬午應詔封事》，《晦庵先生朱文公文集》卷11，《朱子全書》第20冊，上海：上海古籍出版社；合肥：安徽教育出版社，2010年，第573～576頁。

〔註69〕〔宋〕朱熹：《壬午應詔封事》，《晦庵先生朱文公文集》卷11，《朱子全書》第20冊，上海：上海古籍出版社；合肥：安徽教育出版社，2010年，第577～578頁。

〔註70〕朱熹在本次入對錢，關於上奏的內容，特意去拜見過李侗，與之反覆討論。朱熹在《祭延平李先生文》中回憶道：「安車暑行，過我衡門。返旆相遭，秋涼已分。熹於此時，適有命召，問所宜言，反覆教詔。」見朱熹：《晦庵先生朱文公文集》卷87，《朱子全書》第24冊，上海：上海古籍出版社；合肥：安徽教育出版社，2010年，第4065頁。

〔註71〕〔宋〕朱熹：《癸未垂拱奏箚一》，《晦庵先生朱文公文集》卷13，《朱子全書》

　　第二箚，論國計。朱熹認爲朝廷之所以會出現「戰」、「守」、「和」之「三端六說是非相攻、可否相奪」的混亂局面，就在於「不折衷於義理之根本，而馳騖於利害之末流故也。」解決的辦法，就是通過「講學以明理」，「知義理之所必當爲與義理之必可恃」。希望孝宗能體驗擴充三綱五常人倫之至理，罷講和之議，合戰守之計以爲一，以復君父之仇，家國之恨。〔註72〕第三箚，指出制馭夷狄之道的根本是修德業、正朝廷、立紀綱，以「開納諫諍、黜遠邪佞、杜塞幸門、安固邦本四者爲急先之務」，要求「治其本而毋治其末，治其實而毋治其名，庶幾人心厭服，夷狄知畏，則形勢自強而恢復可冀矣」。〔註73〕

　　由此可見，朱熹的本次奏對，延續了《壬午應詔封事》的基本精神並予以深化。如果說在《壬午應詔封事》中，第一箚的「帝學」精神未完全貫穿於全文始終，與定修攘之計、朝廷本原形成一個邏輯嚴密的整體，那麼在《癸未垂拱奏箚》中，朱熹已經將《大學》的格物致知、誠意正心之學與朝廷定國計、攘夷狄融合起來，貫穿至帝王修身立德而及治國平天下的始終。所以黃榦在評價朱熹這份奏箚與《壬午應詔封事》的關係時說道：「三箚所陳，不出封事之意而加剴切焉。先生以爲制治之原，莫急於講學，經世之務，莫大於復讎，至於德業成敗，則決於君子、小人之用舍，故於奏對復申言之。」〔註74〕在「學」與「治」之間，以講學明理爲先務，「理」明而後定國計，國計定而後施之於政。同時，《癸未垂拱奏箚》更突出了《大學》格物致知以窮理明善在修身治國中的作用，並以之爲批判武器，直指孝宗未能遠離釋老之學而親近儒學，依循天理而定國計，立紀綱攘夷狄，任賢臣遠小人，導致國家綱紀混亂與四夷交侵。因而，本次登對，「初讀第一奏，論致知格物之道，天顏溫粹，酬酢如響；次讀第二奏，論復仇之議；第三奏，論言路壅塞，佞倖鴟

　　　　第20冊，上海：上海古籍出版社；合肥：安徽教育出版社，2010年，第631～633頁。

〔註72〕〔宋〕朱熹：《癸未垂拱奏箚二》，《晦庵先生朱文公文集》卷13，《朱子全書》第20冊，上海：上海古籍出版社；合肥：安徽教育出版社，2010年，第633～636頁。

〔註73〕〔〔宋〕朱熹：《癸未垂拱奏箚三》，《晦庵先生朱文公文集》卷13，《朱子全書》第20冊，上海：上海古籍出版社；合肥：安徽教育出版社，2010年，第636～637頁。

〔註74〕〔宋〕黃榦：《朝奉大夫文華閣待制贈寶謨閣直學士通議大夫謚文朱先生行狀》，見束景南著：《朱熹年譜長編》，上海：華東師範大學出版社，2014年，第1468頁。

張，則不復聞聖語矣。」〔註 75〕朱熹的直言引起了孝宗的不悅，最終以失敗告終。孝宗下旨，除朱熹武學博士待次。

雖然本次朱熹力圖以格物致知、誠意正心的大學之道「格君心之非」〔註 76〕的奏對未能達到預期目的，但是作爲一名愛國憂民的儒家士大夫，朱熹並沒有因此氣餒，而是以一己之力，積極奔走，聯絡同志，力排和議，痛斥主和派參知政事周葵，與張栻討論主戰用兵等。〔註 77〕怎奈人微言輕，回天無力，「和議已決，邪說橫流，非一葦可抗」，〔註 78〕最終無功而返。但是隨著其奏箚在士人之間的傳閱與流傳，〔註 79〕朱熹也逐漸名揚士林。汪應辰稱讚其爲：「朱元晦以召命再下，諸公迫之方行。既對，力排和議，其他皆人所難言者。」〔註 80〕韓元吉稱讚朱熹爲「詆訶百事推聖學，請復國讎施一怒。」〔註 81〕對朱熹不計個人安危得失，一切以國家大計爲念的正道直行的給予了高度評價。

〔註75〕〔宋〕朱熹：《與魏元履書》，《晦庵先生朱文公文集》卷24，《朱子全書》第21 冊，上海：上海古籍出版社；合肥：安徽教育出版社，2010 年，第 1082～1083 頁。

〔註76〕隆興三年，朱熹辭武學博士請祠將歸之際，給舉薦他的吏部侍郎陳俊卿寫了《與陳侍郎書》，對時弊予以抨擊：「熹嘗謂天下之事有本有末。正其本者，雖若迂緩而實易爲力；救其末者，雖若切至而實難爲功。是以昔之善論事者，必深明夫本末之所在而先正其本，本正則末之不治非所憂矣。……然語其大患之本，則固有在矣。蓋講和之計決而三綱頹、萬事墮，獨斷之言進而主意驕於上，國是之說行而公論鬱於下。此三者，其大患之本也。然爲是說者，苟不乘乎人主心術之弊，則亦無自而入。此熹所以於前日之書不暇及他，而深以夫格君心之非者有望於明公。蓋是三說者不破，則天下之事無可爲之理，而君心之不正，則是三說者又豈有可破之理哉？」朱熹在此已將天下的總根源歸之於君心不正，因而救天下的根本在於格君心之非。見朱熹：《晦庵先生朱文公文集》卷24，《朱子全書》第21 冊，上海：上海古籍出版社；合肥：安徽教育出版社，2010 年，第1084～1085 頁。

〔註77〕束景南：《朱熹年譜長編》，上海：華東師範大學出版社，2014 年，第 309～311 頁。

〔註78〕〔宋〕朱熹：《與魏元履書》，《晦庵先生朱文公文集》卷 24，《朱子全書》第21 冊，上海：上海古籍出版社；合肥：安徽教育出版社，2010 年，第1083 頁。

〔註79〕關於朱熹奏箚在士林中的相互傳閱，可從其《與魏元履書》中所說記載的「熹六日登對，……副本已送平甫（劉玶），託寫呈，當已有之矣」，可見一斑。見朱熹：《晦庵先生朱文公文集》卷24，《朱子全書》第21 冊，上海：上海古籍出版社；合肥：安徽教育出版社，2010 年，第 1082～1083 頁。

〔註80〕〔宋〕汪應辰：《與喻居中》，《文定集》卷16，文淵閣四庫全書本。

〔註81〕《南澗甲乙稿》卷2《送元晦》，見束景南：《朱熹年譜長編》，上海：華東師範大學出版社，2014 年，第313 頁。

　　朱熹的《壬午應詔封事》與《癸未垂拱奏劄》，是在朱熹擔任同安主簿的任期結束，已有一定的政治歷練，對南宋的基層政治治理及民生疾苦有著較清醒的認識之後，針對時局變化與時弊而提出的關於帝王爲學理政的看法。也是他從學李侗，並在其指導下，開始用《大學》格物致知、正心誠意之學而影響帝王，施之於政治的初次嘗試。雖然這時朱熹的學問研究雖暫未涉及到對《大學》的整理與序定，但是他卻以其學術與政治的敏銳性，意識到「大學之道」對規範帝王帝王的修身立德、爲政治國的重要作用與意義，並以之爲武器，反對文章辭藻與佛老之學，樹立儒家正學、道統，初步奠定了其「帝學」思想的規模。

3.2.2　朱熹帝學思想的發展

　　上《癸未垂拱奏劄》後，隨著其各種努力的失敗及「隆興和議」的簽訂，朱熹長期請祠閒居，將一腔報國的熱情化爲學術研究的動力，開始了長達十多年的著書立說、授徒講學的生活。在此期間，朱熹對《大學》等儒家經典的研究興趣日濃：乾道八年（1172），朱熹「《大學章句》、《中庸章句》草成，寄張栻、呂祖謙討論」；〔註82〕淳熙元年（1174）四月，朱熹「編訂《大學》、《中庸》新本，分經、傳，重定章次，印刻於建陽。」〔註83〕淳熙四年（1177年），朱熹序定了《大學章句》、《中庸章句》、《論語集注》、《孟子集注》，及其《或問》《輯略》，〔註84〕構成了一個相互補充印證的新解經體系，意味著其「四書」經學體系的初步形成。〔註85〕淳熙九年（1182），朱熹「將《大學章句》、《中庸章句》、《論語集注》、《孟子集注》集爲一編，刊刻於婺州」，是爲《四書章句集注》，經學史上正式出現「四書」之名。〔註86〕建立了一個包括天理論、心性論、格物致知論、道統論、政治論等具有內在有機聯繫的理學新體系，完成了其生平學問的第一次總結。

　　在朱熹潛心學術的同時，朝廷的政局也在不斷地發生變化。淳熙五年（1178），史浩再相，首薦朱熹，差知南康軍。〔註87〕朱熹在多次請辭不允

〔註82〕 束景南：《朱熹年譜長編》，上海：華東師範大學出版社，2014年，第479頁。

〔註83〕 束景南：《朱熹年譜長編》，上海：華東師範大學出版社，2014年，第510頁。

〔註84〕 束景南：《朱熹年譜長編》，上海：華東師範大學出版社，2014年，第585頁。

〔註85〕 束景南：《朱熹研究》，北京：人民出版社，2008年，第95～96頁。

〔註86〕 束景南：《朱熹年譜長編》，上海：華東師範大學出版社，2014年，第731頁。

〔註87〕 《真文忠公文集》卷41《劉熵神道碑》記載：（史浩）再相日，語呂郎中（祖謙）、石編修（斗文）曰：「某老矣，勉強再來，蓋事有未竟者。第一欲起朱元晦，次薦引諸賢令。」二公先以書抵朱文公道此意。未幾，除文公守南康。見束景南：

與眾人的催促下，終於再次出山，於淳熙六年（1179）正式赴任。在南康任上，朱熹再次目睹了綱紀頹壞、軍政紊亂給生民所帶來困苦。淳熙七年（1180），孝宗下令監司郡守可「條具民間利弊」，朱熹剛好「適在可言之數」，便抱著捐生出死、萬死不惜的決心，從國家天下之大本著眼，上《庚子應詔封事》。〔註88〕

朱熹在奏箚開頭便直奔主題：「天下國家之大務莫大於恤民，而恤民之實在省賦，省賦之實在治軍。若夫治軍省賦以為恤民之本，則又在夫人君正其心術以立紀綱而已矣」。這是朱熹在南康任上的根據實際民情政務，「以所領之郡推之，然後以次而及其所以施置之方」，〔註89〕從中得出南宋王朝要實現富國強兵的根本就在於正君心以立紀綱。那麼，在朱熹心目中的理想綱紀又是什麼呢？那就是「鄉總於縣，縣總於州，州總於諸路，諸路總於臺省，臺省總於宰相，而宰相兼統眾職，以與天子相可否而出政令，此則天下之綱紀也。」〔註90〕天子與宰相及群臣各盡其職，互相制衡，共治天下。凡政令均需「一出於朝廷之公議」，從國家與百姓的整體利益出發，杜絕「苟且請託之私」，防止因君主一己之私而害公義。〔註91〕

由於在君主集權的國家，權力的源頭在於人君，「綱紀不能以自正，必人主之心術公平正大，無偏黨反側之私」，依循天理而行，然後綱紀才會有所「繫而立」。然在外物與私欲的誘惑下，「君心不能以自正」，「必親賢臣、遠小人，講明義理之歸，閉塞私邪之路，然後乃可得而正」，這也是「古先聖王所以立師傅之官、設賓友之位、置諫諍之職」，左右維持，正君心以正萬事的根本原因。〔註92〕這種從現實的時弊出發，層層推導，最後將所有問題的解決根本

《朱熹年譜長編》，上海：華東師範大學出版社，2014 年，第 604～605 頁。

〔註88〕〔宋〕朱熹：《庚子應詔封事》，《晦庵先生朱文公文集》卷 11，《朱子全書》第 20 冊，上海：上海古籍出版社；合肥：安徽教育出版社，2010 年，第 581～587 頁。

〔註89〕〔宋〕朱熹：《庚子應詔封事》，《晦庵先生朱文公文集》卷 11，《朱子全書》第 20 冊，上海：上海古籍出版社；合肥：安徽教育出版社，2010 年，第 581 頁。

〔註90〕〔宋〕朱熹：《庚子應詔封事》，《晦庵先生朱文公文集》卷 11，《朱子全書》第 20 冊，上海：上海古籍出版社；合肥：安徽教育出版社，2010 年，第 586 頁。

〔註91〕〔宋〕朱熹：《庚子應詔封事》，《晦庵先生朱文公文集》卷 11，《朱子全書》第 20 冊，上海：上海古籍出版社；合肥：安徽教育出版社，2010 年，第 584 頁。

〔註92〕〔宋〕朱熹：《庚子應詔封事》，《晦庵先生朱文公文集》卷 11，《朱子全書》第 20 冊，上海：上海古籍出版社；合肥：安徽教育出版社，2010 年，第 586～587 頁。

歸之於正君心，而君主之心正又待於師傳講明義理之歸與賓友賢臣之輔助，從而突出了儒家之師與帝王之「學」在格正君心、治國理政中的首要地位。

從紹興三十二年（1162）《壬午應詔封事》以《大學》爲帝學，到隆興元年（1163）《癸未垂拱奏劄》的大學之道以修身爲本，再到淳熙七年（1180）《庚子應詔封事》天下之本在於人君正心術立紀綱，已經時隔十八個春秋，我們可以看到朱熹以儒家正學引導帝王重振綱紀，成就治道的思路逐漸清晰與明朗，如果說學習儒學是爲了明理以修德立政，那麼從講學明理到帝王修身立政的關鍵環節，就在於君主正心術去私欲，依循天理而行，才可建立宰相兼統眾職，與天子同出政令的朝廷紀綱，體現了《大學》以正心修身爲本而及於天下國家的內聖外王之道。

正君心以立紀綱，是朱熹在當時的歷史條件下，所能找到的解決國家政治危機最爲根本與有效的方式，所以他在封事裏自述道：「且臣頃於隆興初元誤蒙召對，蓋已略陳其梗概矣。今請昧死復爲陛下畢其說焉」，〔註93〕再次重申了其在《癸未垂拱奏劄》中的一貫理念，並將「講明義理之歸」與「爲治之源」的重心歸結於正君心立紀綱。「正君心」的實際就是要用儒家之道來規範君主的修身立德，從國家與社會的整體利益出發立身處事，應事接物，防止君主個人私欲的無限膨脹；「立紀綱」的實際就是要在具體的政治實踐操作中，以儒家之道規範君權運作與國家秩序，確保君臣各安其位，各盡其職，互不相侵，因而其「正君心立紀綱」實質上具有限制君權的意義。所以朱熹《壬午應詔封事》一上，便戳中了孝宗的痛處，孝宗大怒曰：「是以我爲亡也。」朱熹冒死言之，希望能夠感發孝宗「奮發剛斷，一正宸心，斥遠佞邪，建立綱紀，以幸四海困窮之民」的拳拳忠君愛民之心，再次付諸東流。〔註94〕幸虧宰相趙雄救解：「熹狂生，詞窮理短，罪之適成其名。若天涵地育，置而不問可也」。〔註95〕再加上周必大等人的力言勸諫，孝宗才壓下心中的怒火，對其不予論罪。朱熹回到南康，在抗旱救災與社會治理中，又開始了其道濟蒼生，救民於水火之中的艱難之旅。

淳熙八年（1181），朱熹因在南康任上修舉荒政，民無流殍，頗有政績，

〔註93〕〔宋〕朱熹：《庚子應詔封事》，《晦庵先生朱文公文集》卷11，《朱子全書》第20冊，上海：上海古籍出版社；合肥：安徽教育出版社，2010年，第585頁。

〔註94〕〔宋〕朱熹：《庚子應詔封事》，《晦庵先生朱文公文集》卷11，《朱子全書》第20冊，上海：上海古籍出版社；合肥：安徽教育出版社，2010年，第587頁。

〔註95〕〔元〕脫脫等：《趙雄傳》，《宋史》卷396，北京：中華書局，1985年，第12074頁。

提舉浙東常平茶鹽事，剛好碰上浙東大饑。由於當時民已艱食，上軫宸慮，朱熹「竊恐遷延，或至誤事，遂已即日拜命」，並乞許奏對。〔註96〕獲得准許後，朱熹面見孝宗，上《辛丑延和奏箚》七箚，一言天人譴告，二言正君心，三言救荒之務；四言水利社倉；五言紹興和買，六言蠲減星子租稅事；七言白鹿書院賜院額事。其中一二箚，「以所陳不宜宣洩」，為朱熹親筆書寫，重在格君心之非，為本次奏對的重點。〔註97〕三、四、五箚論浙東救災事宜，第六、七箚論南康任上遺留問題。

　　第一箚從天人譴告的角度，引導孝宗反思「二十年之間，水旱盜賊，略無寧歲」，飢饉連年，民多流殍的原因，希望其能虛心靜慮，反之於身，驗之於事而深自省，探尋「天心未豫，邦本動搖」的根本原因，以此布告中外，廣開言路，「反躬引咎，以圖自新」。〔註98〕第二箚言人主之心。認為「人主所以制天下之事者，本乎一心，而心之所主，又有天理、人欲之異。二者一分，而公私邪正之塗判矣。蓋天理者，此心之本然，循之則其心公而且正；人欲者，此心之疾疢，循之則其心私而且邪。」以天理與人欲之異來剖析人主之心的公私邪正。指出造成「治亂安危有大相絕者」不同效果的根本原因，就在於君主的「一念之間」。堯舜相傳的「人心惟危，道心惟微。惟精惟一，允執闕中」，即是針對人君之心的天理、人欲之分與惟危惟微處而發。〔註99〕

　　由於天下國家的治理「固必出於一人」，繫之於當世帝王，但是「天下之事則有非一人所能獨任者」。國家的政治治理，除了君主外，還需要賢相忠臣的輔助。因而，如果君主能夠正心誠意，深求「剛明公正之賢以為輔相」，而輔相又能公其心，博選聰明達理、直諒敢言的忠信廉節之士，賓之列位，有功則久任，不稱則易之，任賢使能，使之各安其位，各盡其職，「上

〔註96〕〔宋〕朱熹：《辛丑延和奏箚三》，《晦庵先生朱文公文集》卷 13，《朱子全書》第 20 冊，上海：上海古籍出版社；合肥：安徽教育出版社，2010 年，第 642 頁。

〔註97〕〔宋〕朱熹：《辛丑延和奏箚一》，《晦庵先生朱文公文集》卷 13，《朱子全書》第 20 冊，上海：上海古籍出版社；合肥：安徽教育出版社，2010 年，第 639 頁。

〔註98〕〔宋〕朱熹：《辛丑延和奏箚一》，《晦庵先生朱文公文集》卷 13，《朱子全書》第 20 冊，上海：上海古籍出版社；合肥：安徽教育出版社，2010 年，第 637～638 頁。

〔註99〕〔宋〕朱熹：《辛丑延和奏箚二》，《晦庵先生朱文公文集》卷 13，《朱子全書》第 20 冊，上海：上海古籍出版社；合肥：安徽教育出版社，2010 年，第 639～640 頁。

輔君德、下固邦本，而左右私褻使令之賤無得以奸其間者」，人君則自可「泰然行其所無事而坐收百官眾職之成功」。反之，人君如爲「人欲私意之病」，則容易爲姦僞讒匿之徒蠱惑心志，而導致朝政紊亂。〔註100〕接著朱熹聯繫實際，從孝宗之心的隱微處，痛斥其未能「循天理、公聖心以正朝廷之大體」。認爲他採取的兩面設防、相互牽制的駕馭之術，是導致國家「綱紀日壞，邪佞充塞，貨賂公行，兵愁民怨」局面的根本原因。因此朱熹恐孝宗「於此偶未察也，是以往歲蒙恩賜對，去年應詔言事，皆以明理正心之說」以呈。〔註101〕

在本次的奏對中，朱熹進一步深化了《庚子應詔封事》中正君心立綱紀的觀點，運用理學思想，以天理、人欲之分，道心、人心之微作爲正君心的關鍵點，希望孝宗能夠「深察天理，以公聖心，廣求賢忠，以修聖政。」〔註102〕以天理爲君主修身理政的最高原則，要求從公義出發，恪守規範，建立君臣各正其位、相輔相成的良性政治運行機制。雖然這次奏對，朱熹仍然未能感格君心，但是在賑災一事上，他還是得到了孝宗一定的支持，由朝廷「出南庫錢三十萬緡」救濟款，〔註103〕於是朱熹回到浙東，馬不停蹄地開始新一輪的救災賑荒。

由於在淳熙七年、八年上封事與奏對前後，朱熹已在完成了其生平學問的第一次總結，序定了《大學章句》、《中庸章句》、《論語集注》、《孟子集注》，形成了以四書爲核心的新理學思想體系。而南康軍的仕宦經歷，更加讓他感受到天下綱紀之混亂，百姓憔悴困窮之實的根源在於人君之心不正。因而朱熹在《庚子應詔封事》、《辛丑延和奏箚》中，進一步深化了其十多年前在《壬午應詔封事》、《癸未垂拱奏箚》中所提出的「帝學」觀念，力圖以天理爲最高原則，從權力的源頭，正君心立綱紀，引導君主修身立德出治，防止君主因私欲膨脹，導致對國家政治生態與運行機制的破壞，以此挽救南宋王朝的危機，緩解百姓的困苦，達致正朝廷百官與天下萬民

〔註100〕〔宋〕朱熹：《辛丑延和奏箚二》，《晦庵先生朱文公文集》卷13，《朱子全書》第20冊，上海：上海古籍出版社；合肥：安徽教育出版社，2010年，第640頁。

〔註101〕〔宋〕朱熹：《辛丑延和奏箚二》，《晦庵先生朱文公文集》卷13，《朱子全書》第20冊，上海：上海古籍出版社；合肥：安徽教育出版社，2010年，第639～642頁。

〔註102〕〔宋〕朱熹：《辛丑延和奏箚二》，《晦庵先生朱文公文集》卷13，《朱子全書》第20冊，上海：上海古籍出版社；合肥：安徽教育出版社，2010年，第642頁。

〔註103〕束景南：《朱熹年譜長編》，上海：華東師範大學出版社，2014年，第715頁。

的理想效果。〔註 104〕因此，這個階段可以看作是朱熹「帝學」思想的發展期。

3.2.3　朱熹帝學思想的成型

淳熙十四年（1187），在周必大與楊萬里的薦舉下，朱熹除江南西路提點刑獄公事。〔註 105〕淳熙十五年（1188），有旨詔朱熹入朝奏事，朱熹上《戊申延和奏劄》五劄，開始了其人生的第三次奏對。爲此，朱熹對前兩次奏「曾不足以上悟聖心」的原因進行了總結，認爲是自己學無所就，「辭不別白，旨不分明」，學力不夠造成的，〔註 106〕因此本次奏對，朱熹在前四劄在分別論國家刑訟之原、州縣治獄官之選任、經總制錢之弊、諸路科罰之弊等問題之後，將奏對的重點放在了第五劄「誠意正心」之學上。雖然在其入對之前，有人善意地提醒他：「『正心誠意』之論，上所厭聞，戒勿以爲言。」朱熹斷然拒絕說：「吾平生所學，惟此四字，豈可隱默以欺吾君乎？」〔註 107〕

爲警醒孝宗，達致奏對效果，朱熹在第五劄一開頭便直指孝宗即位二十七年以來，之所以「了無尺寸之效可以仰酬聖志、下慰人望」，功業難成的根本原因就在於「天理有未純」，「人欲有未盡」，爲善不能充其量，除惡未能去其根，以至「一念之頃，而公私邪正、是非得失之幾未嘗不朋分角立而交戰於其中」，導致任人不能盡得其人，所由不能盡合其道，賢愚混雜、政事不修、家仇未報、國事日敗，「非獨不足以致治，而或反足以召亂」。要想改變這種現狀而端本出治，就必須抓住本末難易，從根本與源頭做起，本之於君主之身，拋棄「利害之末流」，以堯舜精一執中的「心法之要」，盡去老子、浮屠之說，「極乎天理之全而察乎人欲之盡」，從一念之萌處謹而察之天理、人欲之別，「推而至於言語動作之間、用人處事之際，無不以是裁之」，知是知非，辨別賢愚，聖心洞然，「無一毫之私欲得以介乎其間」，如此方可「得以與乎帝王之盛」，成就君德帝業。〔註 108〕

〔註 104〕〔宋〕朱熹：《庚子應詔封事》，《晦庵先生朱文公文集》，卷 11，《朱子全書》第 20 冊，上海：上海古籍出版社；合肥：安徽教育出版社，2010 年，第 581 頁。

〔註 105〕束景南：《朱熹年譜長編》，上海：華東師範大學出版社，2014 年，第 869 頁。

〔註 106〕〔宋〕朱熹：《戊申延和奏劄五》，《晦庵先生朱文公文集》卷 14，《朱子全書》第 20 冊。上海：上海古籍出版社；合肥：安徽教育出版社，2010 年，第 665 頁。

〔註 107〕〔元〕脱脱等：《朱熹傳》，《宋史》卷 429，北京：中華書局，1985 年，第 12757 頁。

〔註 108〕〔宋〕朱熹：《戊申延和奏劄五》，《晦庵先生朱文公文集》卷 14，《朱子全書》第 20 冊，上海：上海古籍出版社；合肥：安徽教育出版社，2010 年，第 661 ～665 頁。

　　本次奏對，朱熹接著《庚子應詔封事》、《辛丑延和奏箚》的正君心立紀綱的要旨，進一步闡明天理、人欲之分乃是正君心出治道的關鍵所在，指出堯舜相傳的惟精惟一之道，乃是聖聖相傳的心法之要與修身工夫，並就如何正君心、做工夫提出了學理依據與具體方式。雖然本次奏對依然如同以前，沒能打動孝宗，但君臣問答互動，氣氛卻是比較融洽的。〔註109〕朱熹後來回憶道：「壽皇盡受人言，未嘗有怒色。但不樂時，止與人分疏辨析爾。」〔註110〕進對後，朱熹除兵部侍郎，以足疾請祠，除直寶文閣，主管西京嵩山崇福宮。

　　淳熙十五年（1188）延和殿進對之後，朱熹「伏俟數月」，未見孝宗「有略施行者」，自感「前日進對之時，口陳之說，迫於疾作而猶有未盡焉者」，是以「輒因前請而悉其所言以獻」。〔註111〕十一月，朱熹在總結《戊申延和奏箚》所言的基礎上，再上《戊申封事》，對南宋政治與社會進行了全面、深入的分析。封事共分三大部分，一論天下之大本，二論當前之急務，三論時論之得失，對其生平學術與政治思想進行了一次大總結，全面體現了朱熹重構南宋政治與社會秩序的理想與藍圖。

〔註109〕關於本次奏對，君臣之間的問答互動，《朱子語類》記載：六月四日，周揆令人諭意云：「上問：『朱某到已數日，何不請對？』遂詣閤門，通進榜子。有旨：「初七後殿班引。」及對，上慰勞甚渥。自陳昨日浙東提舉日，荷聖恩保全。上曰：「浙東救荒，煞究心。」又言：「蒙除江西提刑，衰朽多疾，不任使令。」上曰：「知卿剛正，只留卿在這裏，待與清要差遣。」再三辭謝，方出奏箚。上曰：「正所欲聞。」口奏第一箚意，言犯惡逆者，近來多奏裁減死。上曰：「似如此人，只貸命，有傷風教，不可不理會。」第四箚言科罰。上曰：「聞多是羅織富民。」第五箚讀至「制將之權，旁出閹寺」，上曰：「這箇事卻不然，盡是採之公論，如何由他！」對曰：「彼雖不敢公薦，然皆託於士大夫之公論，而實出於此曹之私意……。」至「知其為賢而用之，則用之唯恐其不速，聚之唯恐其不多；知其為不肖而退之，則退之唯恐其不早，去之唯恐其不盡」；奏曰：「豈有慮君子太多，須留幾箇小人在裏！人之治身亦然，豈有慮善太多，須留些惡在裏！」至「軍政不修，士卒愁怨」，曰：「主將刻剝士卒以為苞苴，陞轉階級，皆有成價。」上曰：「卻不聞此。果有時，豈可不理會！卿可仔細採探，卻來說。」末後辭云：「照對江西係是盜賊刑獄浩繁去處，久闕官正。臣今迤邐前去之任，不知有何處分？」上曰：「卿自詳練，不在多囑。」見黎靖德：《朱子語類》卷107，北京：中華書局，1986年，第2658～2659頁。

〔註110〕〔宋〕黎靖德：《朱子語類》卷127，北京：中華書局，1986年，第3060頁。

〔註111〕〔宋〕朱熹：《戊申封事》，《晦庵先生朱文公文集》卷11，《朱子全書》第20冊，上海：上海古籍出版社；合肥：安徽教育出版社，2010年，第589頁。

　　朱熹從南宋王朝的全域著眼，認為「今日天下之勢，如人之有重病，內自心腹，外達四肢，蓋無一毛一髮不受病者」，存在著總體性的危機，「殆非俗醫常藥之所能及也」，因此必須從根本上得以解決。通過多年的學術思索與政治總結，朱熹為南宋王朝開出了診斷性藥方，認為天下之大本就在於帝王之心，「今日之急務，則輔翼太子、選任大臣、振舉綱維、變化風俗、愛養民力、修明軍政六者是也。」〔註 112〕從國家政治權力的源頭出發，針對現實的政治弊端，提出了以正君心為根本，輔之以六大施政措施，以此整頓朝綱，砥礪人心，強國富民，力圖解決南宋王朝的危機。

　　封事第一部分，首論天下之大本在於帝王之心。朱熹認為「天下之事千變萬化，其端無窮而無一不本於人主之心者」。在君主制度下，君主掌握了天下的權力與財富，其言行舉止、心思邪正直接關係到天下安危治亂，「人主之心正，則天下之事無一不出於正；人主之心不正，則天下之事無一得由於正。」因而要挽救南宋的政治與社會危機，就必須從權力的源頭開始，以正君心為重點，引導君主通過經典學習，依循天理而行，區分道心人心之別，做惟精惟一、克己復禮的工夫，達致「私欲淨盡，天理流行」的境界，正君主而正其家人，「次及於左右，然後有以達於朝廷而及於天下焉」，將儒家的價值理念與治國原則落實到日用常行的立身處事、治國施政之中。反之，君主之心只要有「一念之邪」，就會驗著於外，產生私心、私人、私費、私財等一系列連鎖反應，「天下萬事之弊」則因此應運而生。「淵、覿、說、抃」等左右便嬖之私，內作淫巧，外交將帥大臣，而導致的綱紀紊亂、風俗敗壞、兵愁民怨的教訓就是實例。因此正君心乃是治天下萬事的根本，人主當加強自律與自覺，「建師保之官以自開明，列諫諍之職以自規正」，崇儒重道，依循天理而行，正心以正朝廷百官、六軍萬民而出治道。〔註 113〕

　　封事第二部分，論當今之急務不可緩。從輔翼太子，選任大臣，振舉綱維，變化風俗，愛養民力，修明軍政等六個方面，闡發因君心不正而導致的嚴重後果，警醒君主加強自省，正心誠意而出治道。

　　首先從國家皇權的延續角度而言，輔翼太子是國政的第一要務。由於長期以來，孝宗對皇太子教育的疏略，師傅賓客不置，「獨使春坊使臣得侍左

〔註 112〕〔宋〕朱熹：《戊申封事》，《晦庵先生朱文公文集》卷 11，《朱子全書》第 20 冊，上海：上海古籍出版社；合肥：安徽教育出版社，2010 年，第 590 頁。

〔註 113〕〔宋〕朱熹：《戊申封事》，《晦庵先生朱文公文集》卷 11，《朱子全書》第 20 冊，上海：上海古籍出版社；合肥：安徽教育出版社，2010 年，第 590～597 頁。

右」，以至於皇太子「正心修德之學未至，而於物欲之私未免有所繫累」。因而從國家長遠計，當「罷去春坊使臣，而使詹事、庶子各復其職」，選「端方正直、道術博聞之士與之居處」，「別置師傅、賓客之官」，從容啓迪皇太子，使之掌握「古先聖王正心修身、平治天下之要」，則「宗社之安、統業之固，可以垂於永久而無窮矣。」〔註114〕

　　至於選任大臣，由於孝宗「一念之間未能撤其私邪之蔽，」在國家政治事務的處理中，從「恐其有以妨吾之事、害吾之人而不得肆」的私心出發，未能選拔「剛明公正之人以爲輔相」，而專門「取凡疲懦軟熟、平日不敢直言正色之人」加之於位，以至於所任非人，近習庸人當道。雖然說使用之初「姑欲其無所害於吾之私」，滿足了個人的私欲，但是從長遠來看，則使天下受其蔽，這就是君主個人無限膨脹的私欲與社會整體發展公義之間的矛盾。因此朱熹希望孝宗能夠「反是心以求之」，從天下公義出發，「不爲燕私近習一時之計而爲宗社生靈萬世無窮之計」，任賢使能，以輔聖德，以成聖政。〔註115〕

　　至於振肅紀綱，由於孝宗「一念之間未能去其私邪之蔽」，因私心而用私人，以至於朝廷忠邪雜進，刑賞不分，近習當道，士風廢壞。及其作奸犯法，又未能深割私愛，因公因法處理。從其對方伯連帥贓污不法、廷臣爭議配享、監司挾私以誣郡守、宰相植黨營私等具體事件的處理來看，朱熹認爲孝宗採取的「均平」之方，致使「曲直是非，兩無所問」。這種表面上的「稱物平施」，實際上是最大的不公，以至「善者常不得伸而惡者反幸而免」，〔註116〕這是朝廷綱紀敗壞的主要原因。希望孝宗依循天理之本然，反求諸己，「遏惡揚善」，執本秉要而治天下。

　　綱紀不振於上，風俗自然頹弊於下。在上多爲唯唯諾諾、讒佞姦邪之輩，在下則多「習爲軟美之態、依阿之言」者。下之事上，上之御下，皆「惟其私意之所在」，「宰相可啗則啗宰相，近習可通則通近習，惟得之求，無復廉恥」。風俗敗壞，人人以功利計較、結交權貴爲能，而不復知有忠義節名之可貴，「是以綱紀日壞、風俗日偷，非常之禍伏於冥冥之中」，一旦國家危亡，

<hr/>

〔註114〕〔宋〕朱熹：《戊申封事》，《晦庵先生朱文公文集》卷11，《朱子全書》第20冊，上海：上海古籍出版社：合肥：安徽教育出版社，2010年，第597～599頁。
〔註115〕〔宋〕朱熹：《戊申封事》，《晦庵先生朱文公文集》卷11，《朱子全書》第20冊，上海：上海古籍出版社：合肥：安徽教育出版社，2010年，第599～600頁。
〔註116〕〔宋〕朱熹：《戊申封事》，《晦庵先生朱文公文集》卷11，《朱子全書》第20冊，上海：上海古籍出版社：合肥：安徽教育出版社，2010年，第600～603頁。

而無一人可同患難，其流弊不可勝言。朱熹希望孝宗以此自警，「可不反求諸身而亟有以變革之耶？」〔註117〕

至於民力未裕、軍政未修的根源也在於君心不正，導致「宰相臺諫失職」、「近習得以謀帥」，所任非人。朱熹認爲自虞允文爲相以來，巧立名目，盡取版曹歲入而輸之內帑，名爲「將以備他日用兵進取不時之需」，實爲皇室私貯而任意揮霍。「徒使版曹經費闕乏日甚，督趣日峻」，以至廢去破分良法，一以剝民奉上爲賢，於是「中外承風，競爲苛急」，監司郡守，惟務催督財賦，這就是民力之所以重困的原因。其結果是政煩賦重，民卒流亡。此外，軍中將帥爲求晉升，則以掊克士卒以殖私財、結交近習權貴爲務，無暇顧及核軍實而豐儲蓄，立屯田而省漕運等要務，以致於軍糧軍費供給壓力加大，並以各種名目加之於百姓之上。不僅士卒受其弊，而且老百姓亦受其苦。〔註118〕

以上六事皆不可緩，而其本在於帝王之心。「一心正則六事無不正」，則必能私帑以歸版曹，復破分之法除殿最之科，擇宰相而選牧守，將帥得人而作士氣，討軍實而廣屯田。上自朝廷，下達州縣，任賢使能，人盡其職，苛政不立，則「民力庶乎其可寬矣」，而收其成功之效。〔註119〕而一旦有「人心私欲以介乎其間」，即使是「雖欲備精勞力以求正夫六事者」，「亦將徒爲文具，而天下之事愈至於不可爲矣。」〔註120〕六大急務與君心之本，環環相扣，密切相關，其本就在於君主之心。君心正則綱紀立，綱紀立則天下治。這是朱熹目睹南宋朝政紊亂、軍政不修、國事日衰、民生凋敝的現狀，爲挽救國家危亡而開出一劑猛藥，其矛頭直指權力的源頭——君主本身的德行與能力。他從批判君心不正而導致的系列後果出發，力圖警醒君主當加強自我約束，摒棄私欲，堅持國家與社會公義，正君心立綱紀而成治道。

封事第三部分，析時論立正學。爲以正確的價值理念與學術思想引導君主修身立政，朱熹從儒家正學的立場批判了當時流行的幾種議論與學說。首先朱熹批駁了在士大夫中流行的有關恢復大計的兩種截然相反的觀點：或主

〔註117〕〔宋〕朱熹：《戊申封事》，《晦庵先生朱文公文集》卷11，《朱子全書》第20冊，上海：上海古籍出版社；合肥：安徽教育出版社，2010年，第603～604頁。

〔註118〕〔宋〕朱熹：《戊申封事》，《晦庵先生朱文公文集》卷11，《朱子全書》第20冊，上海：上海古籍出版社；合肥：安徽教育出版社，2010年，第604～607頁。

〔註119〕〔宋〕朱熹：《戊申封事》，《晦庵先生朱文公文集》卷11，《朱子全書》第20冊，上海：上海古籍出版社；合肥：安徽教育出版社，2010年，第607～609頁。

〔註120〕〔宋〕朱熹：《戊申封事》，《晦庵先生朱文公文集》卷11，《朱子全書》第20冊，上海：上海古籍出版社；合肥：安徽教育出版社，2010年，第609～611頁。

因循無事；或主奮厲有爲。朱熹認爲從當時國家的政治、經濟、軍事狀況出發，需立足長遠，「正心克己，以正朝廷、修政事」而後可攘夷狄，既反對苟安主和，又反對冒進取險。〔註121〕其次，朱熹嚴分佛老之學與儒學的不同。指出老子、浮屠之說表面上與古先聖王之道有「不約而自合者」，但在實質內容與效果上，有著本質不同。儒學是以性命爲眞實，其「治心、修身、齊家、治國，無一事之非理」；而佛老之說則以性命爲空虛而有害於政事，爲「正路之榛蕪，聖門之蔽塞」，當闢之而可與入道。〔註122〕最後朱熹對管商急功近利之說進行了批判。希望孝宗能夠深究「四說之同異而明辨之」，取「明善誠身」的儒學「妙理」與「活法」，尊奉堯舜等古先聖賢之說以成治道。〔註123〕由此可見，朱熹的帝學就是要以儒家正學與正道來匡正君心，規範政治，求得國家的長治久安與百姓的富足安康。

　　對於本次所上的封事，朱熹說道：「臣之所論，雖爲一時之弊，然其規畫，實皆治體之要，可以傳之久遠而無窮。蓋前聖後聖，其時雖異，而其爲道未嘗不同。此臣之言所以非徒有望於今日，而又將有望於後來也。」〔註124〕《戊申封事》所揭示是朱熹根據現實政治的一時之蔽，爲國家的長治久安而規劃的爲治之要。朱熹以正君心立紀綱爲核心的帝學思想，雖然看似迂遠遼闊，但卻是在當時的歷史條件下，解決南宋王朝整體危機的根本性方案，在一定程度上看到了君主專制國家的問題癥結所在，具有限制君權、規範政治的批判意義。然而朱熹又將它的實現完全寄寓於君主的道德自覺與自律，因而在實際操作中缺乏制度與法律上的制約，具有其歷史的侷限性。但在他之所以不厭其煩，不計後果地向孝宗進獻誠意正心之學，即使是「屢進不合」，也其猶未悔者，就在於朱熹是從「獨爲國家之計而不敢自爲身謀」，位卑始終未敢忘國憂出發，「身伏衡茅，心馳魏闕」，希望以一己之誠，「上有補於聖明，下無負於所學」。〔註125〕其以《大學》爲思想框架建構帝王之學，也無非是希望

〔註121〕〔宋〕朱熹：《戊申封事》，《晦庵先生朱文公文集》卷11，《朱子全書》第20冊，上海：上海古籍出版社；合肥：安徽教育出版社，2010年，第610～611頁。

〔註122〕〔宋〕朱熹：《戊申封事》，《晦庵先生朱文公文集》卷11，《朱子全書》第20冊，上海：上海古籍出版社；合肥：安徽教育出版社，2010年，第611～612頁。

〔註123〕〔宋〕朱熹：《戊申封事》，《晦庵先生朱文公文集》卷11，《朱子全書》第20冊，上海：上海古籍出版社；合肥：安徽教育出版社，2010年，第613頁。

〔註124〕〔宋〕朱熹：《戊申封事》，《晦庵先生朱文公文集》卷11，《朱子全書》第20冊，上海：上海古籍出版社；合肥：安徽教育出版社，2010年，第614頁。

〔註125〕〔宋〕朱熹：《戊申封事》，《晦庵先生朱文公文集》卷11，《朱子全書》第20冊，上海：上海古籍出版社；合肥：安徽教育出版社，2010年，第613～614頁。

從爲治的源頭與根本出發，以儒家正學引君於道，匡正君心，成就君德帝業，實現道濟天下的理想。所以束景南稱《戊申封事》是「朱熹生平對南宋社會的一次登峰造極的全面剖析，也是理學家用正心誠意之學解決社會迫切現實問題的著名範例。」〔註 126〕朱熹的愛君憂國之誠終於打動了孝宗，「疏入，夜漏下七刻，上已就寢，亟起秉燭，讀之終篇。」明日，除主管太一宮、兼崇政殿說書。〔註 127〕

　　關於朱熹在孝宗朝所上的封事與奏箚，黃榦總結爲：「先生當孝宗朝陛對者三，上封事者三。其初固以講學窮理爲出治之大原，其後則直指天理人欲之分、精一克復之義；其初固以當世急務一二爲言，其後封事之上，則心術、宮禁、時政、風俗，披肝瀝膽，極其忠鯁。蓋所望於君父愈深，而其言愈切。」〔註 128〕其封事與奏箚的核心內容就是：講學窮理明善、正君心立紀綱、親賢臣遠小人、修軍政寬民力、敦教化美風俗。其一以貫之的主線就是「學」以明「道（理）」，正心修身以出「治道」。如果說「學」是人君立政之先務，那麼明「道（理）」以「正心」則是出「治」的根本與關鍵，「治」則是「學」與「道」的自然實現與終極目標。其實質就是通過經典的學習，以儒家正學、正道教化君主，提升其心性修養與治國理政的能力，成就君德帝業，造就堯舜聖王，實現道濟天下的王道理想，這也是朱熹帝王之學建構的終極指向。

　　淳熙十六年二月（1189），孝宗內禪，光宗趙惇即位，朱熹草擬《己酉擬上封事》以爲「新政之助」。〔註 129〕其要旨概括爲十點：講學以正心，修身以齊家，遠便嬖以近忠直，抑私恩以抗公道，明義理以絕神奸，擇師傅以輔皇儲，精選任以明體統，振紀綱以屬風俗，節財用以固邦本，修政事以禦外侮。〔註 130〕這是對《戊申封事》中所言的「天下之本」與「今日之急務」的具體展開與論述。如果說《戊申封事》以「格君心之非」爲主，從反面論說君心

〔註 126〕束景南：《朱熹研究》，北京：人民出版社，2008 年，第 178 頁。

〔註 127〕〔元〕脫脫等：《朱熹傳》，《宋史》卷 429，北京：中華書局，1985 年，第 12762 頁。

〔註 128〕〔宋〕黃榦：《朝奉大夫文華閣待制贈寶謨閣直學士通議大夫謚文朱先生行狀》，見束景南著《朱熹年譜長編》，上海：華東師範大學出版社，2014 年，第 1480 頁。

〔註 129〕束景南：《朱熹年譜長編》，上海：華東師範大學出版社，2014 年，第 954 頁。

〔註 130〕〔宋〕朱熹：《己酉擬上封事》，《晦庵先生朱文公文集》卷 12，《朱子全書》第 20 冊，上海：上海古籍出版社；合肥：安徽教育出版社，2010 年，第 618 頁。

不正的危害，那麼《己酉擬上封事》則主要是從正面論述帝王應該如何正心修身理政，因而在每條施政要旨之下，又有具體措施。如朱熹認為可以通過「味聖賢之言以求義理之當，察古今之變以驗得失之幾」，反之身以踐其實的途徑，實現講學以正心的目的。關於修身以齊家的問題，朱熹以正宮闈別內外、分嫡庶戒聲色、杜請託檢姻戚等作為帝王實現家之齊的方法。此外，如親賢臣遠小人、明公道服眾心、精學問明義理、擇師傅輔太子、明體統尊朝廷、辨賢否定上下、核功罪公賞罰、立紀綱美風俗、減賦稅省冗費、擇將帥核軍籍、廣屯田汰浮食、節用寬民力等，均是朱熹為帝王修身立德、治國平天下而提出了一套具體可行的施政方針與措施。由於至淳熙十六年（1189），朱熹對《大學章句》、《中庸章句》等進行了第二次序定，其以《四書集注》為核心的理學體系也完全成熟。因而至其撰寫《己酉擬上封事》時，朱熹運用理學思想建構帝學也更為嫻熟，體現了學術、思想與政治之間的互動。

如果說朱熹第一次上《壬午應詔封事》，以《大學》為「不可不熟講」的帝王之學，至隆興元年上《癸未垂拱奏箚》言大學之道要旨，為其帝學思想的萌芽階段；那麼淳熙七年的《庚子應詔封事》與淳熙八年《辛丑延和奏箚》，朱熹將帝王修德立政的關鍵歸之於正君心以立紀綱，以循天理公聖心為君臣各正其位，共治天下的根本原則，則是其帝學思想的發展期；而淳熙十五年的《戊申延和奏箚》、《戊申封事》與淳熙十六年的《己酉擬上封事》，朱熹重新對其正心誠意之學進行了反思，以正君心為天下之大本，而配之以政治、經濟、社會、軍事等方面的施政綱領，從講學明理、正心修身以至於齊家、治國、平天下設計了一系列環環相扣的具體措施，為其帝學思想的成型階段。

歷經二十多年的磨礪與思考，朱熹的帝學思想日漸成熟，然其自始至終、萬變不離其本的永恆主題，就是以儒家正學正君心立紀綱，以道統規範治統，實現致君堯舜，道濟天下的王道理想。這些均為朱熹紹熙五年（1194）入侍經筵，以《大學》為思想框架建構帝學，做好了學術、思想與政治上的準備。如果說在封事奏箚中，因受奏對內容與特點的限制，朱熹無法對其帝學思想進行系統的理論闡發，那麼經筵講學則給了他闡發理學思想，全面建構帝學理論體系的機會。朱熹通過天理論、心性論、工夫論等命題的綜合運用，為帝王學為聖王及政治社會秩序的重構提供了理論依據與邏輯論證，完成了宋

代帝學理論的第一次建構任務。雖然因時事變化與朝廷黨爭，朱熹進講《大學》僅七次，至「誠意」章就嘎然而止，但是由於人的思想發展具有連續性與一貫性的特點，因而以其《經筵講義》為中心，結合朱熹所上的「帝學」封事與奏劄來進行考察，仍可窺見其帝學理論的整體面貌。

第4章　朱熹以理學建構帝學

　　宋代文治導向與經筵制度的定型，促進了帝學的興起。尤其是范祖禹率先提出帝王之學謂之「大學」，確立了學為堯舜的帝學目標，以堯舜至周孔之道為「正道」，將帝王之學與士大夫之學有意識地區分之後，關於帝王之學是什麼，什麼不是帝王之學等問題成為了宋代帝王與士大夫共同關注的話題，初步奠定了後世有關帝學問題討論的基本範圍與框架，但是他們只是從不同的側面與角度，提出了帝學的某些觀點與理念，並未從理論上予以系統地闡發和論證，這些均為朱熹以理學建構帝學提供了有益的借鑒。

　　從《壬午應詔封事》中首次提出「帝王之學不可以不熟講」，[註1] 到其入侍經筵進講《經筵講義》的三十二年間，朱熹一直在努力為現實政治的帝王們建構一種他所希望的帝王之學。通過多年的學術思索與政治實踐，朱熹確立了以《大學》為中心的儒家正學在帝學建構中的地位，並運用天理論、心性論、理一分殊等哲學觀念與命題，解答了帝王學什麼、為什麼學、如何學等系列問題，為聖王理想的確立及其實現提供了理論依據與邏輯論證，從而第一次完成了以理學建構帝學的理論任務，將帝學推上了一個新的發展階段，並促進了理學的進一步發展與傳播。

4.1　儒家正學與帝學架構

　　通過對朱熹《壬午應詔封事》、《癸未垂拱奏劄》、《庚子應詔封事》、《辛丑延和奏劄》、《戊申延和奏劄》、《戊申封事》、《己酉擬上封事》等有關「帝

[註1] 〔宋〕朱熹：《壬午應詔封事》，《晦庵先生朱文公文集》卷11，《朱子全書》第20冊，上海：上海古籍出版社；合肥：安徽教育出版社，2010年，第571頁。

學」封事與奏箚的梳理，及以《經筵講義》爲中心的考察，可以發現朱熹對該用什麼樣的經典及學問引導帝王於正道等問題，已經有了比較系統而深入的思考與論述。他在對什麼不是帝王之學的辨析與反思中，確立了以儒家正學引導帝王，以《大學》爲框架，而及《四書》《六經》等進學階梯，其實質就是以理學建構帝學。

4.1.1　帝學辯證：儒家正學

宋代士大夫普遍認爲「經者所以載道，而道者適治之路也」。〔註 2〕經典中承載著古代聖帝明王經世治國之大道，帝王要想成就堯舜聖王之大業，就必須加強對古代典籍的學習，明道窮理，方可施之於天下。所以建構帝學，首先就必須明確帝王學習的範圍與經典。那麼，面對著浩如煙海的文化典籍，異彩紛呈的學術流派，應該選用哪家學派的經典來教導帝王呢？朱熹認爲：「人君之學與不學、所學之正與不正，在乎方寸之間，而天下國家之治不治，見乎彼者如此其大，所繫豈淺淺哉！」〔註 3〕君主之學與不學、學之「正」與「不正」，將直接影響到國家政治之治亂。因而他特重以儒家正學引君於道，指出帝王之學既不是釋老之學，也不是管商功利之學，還不是記誦辭章之學，而是理學。

4.1.1.1　帝王之學不是釋老之學

朱熹認爲老子、釋氏之學因其識心見性之妙，與儒家古先聖王之道有「不約而自合者」，極其具有迷惑性。以至於君主妄聽髠徒誑妄之說，而以爲「眞有合於聖人之道」，甚至將「聖賢所傳明善誠身、齊家治國平天下」的儒家之學視爲「常談死法而不足學」。〔註 4〕用這樣的學術來指導天下國家的治理，則未能隨事以觀理、即理以應物，於天下事多所未察。朱熹認爲孝宗即位多年以來，「平治之效所以未著」的根本原因，就在於「由不講乎大學之道而溺於淺近虛無」的釋老之學。〔註 5〕因爲從實質而言，儒家之學與釋老之說有著

〔註 2〕〔宋〕呂陶：《策問》，《淨德集》卷 20，文淵閣四庫全書本。

〔註 3〕〔宋〕朱熹：《壬午應詔封事》，《晦庵先生朱文公文集》卷 11，《朱子全書》第 20 冊，上海：上海古籍出版社；合肥：安徽教育出版社，2010 年，第 572 頁。

〔註 4〕〔宋〕朱熹：《戊申封事》，《晦庵先生朱文公文集》卷 11，《朱子全書》第 20 冊，上海：上海古籍出版社；合肥：安徽教育出版社，2010 年，第 611～613 頁。

〔註 5〕〔宋〕朱熹：《癸未垂拱奏箚一》，《晦庵先生朱文公文集》卷 13，《朱子全書》第 20 冊，上海：上海古籍出版社；合肥：安徽教育出版社，2010 年，第 632 頁。

根本區別：一個是以性命爲眞實，一個是以性命爲空虛；一個無論是動靜語默，還是應物修身，無不是萬理粲然於其中，體用一原，顯微無間，治心、修身、齊家、治國，無一事之非理；一個是「徒知寂滅爲樂，而不知其爲實理之原，徒知應物見形，而不知其有眞妄之別也」，因而是「無所救於滅理亂倫之罪、顚倒運用之失也」，鮮有不害於政事者。正是由於釋老之學的虛幻性與迷惑性，程顥將釋老之學視爲「正路之榛蕪，聖門之蔽塞」，認爲「闢之而後可與入道」〔註 6〕。通過對釋老之學與儒學不同的比較，及其危害性的闡述，朱熹將釋老之學視爲儒學的頭號大敵，欲闢之而後快，只要一有機會，便在其封事奏箚及著作中，加以批判與反駁。

4.1.1.2 帝王之學不是管商功利之說

　　自從宋代「道德性命」之學興起以來，理學家們大多認爲自三代以下，尤其是漢唐以來，王道駁雜不純，多爲追求功利權謀、治國富民之術的霸道政治。由於「學與政非二物，顧所學者爾：學帝王仁義之術，則爲德政；學霸者刑名之術，則爲刑政。」〔註 7〕學術與政治實爲一體之兩面，所以宋代士大夫十分重視「學」對帝王修身立德及政治理念的引導。對此朱熹同樣認爲，正是由於「儒者之學不傳，而堯、舜、禹、湯、文武以來轉相授受之心不明於天下」，所以「漢唐之君雖或不能無暗合之時，而其全體卻只在利欲上。」〔註 8〕造成了以霸力與權術治理天下的局面，未能實現二帝三王的政治理想模式。而管商之學正好是以功利權謀、駕馭臣民之術實現富國強兵的霸道政治爲其特徵，雖然在短期內能夠收到一定的成效，但是從宋朝推行的實際效果來看，則是「國日益貧、兵日益弱，所謂近效者，亦未之見。」反而是「聖賢所傳生財之道、理財之義、文武之怒、道德之威，則固所以爲富強之大」的治國原則與爲政理念，未能明於天下，從而使得國家的政治治理本末倒置，難以實現眞正的王道政治。〔註 9〕因而朱熹將管商功利之學排斥在帝王之學的範圍之外，並特別注重王霸義利之辨。

〔註 6〕　〔宋〕朱熹：《戊申封事》，《晦庵先生朱文公文集》卷 11，《朱子全書》第 20
　　　　 冊，上海：上海古籍出版社；合肥：安徽教育出版社，2010 年，第 611 頁。
〔註 7〕　〔宋〕王十朋：《經筵講義》，《梅溪集・後集》卷 27，文淵閣四庫全書本。
〔註 8〕　〔宋〕朱熹：《答陳同甫》，《晦庵先生朱文公文集》卷 36，《朱子全書》第 21
　　　　 冊，上海：上海古籍出版社；合肥：安徽教育出版社，2010 年，第 1588 頁。
〔註 9〕　〔宋〕朱熹：《戊申封事》，《晦庵先生朱文公文集》卷 11，《朱子全書》第 20 冊，
　　　　 上海：上海古籍出版社；合肥：安徽教育出版社，2010 年，第 611～613 頁。

4.1.1.3 帝王之學不是記誦詞章之學

自帝王之學產生之日起，便因其教育對象的特殊性，必然與士大夫之學不同。其「學堯舜之道，務知其大指，必可舉而措之天下之民」的為學追求，〔註10〕決定了帝王不能像士大夫那樣以文詞為工、以博記為能。朱熹認為孝宗即位以來，所學的不過是「諷誦文辭、吟詠性情而已」的記誦詞章之學，很容易使人陷入字詞章句訓詁等瑣碎知識，或沉迷於文章辭藻的華美豔麗之中，這些都是「非所以探淵源而出治道」。〔註11〕這種「涉獵記誦而以雜博相高，割裂裝綴而以華靡相勝」的學問，「反之身則無實，措之事則無當」，對身心修養、立身處世、治國理政的實踐並無益處，因而是「學之邪也，」〔註12〕不能列入帝王之學的範圍。此外，朱熹對那些「限於程序」，使得帝王所聞「不過詞章記誦之習」的勸講官們也進行了批評，〔註13〕認為他們未能承擔起應有的職責，通過經典詮釋與講讀，以儒家之經旨要義引君於道，只是「應文備數」，拘泥於字詞訓釋、雕章琢句的俗儒所為，沒有發揮應有的「箴規之效」的作用。〔註14〕

4.1.1.4 儒家正學（理學）的確立

正是由於「俗儒記誦詞章之習，其功倍於小學而無用；異端虛無寂滅之教，其高過於大學而無實。其他權謀術數，一切以就功名之說，與夫百家眾技之流，所以惑世誣民，充塞仁義」，使「君子不幸而不得聞大道之要」，所以它們都不是帝王之學。〔註15〕朱熹心目中理想的帝學就是儒家「正學」，這乃是「古先聖賢之說」的「天經地義自然之理」，即使是堯、舜、禹、湯、文、武、周、孔之聖，顏、曾、伋、軻之賢，也必須遵從而不能

〔註10〕〔宋〕范祖禹撰，陳曄校釋：《帝學校釋》，上海：華東師範大學出版社，2015年，第74頁。

〔註11〕〔宋〕朱熹：《壬午應詔封事》，《晦庵先生朱文公文集》卷11，《朱子全書》第20冊，上海：上海古籍出版社；合肥：安徽教育出版社，2010年，第572頁。

〔註12〕〔宋〕朱熹：《己酉擬上封事》，《晦庵先生朱文公文集》卷12，《朱子全書》第20冊，上海：上海古籍出版社；合肥：安徽教育出版社，2010年，第619頁。

〔註13〕〔宋〕朱熹：《癸未垂拱奏奏劄一》，《晦庵先生朱文公文集》卷13，《朱子全書》第20冊，上海：上海古籍出版社；合肥：安徽教育出版社，2010年，第632頁。

〔註14〕〔宋〕朱熹：《戊申封事》，《晦庵先生朱文公文集》卷11，《朱子全書》第20冊，上海：上海古籍出版社；合肥：安徽教育出版社，2010年，第597頁。

〔註15〕〔宋〕朱熹：《大學章句序》，《四書章句集注》，北京：中華書局，2011年，第3頁。

違。〔註16〕因此，當今帝王若想「奉承天錫神聖之資而躋之堯舜之盛」，就必須學習格物致知「以極乎事務之變」，誠意正心「而所以應天下之務」的「古者聖帝明王之學」，其精髓被「自古聖人口授心傳而見於行事」，筆之於《六經》之中，以示後世之為天下國家者。而「其本末終始先後之序尤詳且明者」，又承載在《大學》之中。〔註17〕由此可見，朱熹要確立的帝王之學就是與俗儒記誦辭章之學、管商功利之說、釋老空無之道不同的，由堯舜至孔孟等聖聖相傳，貫本末立大中的儒家正學。

此外，朱熹倡明儒家正學，還有一層更重要的意義，就是以程朱「理學」為正學。朱熹認為堯舜等聖聖相傳之「道統」與孔孟儒家之「學統」，至漢代以下已失其傳，以至於異端之說日新月盛，「老、佛之徒出，則彌近理而大亂真矣」，〔註18〕造成了儒學式微及國家政治的混亂。如果說漢唐之儒未能繼承孔孟之道，將儒學變成了章句訓詁之學與政治功利之術的話，那麼，即使是到了宋代，也有很多的士大夫表面上是講儒學，但實際上仍不是儒家「正學」。如王安石所倡導的儒學，是政府所推崇的顯學，並指導了熙寧變法的政治實踐。但是由於王安石之學不劃儒、釋疆界，其所謂的「道德性命」之說，假借釋氏太多，〔註19〕以至於祖虛無而害實用，「學術不正當，遂悞天下」〔註20〕，造成了變法失敗及政局動盪。基於對王安石變法失敗的反思，他特別強調千百年來惟有「河南程顥及其弟頤始得孔孟以來不傳之緒」以「開示學者」，以《大學》為「孔氏遺書」與「初學入德之門」，繼承了堯舜等聖帝明王之道〔註21〕，真正代表了儒家「正學」與「道統」。只有通過像程顥、程頤般的「真儒」給帝王講述儒家「正學」，才能用實現以「道統」規範「治統」，致君堯舜，重構政治社會秩序的王道理想，進一步確立了程朱學派及其所開創的理

〔註16〕〔宋〕朱熹：《戊申封事》，《晦庵先生朱文公文集》卷11，《朱子全書》第20冊，上海：上海古籍出版社；合肥：安徽教育出版社，2010年，第613頁。

〔註17〕〔宋〕朱熹：《壬午應詔封事》，《晦庵先生朱文公文集》卷11，《朱子全書》第20冊，上海：上海古籍出版社；合肥：安徽教育出版社，2010年，第572頁。

〔註18〕〔宋〕朱熹：《中庸章句序》，《四書章句集注》，北京：中華書局，2011年，第16～17頁。

〔註19〕余英時：《朱熹的歷史世界》，北京：生活·讀書·新知三聯書店，2011年，第51頁。

〔註20〕〔宋〕黎靖德：《朱子語類》卷127，北京：中華書局，1986年，第3046頁。

〔註21〕〔宋〕朱熹：《經筵講義》，《晦庵先生朱文公文集》卷15，《朱子全書》第20冊，上海：上海古籍出版社；合肥：安徽教育出版社，2010年，第692頁。

學在帝學建構中的作用與地位。可見，朱熹所倡導的儒家正學，其實質就是宋代興起的理學（道學）。〔註22〕

朱熹爲什麼會如此重視學之「正」與「不正」的探討與辨析呢？首先，這是由當時社會政治結構所決定的。由於在當時的君主政體下，帝王是一切權力的源頭，其學識修養、視聽言動無不關涉到國家之治亂與百姓之憂戚。天下之事的根本就在於君心之「正」與「不正」，而君心之邪正又係之於學之邪正。所以要想影響帝王及其政治實踐，就「必須從皇帝的教育開始，別的都還在其次」。〔註23〕所謂「學之正而心有不正者鮮矣，學之邪而心有不邪者亦鮮矣」。〔註24〕教育皇帝的關鍵，在於用什麼樣的學說及其價值理念影響帝王，講明正理，啓沃君心，進而推及政治。由於辭章、功利、佛老之學，「反之身則無實，措之事則無當」，所以是「學之邪也。」而儒家之學則是「味聖賢之言以求義理之當，察古今之變以驗得失之幾，而必反之身以踐其實」，因而是「學之正也」。〔註25〕只有以理學作爲指導帝王正心修身、治國理政的儒家「正學」，才有可能引導帝王於儒家價值觀念的「正道」，並進而規範治統，成君德立帝業。

其次，朱熹重視有關正學的探討，還與宋代整體政治文化有關。由於宋代諸帝多好佛老之說，無論是宋室全盛時，還是南渡以來，「君相皆崇尙三寶，其時尊宿，多奉敕開堂，故有祝頌之詞，帝王之道，祖師之法，交相隆重。」〔註26〕如宋太宗認爲「浮屠氏之教有裨政治」；〔註27〕神宗元豐間，曾留呂公著「極論治體，至三皇無爲之道，釋老虛寂至理」。〔註28〕因而，皇帝崇信釋氏，士大夫好禪，是「宋代政治文化的一個基本特徵」，〔註29〕也是士大夫振

〔註22〕 本文所言的「理學」即指程朱理學，亦稱道學，是在狹義的意義上使用「理學」的概念。

〔註23〕 〔美〕劉子健：《中國轉向內在：兩宋之際的文化內向》，江蘇人民出版社，2002年，第94頁。

〔註24〕 〔宋〕朱熹：《己酉擬上封事》，《晦庵先生朱文公文集》卷12，《朱子全書》第20冊，上海：上海古籍出版社；合肥：安徽教育出版社，2010年，第619頁。

〔註25〕 〔宋〕朱熹：《己酉擬上封事》，《晦庵先生朱文公文集》卷12，《朱子全書》第20冊，上海：上海古籍出版社；合肥：安徽教育出版社，2010年，第619頁。

〔註26〕 陳垣：《清初僧諍記》，北京：中華書局，1962年，第90頁。

〔註27〕 〔宋〕李燾：《續資治通鑒長編》卷24「太平興國八年十月甲申條」，北京：中華書局，2004年，第554頁。

〔註28〕 〔宋〕范祖禹撰，陳曄校釋：《帝學校釋》，上海：華東師範大學出版社，2015年，第157頁。

〔註29〕 余英時：《朱熹的歷史世界》，北京：生活‧讀書‧新知三聯書店，2011年，第67頁。

興儒學，重建秩序最大的阻礙。尤其是朱熹之時的孝宗皇帝，不僅「頗留意於老子、釋氏之書」，〔註30〕「分治心、治身、治人以爲三術，而以儒者之學爲最下，」〔註31〕而且又沉迷記誦詞章之學，兼信管商功利之說，所學龐雜。因此朱熹首闢佛老，而及管商功利之說、俗儒詞章之學，力圖通過對什麼不是帝王之學的辨析與論證，確立以儒家正學爲主導的帝學經典體系，凸顯了理學在帝學中的「正宗」地位，解答了帝王學什麼的問題。

4.1.2　帝學架構：《大學》

帝王之學以理學爲「正學」，那麼是否有方便易入的法門，讓日理萬機的帝王能夠比較快捷地掌握儒家經典的義理奧蘊呢？朱熹對儒家經典體系有一個重要的看法，相對於《六經》而言，《四書》則是學者爲學成聖、修身立德的方便法門。而在《四書》之中，又「須熟究《大學》做間架，卻以他書塡補去」，〔註32〕儒學的爲學之序應該是：「先讀《大學》，以定其規模；次讀《論語》，以立其根本；次讀《孟子》，以觀其發越；次讀《中庸》，以求古人之微妙處」〔註33〕，然後及乎《六經》」。〔註34〕以《大學》爲《四書》之首，《四書》又爲《六經》學習的必由之路，可見《大學》在朱熹思想體系建構與進學次第中的重要地位。朱熹這一個看法，也深刻影響了他對帝學經典體系的看法。朱熹在《經筵講義》中特別強調《大學》就是「大人之學」。〔註35〕他爲位居九五之尊的帝王講「大學之道」的目的，就在於引導帝王以《大學》的三綱領、八條目爲脈絡與框架，深入探尋蘊涵在經典背後的「修身、齊家、治國平天下之道」，〔註36〕以此指導帝王治國平天下的經世事業。

〔註30〕　〔宋〕朱熹：《壬午應詔封事》，《晦庵先生朱文公文集》卷11，《朱子全書》第20冊，上海：上海古籍出版社；合肥：安徽教育出版社，2010年，第572頁。

〔註31〕　〔宋〕朱熹：《戊申封事》，《晦庵先生朱文公文集》卷11，《朱子全書》第20冊，上海：上海古籍出版社；合肥：安徽教育出版社，2010年，第612頁。

〔註32〕　〔宋〕黎靖德：《朱子語類》卷14，北京：中華書局，1986年，第250頁。

〔註33〕　〔宋〕黎靖德：《朱子語類》卷14，北京：中華書局，1986年，第249頁。

〔註34〕　〔宋〕朱熹：《書臨漳所刊四子後》，《晦庵先生朱文公文集》卷82，《朱子全書》第24冊，上海：上海古籍出版社；合肥：安徽教育出版社，2010年，第3895頁。

〔註35〕　〔宋〕朱熹：《經筵講義》，《晦庵先生朱文公文集》卷15，《朱子全書》第20冊，上海：上海古籍出版社；合肥：安徽教育出版社，2010年，第691頁。

〔註36〕　〔宋〕朱熹：《經筵講義》，《晦庵先生朱文公文集》卷15，《朱子全書》第20冊，上海：上海古籍出版社；合肥：安徽教育出版社，2010年，第691～692頁。

　　《大學》爲何在儒家正學中具有如此重要的地位，並成爲了架構帝王之學的首要經典與理論框架呢？這是由《大學》自身的思想內涵、結構特點、爲學次第等因素所決定的。

4.1.2.1　《大學》的思想內涵

　　從其思想內涵而言，《大學》濃縮了《六經》的經旨脈絡，承載了堯舜等聖王授受的心法之要。朱熹認爲《大學》就是「古者聖帝明王之學」，其「格物致知」、「誠意正心」，就是堯舜所謂「精一」與「執中」，而「自古聖人的口授心傳見於行事者，惟此而已。」堯舜等聖聖口授心傳的心法要旨，至孔子時集闕大成，筆之以爲《六經》，作爲治理天下的常經。而「於其間語其本末終始先後之序尤詳且明者，則今見於戴氏之記，所謂《大學》篇者是也」。〔註37〕可見，儒家的精神價值與理想追求主要承載在《六經》之中，而《六經》的經旨脈絡則詳細而明白地體現在《大學》之中。因此，「《大學》是爲學綱目。先通《大學》，立定綱領，其他經皆雜說在裏許。」〔註38〕如果先通《大學》，再去看其他經典，「方見得此是格物、致知事；此是正心、誠意事；此是修身事；此是齊家、治國、平天下事。」〔註39〕掌握了《大學》的綱目，帝王爲學便有了一個框架與方向，便於其更好地掌握經旨義理，用之於修身立德、治國理政的實際。帝王苟惟不學，學則必「主乎此」。〔註40〕沿《大學》而入，即可依其經旨脈絡掌握古先聖王之要道，有補於天下之治亂。所以程顥、程頤將其視爲「孔氏遺書」與「初學入德之門」，凡是「後之君子欲修己治人而及於天下國家者」，必不可「舍是而他求」。〔註41〕朱熹更是將其視爲「不可不熟講」的帝王之學，希望帝王「少留聖意於此遺經，延訪眞儒深明闕旨者，置諸左右，以備顧問，研究充擴，務於至精至一之地，知天下國家之所以治者不出乎此，然後知體用之一原、顯微之無間，而獨得乎堯、舜、禹、湯、文、武、周公、孔子之所傳矣，」以應當世無窮之變。〔註42〕要求帝王循《大學》而入，掌握

〔註37〕〔宋〕朱熹：《壬午應詔封事》，《晦庵先生朱文公文集》卷11，《朱子全書》第20冊，上海：上海古籍出版社；合肥：安徽教育出版社，2010年，第572頁。

〔註38〕〔宋〕黎靖德：《朱子語類》卷14，北京：中華書局，1986年，第252頁。

〔註39〕〔宋〕黎靖德：《朱子語類》卷14，北京：中華書局，1986年，第252頁。

〔註40〕〔宋〕朱熹：《壬午應詔封事》，《晦庵先生朱文公文集》卷11，《朱子全書》第20冊，上海：上海古籍出版社；合肥：安徽教育出版社，2010年，第572頁。

〔註41〕〔宋〕朱熹：《經筵講義》，《晦庵先生朱文公文集》卷15，《朱子全書》第20冊，上海：上海古籍出版社；合肥：安徽教育出版社，2010年，第692頁。

〔註42〕〔宋〕朱熹：《壬午應詔封事》，《晦庵先生朱文公文集》卷11，《朱子全書》第20冊，上海：上海古籍出版社；合肥：安徽教育出版社，2010年，第573頁。

堯舜等聖聖相傳之正學與正道，實現家國天下的治理。

4.1.2.2　《大學》的結構特點

　　從結構特點而言，《大學》具有「外有以極其規模之大，而內有以盡其節目之詳」的特點，〔註43〕提供了內聖與外王的雙向通道。它不僅闡發了明明德、新民、止於至善的修身治人底規模，而且指明了格物、致知、誠意、正心、修身、齊家、治國、平天下的爲學路徑，體現了「聖人做天下根本」，「明此以南面，堯之爲君也；明此以北面，舜之爲臣也」，〔註44〕《大學》既爲帝王，又爲士大夫提供了一條由內聖而及於外王的爲學修身、治國平天下的理想目標與實踐途徑，儒家的君臣之倫、治國之道無不體現在其中，系統地展示了儒術綱目與儒家工夫序列。此外，經朱熹重新釐定後的《大學》經傳，從邏輯結構上來看，不僅提綱契領，「細分條目，鉅細相涵，首尾相應，極爲詳備」，〔註45〕而且易於推尋，便於學者熟悉經文，把握綱領後，再「博考傳文，隨事體察而實致其力，」展現「意誠、心正、身修、家齊、國治、天下平之效」〔註46〕。能夠快捷明瞭地掌握大學主旨及進德修業的秩序，學習易見成效。作爲帝王而言，如果掌握了《大學》的綱領要義，則可以「秉本執要，醻酢從容，取是舍非，賞善罰惡，而姦言邪說無足以亂其心術」，〔註47〕通過「正心以正朝廷，正朝廷以正百官，正百官以正萬民」，〔註48〕成爲聖帝明君，成就王道政治。

4.1.2.3　進學次第與難易程度

　　就爲學次第與難易程度而言，《四書》與《六經》相較，朱熹認爲「《大學》、《中庸》、《論》、《孟》四書，道理粲然」，「若理會得此四書，何書不可讀！何理不可究！何事不可處！」〔註49〕《四書》中所蘊涵的道理明白粲然，

〔註43〕〔宋〕朱熹：《大學章句序》，《四書章句集注》，北京：中華書局，2011 年，第 3 頁。

〔註44〕〔宋〕黎靖德：《朱子語類》卷 14，北京：中華書局，1986 年，第 250 頁。

〔註45〕〔宋〕朱熹：《經筵講義》，《晦庵先生朱文公文集》卷 15，《朱子全書》第 20 冊，上海：上海古籍出版社；合肥：安徽教育出版社，2010 年，第 699 頁。

〔註46〕〔宋〕朱熹：《經筵講義》，《晦庵先生朱文公文集》卷 15，《朱子全書》第 20 冊，上海：上海古籍出版社；合肥：安徽教育出版社，2010 年，第 699 頁。

〔註47〕〔宋〕朱熹：《經筵講義》，《晦庵先生朱文公文集》卷 15，《朱子全書》第 20 冊，上海：上海古籍出版社；合肥：安徽教育出版社，2010 年，第 710 頁。

〔註48〕〔宋〕朱熹：《庚子應詔封事》，《晦庵先生朱文公文集》卷 11，《朱子全書》第 20 冊，上海：上海古籍出版社；合肥：安徽教育出版社，2010 年，第 581 頁。

〔註49〕〔宋〕黎靖德：《朱子語類》卷 14，北京：中華書局，1986 年，第 249 頁。

容易理解。而《六經》則是「其理載之於經者，則各有所主而不能相通也」，〔註50〕內容繁多，難以把握。所以說「《語》、《孟》、《中庸》、《大學》是熟飯，看其它經，是打禾爲飯」，〔註51〕「《詩》、《書》是隔一重兩重說，《易》、《春秋》是隔三重四重說。」〔註52〕《四書》直接體現了聖人之道，而《六經》是對聖人之道隱晦曲折的反映，〔註53〕所以朱熹又說：「《四子》，《六經》之階梯」。〔註54〕「必先使之用力乎《大學》、《論語》、《中庸》、《孟子》之言，然後及乎《六經》。蓋其難易、遠近、大小之序固如此而不可亂也」。〔註55〕確立了《四書》先於《六經》的爲學次第。

以《大學》與《論語》、《孟子》、《中庸》相較而言，「《大學》一篇有等級次第，總做一處，易曉，宜先看。《論語》卻實，但言語散見，初看亦難。《孟子》有感激興發人心處。《中庸》亦難讀，看三書後，方宜讀之。」〔註56〕《大學》層次分明，語言淺易，最易讀易懂。《論語》所記孔子言行，內容龐雜，思想散見各處；《孟子》言盡心知性知天，亦有難曉處；《中庸》言天道性命與誠明之道，「初學者未當理會」。〔註57〕因此，「蓋不先乎《大學》，無以提綱挈領而盡《論》、《孟》之精微；不參之《論》、《孟》，無以融貫會通而極《中庸》之歸趣；然不會其極於《中庸》，則又何以建立大本，經綸大經，而讀天下之書，論天下之事哉？以是觀之，則務講學者，固不可以不急於《四書》，而讀《四書》者，又不可不先於《大學》，亦已明矣。」〔註58〕所以《大學》爲《四書》之門徑，而《四書》爲《六經》之階梯。以《大學》爲起點，再研讀《論語》、《孟子》、《中庸》及其他儒學經典，則可以從不同的深度與

〔註50〕〔宋〕朱熹：《學校貢舉私議》，《晦庵先生朱文公文集》卷69，《朱子全書》第23冊，上海：上海古籍出版社；合肥：安徽教育出版社，2010年，第3359頁。

〔註51〕〔宋〕黎靖德：《朱子語類》卷19，北京：中華書局，1986年，第429頁。

〔註52〕〔宋〕黎靖德：《朱子語類》卷104，北京：中華書局，1986年，第2614頁。

〔註53〕朱漢民，肖永明：《宋代〈四書〉學與理學》，北京：中華書局，2009年，第351頁。

〔註54〕〔宋〕黎靖德：《朱子語類》卷105，北京：中華書局，1986年，第2629頁。

〔註55〕〔宋〕朱熹：《書臨漳所刊四子後》，《晦庵先生朱文公文集》卷82，《朱子全書》第24冊，上海：上海古籍出版社；合肥：安徽教育出版社，2010年，第3895頁。

〔註56〕〔宋〕黎靖德：《朱子語類》卷14，北京：中華書局，1986年，第249頁。

〔註57〕〔宋〕黎靖德：《朱子語類》卷62，北京：中華書局，1986年，第1479頁。

〔註58〕〔宋〕朱熹：《大學或問》，《朱子全書》第6冊，上海：上海古籍出版社；合肥：安徽教育出版社，2010年，第515頁。

廣度，更快捷地把握儒家經旨義理。從而確立了《大學》在《四書》學中的首要地位。可見，「《大學》不僅是『四書』的總綱，實際上也應成爲整個儒學的總綱——朱子龐大的理論體系，其實就主要是他根據其所闡發的《大學》精神所建構起來的。」〔註59〕

余英時曾經說過說：「皇帝所擁有的是最後的權源。任何帶有根本性質的變法或改制都必須從這個權力的源頭處發動。所以皇帝個人的意志是一個決定性的力量。」〔註60〕在中國傳統政治結構中，天子身處權力的核心，天下萬事萬物的根本就在於君主之一心，「故人主之心一正，則天下之事無有不正；人主之心邪，則天下之事無有不邪。」〔註61〕朱熹通過多年的學術思索與政治實踐，意識到正君心立紀綱乃是從根本上解決南宋王朝整體性危機的關鍵之所在。因而他特重《大學》「正心誠意」之學，〔註62〕力圖通過對《大學》的重新詮釋與闡發，按照儒家價值理念來引導君主，正君心立綱紀，規範國家政治運行，塑造堯舜之君。所以朱熹強調：「意不自欺，則心之本體可致其虛而無不正矣。心得其正，則身之所處可不陷於其所偏而無不修矣。身無不修，則推之天下國家亦舉而措之耳，豈外此而求之智謀功利之末哉？」〔註63〕《大學》不僅承載了古代聖帝明王之學與聖聖相傳心法之要，而且「爲『內聖』與『外王』之間提供了一往一來的雙軌通道，〔註64〕可以很好地承擔起引導君主正心修身而及於家國天下治理的任務與使命。可以說，朱熹確立以《大學》爲首而及《四書》、《六經》的爲學次第與規模，無非是想以《大學》的三綱領八條目，作爲帝王之學的理論框架與入學門徑，由此融會貫通其他

〔註59〕 丁爲祥：《學術性格與思想譜系——朱子的哲學視野及其歷史影響的發生學考察》，北京：人民出版社，2012 年，第 290 頁。

〔註60〕 余英時：《朱熹的歷史世界》，北京：生活・讀書・新知三聯書店，2011 年，第 231 頁。

〔註61〕 〔宋〕朱熹：《己酉擬上封事》，《晦庵先生朱文公文集》卷 12，《朱子全書》第 20 冊，上海：上海古籍出版社；合肥：安徽教育出版社，2010，第 618 頁。

〔註62〕 據《宋史・朱熹傳》記載：淳熙十五年，朱熹入朝奏事之前，「有要之於路，以爲『正心誠意』之論，上所厭聞，戒勿以爲言。熹曰：『吾平生所學，惟此四字，豈可隱默以欺吾君乎？』」可見誠意正心之學在其學術思想體系以及帝王之學中的分量。見：《宋史》卷 429，北京：中華書局，1985 年，第 12757 頁。

〔註63〕 〔宋〕朱熹：《經筵講義》，《晦庵先生朱文公文集》卷 15，《朱子全書》第 20 冊，上海：上海古籍出版社；合肥：安徽教育出版社，2010 年，第 697～698 頁。

〔註64〕 余英時：《朱熹的歷史世界》，北京：生活・讀書・新知三聯書店，2011 年，第 417 頁。

儒家經典，爲帝王提供一種學做聖人並成爲聖王的新範式。〔註65〕

4.2 帝學依據：天理人性

明確了帝王之學以理學爲正學，以《大學》爲思想框架而及於其他經典的爲學體系與範圍之後，接下來就是要解答帝王爲什麼要學，爲學的依據是什麼等問題，才能更好地說服君主，充分地認識自己的天理本性及現實使命，積極主動通過讀書，修身立德，「領會帝王身份被期待的行爲，把握必需的規範。」〔註66〕爲此，朱熹運用了其理學思想，從個體發展、歷史經驗及現實需要出發，予以了理論論證及邏輯說理。

4.2.1 個體去蔽復性、修身立德的需要

爲了將帝王納入爲學的軌道，朱熹以理學思想爲核心，以天理爲最高的本體與根源，通過天理論、心性論等命題與理論的運用，以人人皆有的天賦本然之性爲立足點，指出「學」對於所有人的普遍意義。

爲講明帝王爲學的依據及意義，朱熹在《經筵講義》的「大學」解題中，首先對人爲什麼要學，何以能學等問題進行了詮釋。他認爲「自天之生此民，而莫不賦之以仁、義、禮、智之性，敘之以君臣、父子、兄弟、夫婦、朋友之倫，則天下之理，固已無不具於一人之身矣。」〔註67〕每個人一生下來，就平等地被賦予了仁義禮智之性，這是天理在人身上的具體體現，本身是完滿具足的。但是同時，人又時時處在君臣、父子、兄弟、夫婦、朋友之倫的社會關係網路之中，「生而有血氣之身」，因而「不能無氣質之偏以拘之於前，而又有物欲之私以蔽之於後」。在氣質之偏與物欲之私的前後牽引、遮蔽之下，人「不能皆知其性，以至於亂其倫理而陷於邪僻也。」天理本然之性被遮蔽，人倫秩序遭到了破壞，社會政治動盪不安。這就是「古之聖王設爲學校，以教天下之人，使自王世子、王子、公、侯、卿、大夫、元士之適子以

〔註65〕〔美〕包弼德：《歷史上的理學》，杭州：浙江大學出版社，2012 年，第 117 ～119 頁。

〔註66〕鄧小南：《祖宗之法：北宋前期政治述略》，北京：生活・讀書・新知三聯書店，2014 年，第 397 頁。

〔註67〕〔宋〕朱熹：《經筵講義》，《晦庵先生朱文公文集》卷15，《朱子全書》第20冊，上海：上海古籍出版社；合肥：安徽教育出版社，2010 年，第 691 頁。

至庶人之子，皆以八歲而入小學，十有五歲而入大學」，上至天子下至庶人之子，都必須進入入小學、大學學習，以此去其氣質之偏、物欲之蔽，達到「以復其性，以盡其倫」的目的。〔註68〕

　　由此可見，「學」就是排除外在物欲干擾與自身氣質之偏，重新發現、恢復、擴充、實現自己與生俱來的特質，提升道德境界，積極地參與現實社會生活與天地造化的過程。而爲學的依據就在於人的天賦本然之性中，也即「理」中。這個「理」是「外而至於人，則人之理不異於己」，「遠而至於物，則物之理不異於人也」，必有當然之則而自不容已的天地萬物之本源與終極依據。〔註69〕也即「《書》所謂降衷，《詩》所謂秉彝，劉子所謂天地之中，子思所謂天命之性，孟子所謂仁義之心，程氏所謂天然自有之中，張載所謂萬物之一原，邵雍所謂道之形體者」。〔註70〕朱熹通過前人思想的汲取與改造，以「理」統合「天」、「性」、「道」、「命」、「仁義」等哲學命題，將「理」作爲最高本原，在「天」爲「道」、爲「命」，在「人」爲「性」、爲「仁義」，並在人性平等的基礎上確立了人人之爲學的可能性與必然性，也即人人皆可爲學向善、成聖成賢的終極依據。同時朱熹在「理」一的基礎上，又以「氣」稟之異與物欲之蔽詮釋了現實人性的差異，肯定了人之爲學的必要性與重要性。這樣，朱熹就在理、氣、性、命的內在關係的闡述中，從普遍意義上論證了爲「學」乃是個人變化氣質，修身立德的內在必然要求。即使是帝王也並非天生的道德權威，他和普通百姓一樣，既有天命之性，具有成爲聖人的可能性，同時也因氣質物欲之蔽，必須通過「學」以修身，才可能獲得與其政治地位相匹配的美德，成就聖王事業。

　　朱熹通過天理論、心性論等理學思想對《大學》進行了重新詮釋，將包括帝王在內的所有人都納入了爲學的軌道，爲其修身立德、安身立命提供了內在而超越的依據。從而使得《大學》既成爲初學入德之門，又爲帝王學爲聖王提供了理論框架與形上依據。這也是朱熹平生精力，盡在《大學》一書的根本原因。

〔註68〕〔宋〕朱熹：《經筵講義》，《晦庵先生朱文公文集》卷15，《朱子全書》第20冊，
　　　　　上海：上海古籍出版社；合肥：安徽教育出版社，2010年，第691～692頁。
〔註69〕〔宋〕朱熹：《經筵講義》，《晦庵先生朱文公文集》卷15，《朱子全書》第20冊，
　　　　　上海：上海古籍出版社；合肥：安徽教育出版社，2010年，第708～709頁。
〔註70〕〔宋〕朱熹：《經筵講義》，《晦庵先生朱文公文集》卷15，《朱子全書》第20冊，
　　　　　上海：上海古籍出版社；合肥：安徽教育出版社，2010年，第708～709頁。

4.2.2　帝王修己治人、治國理政的需要

　　朱熹認為帝王「學與不學」直接關係到「天下國家之治不治」。〔註 71〕
這既是歷史經驗教訓，也是現實治國的需要。首先，從歷史的角度而言，由
於先王之世，「自天子至於庶人無一人之不學，而天下國家所以治日常多而
亂日常少也」。通過學習教化提高作為社會成員個體的德性修養，是國家政
治與社會秩序穩定的保障。而在周代之後，由於聖賢不作，以至於「小學之
教廢而人之行藝不修，大學之教廢而世之道德不明」。即使是載有聖王思想
的經典存在，但是由於沒有「因其文以既其實，必求其理而責之於身」的碩
儒對經典進行正確的詮釋，引導學者透過文本探求蘊含在經典背後的真實與
本質，將體察到的天理與個人的身心實踐結合起來，因而使人常停留在「世
儒誦說口耳之資」的表面與淺層次的學習之中，致使「為君者不知君之道，
為臣者不知臣之道，為父者不知父之道，為子者不知子之道」。不僅「小學」
階段該修習的基本行為規範與知識技能未能完成，而且「大學」階段所應把
握的君臣父子夫婦之道也未能領悟，進而導致社會「風俗敗壞、人才衰乏」，
「天下之治日常少而亂日常多」，溯其根源，就在於「學不講之故也」。〔註
72〕千百年來，到了宋朝才有「河南程顥及其弟頤始得孔孟以來不傳之緒」
以「開示學者」，發揚孔孟之真精神以傳後世。〔註 73〕這樣，朱熹通過先王
之世與周代以後歷史經驗與社會狀況的對比總結，不僅指出了帝王之學與不
學直接關係到國家政治的治亂與人倫風俗的興廢，而且闡述了講「學」之成
敗與否的關鍵又在於是否有像程顥、程頤般的真儒講以明之，從而確立了理
學在帝學中的地位，以及經典詮釋的主體應該由什麼樣的人來闡釋，以及如
何闡釋的問題。

　　其次，從現實角度而言，帝王雖號稱「聰明之質性之於天，固非常情所能
窺度」，但是其一生下來，就生長於深宮之中，對民間的「稼穡艱難，容有未
盡知」，世間「人之情偽，容有未盡察」；「國家憲度，容有未盡習」；至於「學
道修身、立志揆事之本，制事御俗、發號施令之要，亦容有未能無待於講而後

〔註71〕 〔宋〕朱熹：《壬午應詔封事》，《晦庵先生朱文公文集》卷 11，《朱子全書》第
　　　　　20 冊，上海：上海古籍出版社；合肥：安徽教育出版社，2010 年，第 572 頁。
〔註72〕 〔宋〕朱熹：《經筵講義》，《晦庵先生朱文公文集》卷 15，《朱子全書》第 20
　　　　　冊，上海：上海古籍出版社；合肥：安徽教育出版社，2010 年，第 692 頁。
〔註73〕 〔宋〕朱熹：《經筵講義》，《晦庵先生朱文公文集》卷 15，《朱子全書》第 20
　　　　　冊，上海：上海古籍出版社；合肥：安徽教育出版社，2010 年，第 692 頁。

明者。」〔註74〕「學」對帝王個人瞭解民情風俗、修身立德、治國理政具有重大意義。同時由於帝王身處國家權力的中心，為天下萬事之根本，其心正則「天下之事無有不正」，其心一邪，「則天下之事無有不邪」。君主自身的心性修養對天下風氣的形成有著表率作用，所謂「表端而影直，源濁而流汙」。因而帝王通過師儒講明正學，開明其心，加強自我約束，提升德性修養，是國家為治的關鍵，所以「古先哲王欲明其德於天下者，莫不壹以正心為本」。〔註75〕帝王惟有玩經觀史、親近儒學、切劇治道，於已用力處益用力，方可「聰明日開，志氣日強，德聲日聞，治效日著，達致「堯、舜、湯、武之盛」，成就聖王事業。〔註76〕。所以相對於《大學章句》主要是為天下讀書人「初學入德」而做的詮釋，朱熹的《經筵講義》則是從帝王角度立論，以理學為正學，引導帝王正心修德，掌握「窮理、修身、齊家、治國、平天下之道」，〔註77〕提升德性修養，成就聖王功業，「卓然為萬世帝王之標準」。〔註78〕無論是歷史經驗教訓，還是現實為政需要，帝王要想成聖德出聖治，必由乎學。

　　通過對理、氣、性、命等哲學概念與命題的綜合運用，以及對歷史與現實的反思，朱熹不僅從普遍意義上提供了人之為學的形上依據，而且將帝王也納入了為學的範圍，揭示了帝王為學、立德、出治之間的緊密聯繫，從而為帝王接受儒家的價值理念與師儒教化，以道統規範治統做好了理論鋪墊。

4.3　帝學目標：內聖外王

　　帝王為學既是天理所賦予人的內在本質要求，又是帝王修己治人、治國

〔註74〕〔宋〕朱熹：《乞進德箚子》，《晦庵先生朱文公文集》卷14，《朱子全書》第20冊，上海：上海古籍出版社；合肥：安徽教育出版社，2010年，第674～675頁。

〔註75〕〔宋〕朱熹：《己酉擬上封事》，《晦庵先生朱文公文集》卷12，《朱子全書》第20冊，上海：上海古籍出版社；合肥：安徽教育出版社，2010年，第618～619頁。

〔註76〕〔宋〕朱熹：《乞進德箚子》，《晦庵先生朱文公文集》卷14，《朱子全書》第20冊，上海：上海古籍出版社；合肥：安徽教育出版社，2010年，第674～675頁。

〔註77〕〔宋〕朱熹：《經筵講義》，《晦庵先生朱文公文集》卷15，《朱子全書》第20冊，上海：上海古籍出版社；合肥：安徽教育出版社，2010年，第691頁。

〔註78〕〔宋〕朱熹：《行宮便殿奏箚二》，《晦庵先生朱文公文集》卷14，《朱子全書》第20冊，上海：上海古籍出版社；合肥：安徽教育出版社，2010年，第670頁。

理政的必然要求，那麼，朱熹所希望建構的帝學目標又是什麼呢？

通過對朱熹所上封事奏箚與《經筵講義》的梳理，可以發現，他所要確立的帝王之學的終極目標，就是要成就如堯舜般盛德至善、內聖外王合一的聖帝明王，也即融道德與政治權威於一體的理想聖王。他認為，作為一名經筵官，在講學時不應僅僅「碌碌隨群，解釋文義，時時陳說一二細微，以應故事」，注重字詞章句訓詁等知識層面的講解，而更應該承擔起「勸誦」的職責，〔註79〕引導君主通過儒家經典的學習與師儒教化，切劘治道，以至「德聲日聞，治效日著，四海之內瞻仰畏愛，如親父母」，達致「堯、舜、湯、武之聖」，〔註80〕提升其心性修養，成聖德益治道，惠及天下百姓。從朱熹《經筵講義》中對人皆可以為堯舜而參天地贊化育的肯定，對學於伊尹而刻銘自戒的成湯的讚美，對受師尚父丹書之戒的周武王的尊敬，對明明德於天下、儀刑萬邦的周文王的崇敬等，可知其心目中一以貫之的理想帝王是能夠達致盛德至善境界的聖王。如果能夠實現自己的目標，「以著明人主講學之效，卓然為萬世帝王之標準」，〔註81〕通過講學啓迪聖心，「上有補於聖明，下無負於所學」，〔註82〕即使是「退伏田野，與世長辭」，朱熹也是其猶未悔。〔註83〕

由於「人主之學與經生學士異，執經入侍者，必有以發明正理，開啓上心，然後可以無愧所學。訓詁云乎哉？抑誦說云乎哉？」〔註84〕朱熹針對帝王之學重在發明正理、啓沃君心的特點，在入侍經筵時，並沒有採用偏重章句訓詁的《大學章句》，而是重新撰寫以義理闡發為主的《經筵講義》進呈帝王。為幫助帝王牢固樹立學為堯舜的聖王理想，並確信其目標一定能夠實現，朱熹在《經筵講義》中，緊扣「大學之道，在明明德，在親民，在止於至善」的為學綱領，再次運用天理論、心性論等哲學概念與命題，對「明德」、「明

〔註79〕〔宋〕朱熹：《經筵留身面陳四事箚子》，《晦庵先生朱文公文集》卷14，《朱子全書》第 20 冊，上海：上海古籍出版社；合肥：安徽教育出版社，2010年，第 678 頁。

〔註80〕〔宋〕朱熹：《乞進德箚子》，《晦庵先生朱文公文集》卷14，《朱子全書》第20 冊，上海：上海古籍出版社；合肥：安徽教育出版社，2010 年，第 674 頁。

〔註81〕〔宋〕朱熹：《行宮便殿奏箚二》，《晦庵先生朱文公文集》卷14，《朱子全書》第 20 冊，上海：上海古籍出版社；合肥：安徽教育出版社，2010 年，第 670 頁。

〔註82〕〔宋〕朱熹：《戊申封事》，《晦庵先生朱文公文集》卷11，《朱子全書》第 20冊，上海：上海古籍出版社；合肥：安徽教育出版社，2010 年，第 614 頁。

〔註83〕〔宋〕朱熹：《行宮便殿奏箚二》，《晦庵先生朱文公文集》卷14，《朱子全書》第 20 冊，上海：上海古籍出版社；合肥：安徽教育出版社，2010 年，第 670 頁。

〔註84〕徐鹿卿：《辛酉進講》，《清正存稿》卷4，文淵閣《四庫全書》本。

明德」、「新民」、「至善」等內涵與關係，進行了系統的義理發揮與邏輯說理，確立了「天理」的最高本體與價值依據，以「明德」爲人之所以爲人的根本屬性，將帝王納入了「天理」所規範的範圍，要求帝王「遵循一套人人都能遵循的爲學方法」，根據理學的普世標準修身，〔註85〕爲帝王爲什麼能學爲聖王提供了具有理學色彩的理論論證與終極依據。

4.3.1　理氣與物欲：「明德」之「明」與「不明」

由於「大學之道」，「在明明德，在親民，在止於至善」，所以要成就聖王功業，就首先必須弄清楚「明德」是什麼。朱熹認爲明德就是「人之所得乎天，至明而不昧者也。」〔註86〕爲天之所賦予人的本然、至善、光明之性，是天命、天理在人身上的體現。

爲更好地說明「明德」的內涵，朱熹從「生之類」與「人之類」的角度，對明德的概念與內涵進行了深入的剖析與界定。由於「天道流行，發育萬物，而人物之生，莫不得其所以生者以爲一身之主。但其所以爲此身者，則又不能無所資乎陰陽五形之氣。」〔註87〕人、物之生乃是「所以生」之「理」與「所資」之「氣」相結合的結果。從本源上而言，理平等地賦予天地萬物，其間並無不同。但是同時，理又離不開氣，「而氣之爲物，有偏有正，有通有塞，有清有濁，有純有駁。」氣本身有偏正、通塞與清濁、純駁之別，所以從「生之類」而言，「得其正且通者爲人，得其偏且塞者爲物」。人爲得氣之「正且通者」，則「其所以生之全體無不皆備於我，而其方寸之間虛靈洞徹，萬理粲然，有以應乎事物之變而不昧，是所謂明德者也。」而「物」則因得氣之「偏且塞者」，「固無以全其所得以生之全體矣」，有「德」而不能「明」。因而有無「明德」，乃是「人之所以爲人而異於禽獸者」的根本標誌，也是人所以可爲堯舜而參天地贊化育的根本原因之所在。〔註88〕可見，朱熹從萬物造化的「生之類」角度，以天理爲最高本體與最終依據，以得「氣」之「通

〔註85〕〔美〕包弼德：《歷史上的理學》，杭州：浙江大學出版社，2012 年，第 136 ～137 頁。

〔註86〕〔宋〕朱熹：《經筵講義》，《晦庵先生朱文公文集》卷15，《朱子全書》第 20 冊，上海：上海古籍出版社；合肥：安徽教育出版社，2010 年，第 692 頁。

〔註87〕〔宋〕朱熹：《經筵講義》，《晦庵先生朱文公文集》卷15，《朱子全書》第 20 冊，上海：上海古籍出版社；合肥：安徽教育出版社，2010 年，第 693 頁。

〔註88〕〔宋〕朱熹：《經筵講義》，《晦庵先生朱文公文集》卷15，《朱子全書》第 20 冊，上海：上海古籍出版社；合肥：安徽教育出版社，2010 年，第 693 頁。

正」與「偏塞」區分人禽之別，從而將「明德」視爲人之所以爲人的根本屬性，爲人皆可以爲堯舜參化育，確立了形而上的理論依據與終極源泉。

同時，朱熹還從「人之類」的角度，以得「氣」之清濁純駁不齊，揭示了人之聖賢與愚不肖之別。人人雖然都平等地具有天賦「明德」之性，人皆可以爲堯舜而參化育，但是在實際生活中卻存在著聖、賢、愚、不肖等差別，並非人人都能夠成爲堯舜。這是因爲氣除了有通塞、偏正之別外，還有清濁、純駁之分。除了少數得氣「極清且純者，氣與理一，而自無物欲之蔽」的聖人外，「自其次而下」的賢者，「則皆已不無氣稟之拘矣」，更何況那些得氣之「濁」與「駁」的愚、不肖者呢？因此，眾人以其拘於氣稟之心，在接乎事物無窮之變時，面對世間各種紛繁複雜的誘惑，不由自主地走向了「目之欲色、耳之欲聲、口之欲味、鼻之欲臭、四肢之欲安佚」。氣稟之心與物欲之情「二者相因，反覆深固」，互相牽制，相互作用，相互淪陷，其心昧於「情欲利害之私」而不能自知，本有之明德日益昏昧，以至於離禽獸不遠，不可以「爲堯舜而參天地、贊化育」。〔註89〕這就是聖人施教，「既已養之於小學之中，而後開之以大學之道」的根本原因。從而確定了人必須通過學習教化，「發其明之之端」，而「致其明之之實」，充分體認、擴充本有之明德，學爲聖人的必要性。〔註90〕

朱熹之所以站在天地萬物化育的高度，從「生之類」與「人之類」的層面，對人、物之別，以及人與人之間的差別進行區分，無非是爲了明白透徹地向帝王講明天地之「正理」：帝王與普通人一樣，作爲天地萬物中的一員，平等地擁有「明德」之性，這是「天理」所賦予人的本質屬性與神聖使命，也是人皆可以爲堯舜的內在價值依據與動力源泉。同時人又因形氣之私與物欲之蔽，導致「明德」不「明」，所以需要通過學習儒家正學，掌握大學之道來變化氣質，彰顯、擴充本有之明德，成爲堯舜之君。從而將帝王納入了「天理」所規範的範圍，既爲其學爲聖王提供了形而上的理論依據，又要求他依「天理」而行，按照理學的普世標準修身，成爲「聖」、「王」合一的聖帝明王。

4.3.2 明明德的內涵：「自明」與「新民」

既然「明德」是人人皆有的本然之性，又爲什麼要「明明德」呢？

〔註89〕〔宋〕朱熹：《經筵講義》，《晦庵先生朱文公文集》卷15，《朱子全書》第20冊，上海：上海古籍出版社；合肥：安徽教育出版社，2010年，第693頁。

〔註90〕〔宋〕朱熹：《經筵講義》，《晦庵先生朱文公文集》卷15，《朱子全書》第20冊，上海：上海古籍出版社；合肥：安徽教育出版社，2010年，第693～694頁。

　　朱熹將「明」其「明德」之「明」解釋爲「明之」,「明明德」就是「明之(明德)而復其初也」,〔註91〕也就是將本然天賦之明德、至善之性恢復、彰顯出來。之所以要這樣做,是因爲人人雖皆有明德,但是在氣稟與物欲的雙重作用下,人所同得於天之「明德」昏暗不明,難以呈現,所以需要聖人施教,按照小學、大學的爲學秩序,先以格物致知「即其所養之中而發其明之端」,從日用常行中去發現、體會自身固有善性之萌芽與發端;然後繼之以誠意、正心、修身的工夫,「因其已明之端而致其明之之實」,使其本有之明德,「復得其本然之明」,實現道德之完善。〔註92〕

　　可見,明德雖爲人人所同有的天賦本然之性,但它是潛在而隱微難知的,一不小心就有可能被氣稟、物欲所遮蔽,從此沉淪不顯,因此需要後天持續不斷做格物致知、誠意正心的「明之」的工夫,才可能使明德不斷被體認、發現與彰顯。從「明德」到「明明德」,是個體通過「明之」的工夫,促使「明德」由內而外,由隱而顯、由己及人的逐漸彰顯、擴充、光明的動態發展過程。其中,個體本有之「明德」是「明明德」能夠被彰顯的內在依據與價值根源,而「明明德」則是「明德」的不斷外化與最終成效。「明明德」的過程,並不是人爲地通過外在強制去實行的,而是依循人「性分」之內的本然之「理」,不斷地去蔽復性,「自明」其「明德」的過程。所以說「明明德」者,是「非有所作爲於性分之外也」。〔註93〕人之爲學明善、修身立德而達於天下國家的動力源泉與價值依據,不在於外在的權威與規範,而在於個體的內在之本然。爲此,朱熹在「釋明明德」的傳文詮釋中,用帝堯與周文王的事蹟,特別強調「人之明德非他也,即天之所以命我,而至善之所存也。」指出「明德」作爲天命所賦予個體的本有至善之性,無論是事親事長,還是飲食起居,「其全體大用蓋無時而不發見於日用之間」,關鍵就在於能不能摒棄氣稟物欲之蔽而自明其明德,如果「能自明其明德,則能治其天下國家而有以新民矣。」〔註94〕以此激發帝王自明其明德而及於天下國家治

〔註91〕〔宋〕朱熹:《經筵講義》,《晦庵先生朱文公文集》卷15,《朱子全書》第20冊,上海:上海古籍出版社;合肥:安徽教育出版社,2010年,第692~693頁。

〔註92〕〔宋〕朱熹:《經筵講義》,《晦庵先生朱文公文集》卷15,《朱子全書》第20冊,上海:上海古籍出版社;合肥:安徽教育出版社,2010年,第694頁。

〔註93〕〔宋〕朱熹:《經筵講義》,《晦庵先生朱文公文集》卷15,《朱子全書》第20冊,上海:上海古籍出版社;合肥:安徽教育出版社,2010年,第694頁。

〔註94〕〔宋〕朱熹:《經筵講義》,《晦庵先生朱文公文集》卷15,《朱子全書》第20冊,上海:上海古籍出版社;合肥:安徽教育出版社,2010年,第700頁。

理的內在積極性與主動性。

同時，由於「明德」在「我」，是「人人之所同得，而非有我之得私」的本然之性，所以「我」可以依據天賦的、內在的至明不昧之性，自覺主動地「自明」其「明德」。同時，當「我」看見他人「同得乎此而不能自明」，甘心迷惑，沒溺於「卑汙苟賤之中而不自知」，就不由自主地「惻然而思有以救之」，燃起一股推己及人的內在動力，「推吾之所以自明者以及之」，「始於齊家，中於治國，而終及於平天下」，使他人「亦皆如我之有以自明，而去其舊染之污焉」，這就是所謂的「新民」。〔註95〕「新民」之所以可能，也就是因為他人亦有所謂的明德之性，這並非外力「有所付畀增益」的結果，而是一種自然而然、無需外力強制的過程。〔註96〕如果說「自明」是為了「成己」（新我），那麼，「明人」乃是為了「成人」（新民）。「成己」是「成人」的起點，而「成人」則是「成己」的完成，兩者相輔相成，密不可分，構成了「明明德」的一體兩面，體現了儒家「己欲立而立人，己欲達而達人」的一以貫之之道。〔註97〕因此，「明明德」實際上包含了「自明」（新我）與「明人」（新民）兩個相互關聯的層次與內涵。

但是，如果僅僅只停留在「自明」的層次而未能「新民」，則未能充分體現「天理」所賦予「我」的內在本然之性而為「私」，也就是所謂的「據己分之所獨有，而不得以通乎其外」，〔註98〕從而不能稱之為真正意義上的「明」其「明德」。朱熹認為如果匹夫以一家為私，則「不得以通乎其鄉」；鄉人以一鄉為私，則「不得以通乎其國」；諸侯以一國為私，則「不得以通乎天下」。天子如果有私心而不通之於天下，就會有私人、私費、私財，則使「天下萬事之弊莫不由此而出」，造成國家動亂，天下不可得而治的嚴重後果。〔註99〕由於「民之視效在君，而天之視聽在民。」君主的德行是天命轉移以及民心向背的

〔註95〕〔宋〕朱熹：《經筵講義》，《晦庵先生朱文公文集》卷15，《朱子全書》第20冊，上海：上海古籍出版社；合肥：安徽教育出版社，2010年，第692～694頁。

〔註96〕〔宋〕朱熹：《經筵講義》，《晦庵先生朱文公文集》卷15，《朱子全書》第20冊，上海：上海古籍出版社；合肥：安徽教育出版社，2010年，第694頁。

〔註97〕〔宋〕朱熹：《論語集注》，《四書章句集注》，北京：中華書局，2011年，第71頁。

〔註98〕〔宋〕朱熹：《戊申封事》，《晦庵先生朱文公文集》卷11，《朱子全書》第20冊，上海：上海古籍出版社；合肥：安徽教育出版社，2010年，第595頁。

〔註99〕〔宋〕朱熹：《戊申封事》，《晦庵先生朱文公文集》卷11，《朱子全書》第20冊，上海：上海古籍出版社；合肥：安徽教育出版社，2010年，第595～596頁。

關鍵，「若君之德昏蔽穢濁而無以日新，則民德隨之，亦爲昏蔽穢濁而日入於亂。民俗既壞，則天命去之，而國勢衰弊，無復光華。」因此自古聖王，都十分注意做自新新民的工夫。如商湯王受學於伊尹「刻銘於盤」自戒而至於聖，太甲受伊尹受丁寧之戒而「繼其烈祖之成德」，周武王受師尚父丹書之戒而爲「萬世帝王之法」等，〔註100〕均是自明其明德而新民的典範，值得後王模仿與效法。這也是「周雖舊邦」，因文王「聖德日新而民亦丕變」，導致天命維新而有天下的根本原因。如果天子能夠「有以自新而推以及民，使民之德亦無不新，則天命之新將不旋日而至矣」，〔註101〕國運長久，治理天下易如反掌。

此外，由於「德之在己而當明，與其在民而當新者，則又皆非人力之所爲；而吾之所以明而新之者，又非可以私意苟且而爲也。是其所以得之於天而見於日用之間者，固已莫不各有本然一定之則矣。」〔註102〕無論是「自明」還是「新民」，這都是天之所命於人的不容推卸、逃避的「本然一定之則」，因而無論是帝王還是普通人都有責任與義務，依據「天理」所賦之「性分」，自覺地「自明」其「明德」，並推之以「明人」，在「成己」與「成人」、「新我」與「新民」的雙向互動中，溝通「我」與他人、社會、自然，實現「人皆有以明其明德，則各誠其意，各正其心，各修其身，各親其親，各長其長，而天下無不平矣」的王道理想〔註103〕，建構人人安居樂業、社會和諧穩定、國家富強文明的合理秩序，展現了個體如何以「明德」爲基點，實現與他人、社會、世界的互動與貫通。至此，朱熹通過哲學化的理論論證與義理闡發，揭示了明明德的內涵以及明德與新民之間的互動關係，既體現了天地萬物之間的有機統一聯繫，又爲帝王及普通人安身立命，提升心性修養，成就聖王之道提供了內在價值依據與動力源泉，從而將儒家的倫理政治思想提升到宇宙本體論的高度，爲挽救南宋王朝的危機及建構合理的社會政治社會秩序，奠定了形而上學的本體論依據。

〔註100〕〔宋〕朱熹：《經筵講義》，《晦庵先生朱文公文集》卷15，《朱子全書》第20冊，上海：上海古籍出版社；合肥：安徽教育出版社，2010年，第702頁。

〔註101〕〔宋〕朱熹：《經筵講義》，《晦庵先生朱文公文集》卷15，《朱子全書》第20冊，上海：上海古籍出版社；合肥：安徽教育出版社，2010年，第702～703頁。

〔註102〕〔宋〕朱熹：《經筵講義》，《晦庵先生朱文公文集》卷15，《朱子全書》第20冊，上海：上海古籍出版社；合肥：安徽教育出版社，2010年，第694頁。

〔註103〕〔宋〕朱熹：《經筵講義》，《晦庵先生朱文公文集》卷15，《朱子全書》第20冊，上海：上海古籍出版社；合肥：安徽教育出版社，2010年，第696頁。

4.3.3 止於至善：明德、新民之標的

「明明德」的成就需要不斷明己而明人、自新而新民，那麼，明德與新民的標的又是什麼呢？那就是「止於至善」。朱熹釋之曰：「止者，必至於是而不遷之意。至善，則事理當然之極也。言明明德、新民皆當至於至善之地而不遷，蓋必其有以盡夫天理之極，而無一毫人欲之私也。」〔註104〕至善是「義理精微之極」，人欲淨盡的天理流行極致處，因其「不可得而名」，故姑且以「至善」目之。〔註105〕

由於「天生烝民，有物有則」，一物有一物之理，因而「所居之位不同，則所止之善不一」。〔註106〕不同地位、身份的人，其至善的要求是不一樣的：為人君止於仁，為人臣止於敬，為人子止於孝，為人父止於慈，與國人交止於信。〔註107〕這並不是外在強加給「我」的，而是「天理人倫之極致，發於人心之不容己者」的「人心天命之自然」〔註108〕，是「我」之內在的、本然的、自覺的要求。「眾人之心固莫不有是」，但是有些人「不能知」，有些人「雖或知之，而亦鮮能必至於是而不去」，因而「《大學》之教者所以慮其理雖覆而有不純，欲雖克而有不盡，將無以盡夫修己治人之道」，所以必以「至善」為「明德新民」之標的。凡是「欲明德而新民者」，都必須「求必至是而不容其少有過不及之差焉。」〔註109〕

同時，「至善」的目標的實現，又分為「知止」而後「得止」兩個階段。雖然從本源上而言，萬物之理無不相同，但從個體而言，「萬物庶事莫不各有當止之所」，所以「明德新民固皆欲其止於至善，然非先有以知其所當止之地，則不能有以得其所當止者而止之」。就如同射箭一樣，首先必須先「知其所當中之地」，確立方向與目標，然後才能實現「得其所當中者而中之」

〔註104〕〔宋〕朱熹：《經筵講義》，《晦庵先生朱文公文集》卷15，《朱子全書》第20冊，上海：上海古籍出版社；合肥：安徽教育出版社，2010年，第693頁。

〔註105〕〔宋〕朱熹：《經筵講義》，《晦庵先生朱文公文集》卷15，《朱子全書》第20冊，上海：上海古籍出版社；合肥：安徽教育出版社，2010年，第694～695頁。

〔註106〕〔宋〕朱熹：《經筵講義》，《晦庵先生朱文公文集》卷15，《朱子全書》第20冊，上海：上海古籍出版社；合肥：安徽教育出版社，2010年，第704頁。

〔註107〕〔宋〕朱熹：《經筵講義》，《晦庵先生朱文公文集》卷15，《朱子全書》第20冊，上海：上海古籍出版社；合肥：安徽教育出版社，2010年，第704頁。

〔註108〕〔宋〕朱熹：《經筵講義》，《晦庵先生朱文公文集》卷15，《朱子全書》第20冊，上海：上海古籍出版社；合肥：安徽教育出版社，2010年，第704～705頁。

〔註109〕〔宋〕朱熹：《經筵講義》，《晦庵先生朱文公文集》卷15，《朱子全書》第20冊，上海：上海古籍出版社；合肥：安徽教育出版社，2010年，第694～695頁。

的目的。〔註 110〕所謂「知止」就是通過「物格知至」的方式，致使「天下之事皆有以知其至善之所在」，知道「事事物物皆有定理」，何者當爲，何者不當爲，這就是「吾所當止之地」，從而便有了明確的目標與方向。因此當事至物來的時候，便可根據「定理」不動其心，志有定向，心不外馳，所處而安，從容閑暇，隨事觀理，極深研幾，深思熟慮，作出選擇，採取行動，最終達致「無不各得其所止之地而止之矣」的境地。這就是所謂的「知止而後有定，定而後能靜，靜而後能安，安而後能慮，慮而後能得」，人欲滅處，天理流行，「得止」於至善，實現明明德於天下的目標。〔註 111〕從「知止」到「得止」，就是「自明其明德而推以新民，使天下之人皆有以明其明德」的過程，也即使天下人通過格物致知的方式，「求其至善之所在」，按照天賦之「明德」與身份地位，「知其性分所固有，職分之所當爲，而各俛焉以盡其力」〔註 112〕，以「誠意以至於平天下」的正心修身等工夫，「求得夫至善而止之也」，〔註 113〕實現道德的完善，臻於至善境界。

4.3.4　盛德至善：聖王的德業事功

至善既爲明德、新民確立了目標與方向，又是明明德所要最終達到的境界與目的，止於至善即是明明德於天下的內聖外王目標的實現。那麼，這種內聖外王的目標的實現，又會呈現出什麼樣的狀態呢？朱熹將之形容爲「盛德至善，民不能忘」。

所謂「盛德」，就是「以身之所得而言也」；「至善」，就是「以理之所極而言也。」〔註 114〕具體到落實到日用倫常、家國治理的社會實踐中，就是通過格物致知體認天理之所在，洞察君臣父子等人倫道德規範，明確「因所居之位不同」而所應當止之善，並依循「天理人倫之極致，發於人心之不容己」的內在之本然，做精益求精、擇善固執的誠意正心工夫，不斷地向外擴充、

〔註 110〕〔宋〕朱熹：《經筵講義》，《晦庵先生朱文公文集》卷 15，《朱子全書》第 20 冊，上海：上海古籍出版社；合肥：安徽教育出版社，2010 年，第 695 頁。

〔註 111〕〔宋〕朱熹：《經筵講義》，《晦庵先生朱文公文集》卷 15，《朱子全書》第 20 冊，上海：上海古籍出版社；合肥：安徽教育出版社，2010 年，第 695 頁。

〔註 112〕〔宋〕朱熹：《大學章句序》，《四書章句集注》，北京：中華書局，2011 年，第 2 頁。

〔註 113〕〔宋〕朱熹：《經筵講義》，《晦庵先生朱文公文集》卷 15，《朱子全書》第 20 冊，上海：上海古籍出版社；合肥：安徽教育出版社，2010 年，第 696 頁。

〔註 114〕〔宋〕朱熹：《經筵講義》，《晦庵先生朱文公文集》卷 15，《朱子全書》第 20 冊，上海：上海古籍出版社；合肥：安徽教育出版社，2010 年，第 705 頁。

彰顯固有的「明德」之性，得「道」於己，而「輝光之著乎外」，己德既明而民德自新，人人各安其位，各盡其職，各修其身，各親其親，各長其長，從而建立一個和諧穩定、政治清明、百姓安居樂業的國家。〔註 115〕

正是由於前代的聖帝明王能夠率先依循其光明之性而「緝熙之」，「因事推窮以至其極，而又推類以盡其餘」，因其「敬止之功」，收其至善之驗，使得「天下後世無一物不得其所」，即使是已經沒世，而其「盛德至善，民不能忘。」其所以如此，是因其賢賢親親，樂樂利利德業事功的餘澤，仍然能讓百姓思慕至今：「蓋賢其賢者，聞而知之，仰其德業之盛也；親其親者，子孫保之，思其覆育之恩也。樂其樂者，含哺鼓腹而安其樂也；利其利者，耕田鑿井而享其利也。」〔註 116〕由此可見，眞正的聖王一定是「德」充之於「己」，而「惠」及於百姓的自新新民的典範。這些都是「先王盛德至善之餘澤，故雖已沒世，而人猶思之，愈久而不能忘。」〔註 117〕堯舜、文王等聖帝已經爲後王作出了表率，後世帝王當做「如切如磋」、「如琢如磨」的擇善固執、精益求精的修身工夫，自明而明人，自新而新民，知止而得止，成就盛德至善，民不能忘的德業事功，實現學爲堯舜的聖王理想。

朱熹緊扣《大學》三綱領，以理學思想爲內涵，深入地挖掘了天理與明德，自新與新民，以及至善之間的內涵與關係，以人人皆有的天理所賦「明德」之性，作爲聖王可學而至的內在依據，並從氣質物欲之蔽詮釋了通過後天的學習窮理明善的必要性，從而將包括帝王在內的所有人都納入了「天理」所規範的範圍，要求帝王與普通人一樣，按照理學的原則規範自身行爲與政治運作，做自新新民的工夫而臻於「至善」境界，實現道德的完善，並及於外王事功的成就。不僅爲帝王提供了一種學爲聖王的新範式，而且爲合理政治社會秩序的建構提供了理論論證。內聖外王之道的實現，實質就是己之明德逐漸由隱而顯、由暗至明、由內而外、推己及人，明明德於天下，學爲聖王的過程，這是「天下國家之達道通義，而爲人君者尤不可以不審」的正心修身、治國平天下的義理要旨。〔註 118〕體現了朱

〔註 115〕〔宋〕朱熹：《經筵講義》，《晦庵先生朱文公文集》卷 15，《朱子全書》第 20 冊，上海：上海古籍出版社；合肥：安徽教育出版社，2010 年，第 704～705 頁。

〔註 116〕〔宋〕朱熹：《經筵講義》，《晦庵先生朱文公文集》卷 15，《朱子全書》第 20 冊，上海：上海古籍出版社；合肥：安徽教育出版社，2010 年，第 705～706 頁。

〔註 117〕〔宋〕朱熹：《經筵講義》，《晦庵先生朱文公文集》卷 15，《朱子全書》第 20 冊，上海：上海古籍出版社；合肥：安徽教育出版社，2010 年，第 706 頁。

〔註 118〕〔宋〕朱熹：《經筵講義》，《晦庵先生朱文公文集》卷 15，《朱子全書》第 20

熹力圖借助天理的權威與普世原則約束帝王，以內聖修養作爲帝王外王事功開拓的根本前提，爲儒家仁政德治的王道理想實現提供理論依據，寄寓其以學術影響政治，以理學建構帝學，致君堯舜的理想追求，使得《大學》成爲眞正的「聖王」之學。

4.4　帝學的實現：「道」與「治」的融合

朱熹多年來致力於以《大學》建構帝王之學的目的，就在於通過《大學》的義理詮釋與思想建構，實現致君堯舜，道濟天下的王道理想。爲此，朱熹在《經筵講義》中，以理學思想爲內涵，以「大學之道，在明明德，在親民，在止於至善」爲綱領，爲帝王學爲堯舜提供了理論論證。但是要眞正實現聖王理想目標，還必須提供一套具有操作性的入道門徑與爲治之方。

由於「格物、致知、誠意、正心、修身者，明明德之事也；齊家、治國、平天下者，新民之事也。格物致知，所以求知至善之所在，自誠意以至於平天下，所以求得夫至善而止之也。所謂明明德於天下者，自明其明德而推以新民也。」〔註119〕《大學》明明德、新民、止於至善的爲學綱領與聖王目標，可具體化爲格物、致知、誠意、正心、修身、齊家、治國、平天下的「八條目」，可謂綱舉目張、層次分明地爲帝王由內聖而及於外王提供了清晰的方向與路徑。因此朱熹將理、氣、心、性等哲學概念與命題，一以貫之地運用於對「八條目」的義理詮釋之中，力圖將儒家的價值理念與信仰追求落實到帝王的正心修身、治國理政的具體實踐之中，實現「道」與「術」的融合，塑造理想的堯舜之君。

4.4.1　格物致知以明理：爲學最爲先務

朱熹認爲，在成就聖王的道路上，格物致知爲「《大學》第一義，修己治人之道無不從此而出」。〔註120〕它既是個體認識世界與自身，實現明明德於天下的理想的邏輯起點，又是儒家與釋老之學的根本區別之所在。所

　　　　册，上海：上海古籍出版社；合肥：安徽教育出版社，2010 年，第 696 頁。

〔註119〕〔宋〕朱熹：《經筵講義》，《晦庵先生朱文公文集》卷 15，《朱子全書》第 20
　　　　册，上海：上海古籍出版社；合肥：安徽教育出版社，2010 年，第 696 頁。

〔註120〕〔宋〕朱熹：《答宋深之》，《晦庵先生朱文公文集》卷 58，《朱子全書》第 23
　　　　册，上海：上海古籍出版社；合肥：安徽教育出版社，2010 年，第 2773 頁。

以朱熹汲取了程顥、程頤有關格物致知的思想，補寫了格物致知傳，作爲帝王爲學修身之首務。爲引導帝王致力於格物致知，朱熹就必須向帝王邏輯清晰地講清楚，格物致知的內涵是什麼，格物致知何以可能，如何格物致知等問題。

那麼，格物致知的內涵是什麼呢？朱熹汲取了程氏兄弟以「至」訓「格」，以「盡」釋「致」的思想，認爲「格，至也，物，猶事也」，所謂「格物」就是「窮至事物之理，欲其極處無不到也。」〔註121〕強調充分發揮自己的主觀能動性，即物求理，窮而至之，達致對事物之理極致的認識。只有做到了「事物之理各有以詣其極而無餘」，窮至其極，才能稱之爲眞正的「物格」〔註122〕。所謂「致知」，則是「致，推極也。知，猶識也。推極吾之知識，欲其所知無不盡也」。是將格物所窮之理推至極致，「則知之在我，亦隨所詣而無不盡。」〔註123〕從格物到致知是認識逐漸深化的過程，「格物只是就一物上窮盡一物之理，致知便只是窮得物理盡後，我之知識亦無不盡處，若推此知識而致之也。此其文義只是如此。纔認得定，便請依此用功。但能格物，則知自至，不是別一事也。」〔註124〕兩者你中有我，我中有你。格物是致知的基礎與條件，致知是格物的深化與完成；格物是對事物的研究、分析，歸納而獲得的事物之「理」，致知是對所獲之「理」的應用與推演。合而言之，格物致知就是通過向外即事窮理，向內推致吾心，使得「內外昭融、無所不盡」。〔註125〕外物之理與我心之理融會貫通，達到心與理一，獲得對「共同之理」的認識。

格物致知何以可能，並成爲必要呢？這是因爲「萬物各具一理，而萬理同出一原，此所以可推而無不通也」。〔註126〕正是由於萬物共同之理的存在，

〔註121〕〔宋〕朱熹：《經筵講義》，《晦庵先生朱文公文集》卷15，《朱子全書》第20冊，上海：上海古籍出版社；合肥：安徽教育出版社，2010年，第696頁。

〔註122〕〔宋〕朱熹：《經筵講義》，《晦庵先生朱文公文集》卷15，《朱子全書》第20冊，上海：上海古籍出版社；合肥：安徽教育出版社，2010年，第697頁。

〔註123〕〔宋〕朱熹：《經筵講義》，《晦庵先生朱文公文集》卷15，《朱子全書》第20冊，上海：上海古籍出版社；合肥：安徽教育出版社，2010年，第696～697頁。

〔註124〕〔宋〕朱熹：《答黃子耕》，《晦庵先生朱文公文集》卷51，《朱子全書》第22冊，上海：上海古籍出版社；合肥：安徽教育出版社，2010年，第2377～2378頁。

〔註125〕〔宋〕朱熹：《經筵講義》，《晦庵先生朱文公文集》卷15，《朱子全書》第20冊，上海：上海古籍出版社；合肥：安徽教育出版社，2010年，第697頁。

〔註126〕〔宋〕朱熹：《經筵講義》，《晦庵先生朱文公文集》卷15，《朱子全書》第20冊，上海：上海古籍出版社；合肥：安徽教育出版社，2010年，第708頁。

使得格物致知成爲可能，「以其理之同，故以一人之心而於天下之理無不能知」。〔註127〕可以從具體事物的分殊之理達致對天地萬物共同之理的認識。同時，萬物除了理一之外，還有氣稟「清濁偏正之殊」與物欲「淺深厚薄之異」，因而造成了聖與愚、人與物的不同，「以其稟之異，故於其理或有所不能窮也。理有未窮，故其知有不盡。知有不盡，則其心之所發必不能純於義理而無雜乎物欲之私。此其所以意有不誠、心有不正、身有不修，而天下國家不可得而治也」。〔註128〕氣稟與物欲的不同，使得格物致知成爲必要。否則任其發展下去，則會給天下國家的治理帶來災難性的後果。因此，「昔者聖人蓋有憂之」，通過小學而進乎大學之教，「窮究天下萬物之理而致其知識，使之周遍精切而無不盡也」，〔註129〕在萬物一體的終極境界與分殊的具體萬理之間，不斷地探知世界與自身，確定自己與世界的有機聯繫，爲提升爲自身生命價值，積極參與現實世界的構建提供內在的動力與價值源泉。

而格物致知的方法，則可根據不同的事物，從不同的途徑入手，「或考之事爲之著，或察之念慮之微，或求之文字之中，或索之講論之際，使於身心性情之德、人倫日用之常，以至天地鬼神之變、鳥獸草木之宜，莫不有以見其所當然而自不容已者」。〔註130〕具體問題具體分析，「各隨人淺深」，「今日格一件，明日又格一件」，但得一道而入，於一事上窮盡，便可透過現象而探究其本質與規律（理），「推類而通其餘」。〔註131〕同時，以主敬主一、莊整齊肅、收斂其心等方式，「從容反覆而日從事乎其間」，持之以恆，眞積力久，「以至於一日脫然而貫通焉，則於天下之理皆有以究其表裏精粗之所極，而吾之聰明睿知亦皆有以極其心之本體而無不盡矣」。〔註132〕萬物之「理」與心中之「理」相互印證，在日用倫常中達致對天地萬物之「理一」的認識，知其所

〔註127〕〔宋〕朱熹：《經筵講義》，《晦庵先生朱文公文集》卷15，《朱子全書》第20冊，上海：上海古籍出版社；合肥：安徽教育出版社，2010年，第709頁。

〔註128〕〔宋〕朱熹：《經筵講義》，《晦庵先生朱文公文集》卷15，《朱子全書》第20冊，上海：上海古籍出版社；合肥：安徽教育出版社，2010年，第709頁。

〔註129〕〔宋〕朱熹：《經筵講義》，《晦庵先生朱文公文集》卷15，《朱子全書》第20冊，上海：上海古籍出版社；合肥：安徽教育出版社，2010年，第709頁。

〔註130〕〔宋〕朱熹：《經筵講義》，《晦庵先生朱文公文集》卷15，《朱子全書》第20冊，上海：上海古籍出版社；合肥：安徽教育出版社，2010年，第709頁。

〔註131〕〔宋〕朱熹：《經筵講義》，《晦庵先生朱文公文集》卷15，《朱子全書》第20冊，上海：上海古籍出版社；合肥：安徽教育出版社，2010年，第707～708頁。

〔註132〕〔宋〕朱熹：《經筵講義》，《晦庵先生朱文公文集》卷15，《朱子全書》第20冊，上海：上海古籍出版社；合肥：安徽教育出版社，2010年，第708～709頁。

　　當然與所以然，實現天理論、工夫論的相互聯繫與相互貫通，從而爲個體安身立命，參贊天地化育奠定紮實的基礎。

　　此外，朱熹格物致知的對象，雖然包括鳥獸草木等自然物理，但其所「窮」之理的重心，卻是君臣、父子、夫婦、長幼、朋友等社會人倫之事與道德之理。〔註133〕因而其格物致知的實質是「所以求知至善之所在」，〔註134〕通過與外界事事物物的接觸，在日用倫常的踐履中，體認自身天賦之「明德」，充分發揮主體的道德自覺性，依循天理而行，不斷地摒去氣質、物欲之蔽，以至於明明德於天下而臻於至善。所以朱熹說，「格物致知之說者，所以使之即其所養之中而發其明之之端也」。〔註135〕也即程頤所說的「『致知在格物』，非由外鑠我也，我固有之也。因物有遷，迷而不知，則天理滅矣，故聖人欲格之。」〔註136〕格物致知是通過事事物物分殊之理的窮究，達致對「共同之理」與「至善」的體認，是「因其已明之端而致其明之之實」，做誠意、正心、修身工夫的前提。〔註137〕沒有格物致知的「求知至善之所在」的「知止」努力，就沒有「自誠意以至於平天下」的「求得夫至善而止之」的「得止」效驗。〔註138〕這種直面現實生活與世界，從日用倫常最切己處格物致知，是儒學與釋老之學的根本區別之所在，「識得，即事事物物上便有大本。不知大本，是不曾窮得也。若只說大本，便是釋老之學」〔註139〕。因此，朱熹特重格物致知在爲學修身中的重要意義，指出「《大學》是聖門最初用功處，格物又是《大學》最初用功處」。〔註140〕這種以格物爲起點進而可探知天地萬物之本體，確立自身安身立命、成己成物的終極價值依據的爲學方式，體現了儒學在日用倫常中追求內在超越，極高明而道中庸，參贊天地之化育的實踐精神與道德品格。

〔註133〕〔宋〕黎靖德：《朱子語類》卷15，北京：中華書局，1986年，第284頁。
〔註134〕〔宋〕朱熹：《經筵講義》，《晦庵先生朱文公文集》卷15，《朱子全書》第20冊，上海：上海古籍出版社；合肥：安徽教育出版社，2010年，第696頁。
〔註135〕〔宋〕朱熹：《經筵講義》，《晦庵先生朱文公文集》卷15，《朱子全書》第20冊，上海：上海古籍出版社；合肥：安徽教育出版社，2010年，第694頁。
〔註136〕〔宋〕程顥、程頤：《二程集》，北京：中華書局，1981年，第316頁。
〔註137〕〔宋〕朱熹：《經筵講義》，《晦庵先生朱文公文集》卷15，《朱子全書》第20冊，上海：上海古籍出版社；合肥：安徽教育出版社，2010年，第694頁。
〔註138〕〔宋〕朱熹：《經筵講義》，《晦庵先生朱文公文集》卷15，《朱子全書》第20冊，上海：上海古籍出版社；合肥：安徽教育出版社，2010年，第696頁。
〔註139〕〔宋〕黎靖德：《朱子語類》卷15，北京：中華書局，1986年，第290頁。
〔註140〕〔宋〕朱熹：《答宋深之》，《晦庵先生朱文公文集》卷58，《朱子全書》第23冊，上海：上海古籍出版社；合肥：安徽教育出版社，2010年，第2772頁。

　　為此，朱熹運用理學化的命題與理論，闡發了格物致知的內涵與依據等問題後，便將其重點落實到帝王及其子弟的為學修身工夫上來。認為他們「為臣為子之時」，如果沒有通過「涵養其本原」的「格物致知」工夫，幼時不知「小學之教」，長大之後就「無以進乎大學之道」，而一旦「君臨天下之日」，則「決無所恃以應事物之變而制其可否之命」，「其心乃茫然不知所以御之之術」，使得中外大小之臣皆得以「欺蔽眩惑於前，騁其擬議窺覦於後」，將給國家帶來大危大累。所以作為帝王應當「深思猛省，痛自策勵」，求其放心，實下工夫，「涵養本原而致其精明，以為窮理之本」，使得「奸言邪說無足以亂其心術」，方可以秉本執要，達致對天下的治理。〔註 141〕

4.4.2　誠意正心以修身：「正君心」之關鍵

　　如果說格物致知是「所以求知至善之所在」的「知」之始，那麼誠意正心則是「所以求得夫至善而止之」的「行」之始。格物致知之後，所要做的就是「實其心之所發，欲其一於善而無自欺」的誠意正心工夫。〔註 142〕這是用道心克制人心，摒棄氣質物欲之弊而「得此道於身」的關鍵階段，〔註 143〕所以朱熹將「正心誠意」作為其「平生之所學」，即使是「上所厭聞」，同僚「戒以勿言」，〔註 144〕他也固執地將其作為帝王之學的要旨，不厭其煩地勸誡帝王誠意正心以立紀綱而出治道。

4.4.2.1　誠意的內涵

　　「誠，實也。意者，心之所發也。」所謂「誠意」者，就是「實其心之所發，欲其一於善而無自欺也。」〔註 145〕依循天理之本然，紮紮實實做為善去惡，存天理滅人欲的工夫，以此正心修身立德。具體而言，誠意的內涵如下：

〔註 141〕〔宋〕朱熹：《經筵講義》，《晦庵先生朱文公文集》卷 15，《朱子全書》第 20 冊，
　　　　　上海：上海古籍出版社；合肥：安徽教育出版社，2010 年，第 709～710 頁。
〔註 142〕〔宋〕朱熹：《經筵講義》，《晦庵先生朱文公文集》卷 15，《朱子全書》第 20 冊，
　　　　　上海：上海古籍出版社；合肥：安徽教育出版社，2010 年，第 696～698 頁。
〔註 143〕關於「道」與「德」的關係，朱熹曰：「道者，古今共由之理，……德，便是
　　　　　得此道於身。」見：黎靖德：《朱子語類》卷 13，北京：中華書局，1986 年，
　　　　　第 231 頁。
〔註 144〕〔元〕脫脫：《朱熹傳》，《宋史》卷 429，北京：中華書局，1985 年，第 12757 頁。
〔註 145〕〔宋〕朱熹：《經筵講義》，《晦庵先生朱文公文集》卷 15，《朱子全書》第 20
　　　　　冊，上海：上海古籍出版社；合肥：安徽教育出版社，2010 年，第 710 頁。

第一，誠意是「毋自欺」。從本源上來講，「民之秉彝本無不善」，人人都具有天賦的善性，「故人心之發，莫不知善之當爲而欲爲之」，存在著爲善的可能性，知道什麼該做與什麼不該做。但是從現實生活而言，人又有「氣稟之雜、物欲之私有以害之」，從而導致「爲善之意有所不實而不免爲自欺」。〔註146〕在外物的誘導下，心之所發偏離了原本固有的軌道，「不能純一於善」而產生了自欺。〔註147〕具體表現爲「外有欲善之形，而其隱微之間常有不欲者以據乎內也；外有惡惡之狀，而其隱微之間常有不惡者以主乎中也。是以其外雖公而中則私，其形常是而心常否，是皆自欺之類也。」〔註148〕其實質就是表裏不一，內外割裂，內在意念與外在行爲不相吻合。誠意與自欺兩者相對而不相容，所謂誠意，就是要求「表裏內外，徹底皆如此，無纖毫絲髮苟且爲人之弊。」〔註149〕心之所發，表裏內外，徹頭徹尾，自始至終，純一於善而無自欺。

第二，誠意是「自慊」。「慊」就是「快也，足也。」自慊則是「心之所發在於好善，則表裏皆好」，「心之所發在於惡惡，則表裏皆惡」，一切依據自己本然的秉彝之善與事物之理，自然而然，無絲毫做作而行。「好善也如好好色，其惡惡也如惡惡臭」，喜歡就是喜歡，不喜歡就是不喜歡，於「方寸之間無有纖芥不快不足之處」，這就是所謂的「自謙而意之誠」也。〔註150〕可見，自謙是依循本然天性而行，在道德踐履過程中產生的一種愉悅、滿足、快樂的道德情感與心理體驗。自慊與誠意是統一的，做到了自謙，自然也就達到了意誠，「其隱微之間無非善之實者」。〔註151〕以「自慊」言「誠意」，實際就是爲了強調「誠意」其實就是發自內心深處的自然而然、自足自樂、表裏如一，順理順性的眞情實感。自欺與自謙正如誠意的正反兩面，勿自欺即可自謙而意誠。

〔註146〕〔宋〕朱熹：《經筵講義》，《晦庵先生朱文公文集》卷15，《朱子全書》第20
　　　　冊，上海：上海古籍出版社；合肥：安徽教育出版社，2010年，第711頁。
〔註147〕〔宋〕朱熹：《經筵講義》，《晦庵先生朱文公文集》卷15，《朱子全書》第20
　　　　冊，上海：上海古籍出版社；合肥：安徽教育出版社，2010年，第697頁。
〔註148〕〔宋〕朱熹：《經筵講義》，《晦庵先生朱文公文集》卷15，《朱子全書》第20
　　　　冊，上海：上海古籍出版社；合肥：安徽教育出版社，2010年，第711頁。
〔註149〕〔宋〕黎靖德：《朱子語類》卷16，北京：中華書局，1986年，第335頁。
〔註150〕〔宋〕朱熹：《經筵講義》，《晦庵先生朱文公文集》卷15，《朱子全書》第20
　　　　冊，上海：上海古籍出版社；合肥：安徽教育出版社，2010年，第712頁。
〔註151〕〔宋〕朱熹：《經筵講義》，《晦庵先生朱文公文集》卷15，《朱子全書》第20
　　　　冊，上海：上海古籍出版社；合肥：安徽教育出版社，2010年，第712頁。

　　第三，誠意當「愼獨」。所謂的「獨」就是「人所不知而己獨知之地也」，
〔註 152〕即人獨處獨思而不爲他人所見所知所感時的狀態。「愼獨」就是當個體
獨處獨思之時，當戒懼謹愼地規範自身的言行舉止，於人心之細微與隱密處
用力，深入體察，純於義理，除欲必盡，「不使一毫之私得以介乎其間」。〔註
153〕這是因爲「誠於中，形於外」，心中的所思所想，一定會相應地向外呈現。
如小人「閒居爲不善，無所不至」，看見君子然後掩其不善而著其善，但是「人
之視己，如見其肺肝然」，徒見「自欺而不足以欺人」。〔註 154〕小人在隱微之
間的爲惡，「其證必見於外」，如同「十目之所同視，十手之所同指」，〔註 155〕
人皆知之，無法掩飾。同樣，「富潤屋，德潤身」，生活富裕與道德高尚的人，
因「心無愧怍，則體常舒泰」，而其屋必美，其身必修，這也是「著理之必然」，
所以君子必謹其獨。〔註 156〕能否愼獨，是君子與小人的區別之所在，這就是
「君子所以必誠其意之指也。」〔註 157〕

　　第四，誠意以知至爲先。《大學》經文言：「欲誠其意者，先致其知。」〔註
158〕又言：「知至而後意誠」。〔註 159〕意誠是與知至相承接、連貫的過程。朱
熹說「意雖心之所發。然誠意工夫卻只在致知上做來。若見得道理無纖毫不
盡處，即意自無不誠矣。」〔註 160〕誠意以致知爲前提條件，意誠是知至的延
伸與結果。如果能夠做到知至，就可能把握事事物物的定理，做到「有主於
中，有地可據」，可「致謹於隱微之間」，其是非得失「皆有以剖析於毫釐之

〔註 152〕〔宋〕朱熹：《經筵講義》，《晦庵先生朱文公文集》卷 15，《朱子全書》第 20
　　　　冊，上海：上海古籍出版社；合肥：安徽教育出版社，2010 年，第 711 頁。

〔註 153〕〔宋〕朱熹：《經筵講義》，《晦庵先生朱文公文集》卷 15，《朱子全書》第 20
　　　　冊，上海：上海古籍出版社；合肥：安徽教育出版社，2010 年，第 712 頁。

〔註 154〕〔宋〕朱熹：《經筵講義》，《晦庵先生朱文公文集》卷 15，《朱子全書》第 20
　　　　冊，上海：上海古籍出版社；合肥：安徽教育出版社，2010 年，第 711 頁。

〔註 155〕〔宋〕朱熹：《經筵講義》，《晦庵先生朱文公文集》卷 15，《朱子全書》第 20
　　　　冊，上海：上海古籍出版社；合肥：安徽教育出版社，2010 年，第 712 頁。

〔註 156〕〔宋〕朱熹：《經筵講義》，《晦庵先生朱文公文集》卷 15，《朱子全書》第 20 冊，
　　　　上海：上海古籍出版社；合肥：安徽教育出版社，2010 年，第 711〜712 頁。

〔註 157〕〔宋〕朱熹：《經筵講義》，《晦庵先生朱文公文集》卷 15，《朱子全書》第 20 冊，
　　　　上海：上海古籍出版社；合肥：安徽教育出版社，2010 年，第 711〜712 頁。

〔註 158〕〔宋〕朱熹：《經筵講義》，《晦庵先生朱文公文集》卷 15，《朱子全書》第 20
　　　　冊，上海：上海古籍出版社；合肥：安徽教育出版社，2010 年，第 696 頁。

〔註 159〕〔宋〕朱熹：《經筵講義》，《晦庵先生朱文公文集》卷 15，《朱子全書》第 20
　　　　冊，上海：上海古籍出版社；合肥：安徽教育出版社，2010 年，第 697 頁。

〔註 160〕〔宋〕朱熹：《答王子合》，《晦庵先生朱文公文集》卷 49，《朱子全書》第 22
　　　　冊，上海：上海古籍出版社；合肥：安徽教育出版社，2010 年，第 2262 頁。

間」，心有所主而不爲私欲所移，因而「心之所發必無外善內惡」的自欺之蔽。反之，如果知有不至，則「其不至之處惡必藏焉」。〔註161〕知不盡乃是是非善惡產生的根源。一旦知之不盡，即使「致其謹獨之功」，心也會「無主之能爲而無地之可據」，〔註162〕容易爲物欲與氣稟所奪而難以正心修身。所以說：「知之者切，然後貫通得誠意底意思」，〔註163〕知至之極處，方可意誠；窮理到盡處，即是致知。所以格物、致知、誠意的「用力」之序不可亂。

如果說致知是知之始，那麼，誠意就是行之始；致知確立方向與目標，誠意則是將體認到的天理化外於行，所以求得夫至善的開端，因而朱熹將誠意作爲帝王正心修身之要加以強調。他在《經筵講義》誠意章的結尾處，聯繫帝王修身理政的實際，指出「若夫人君，則以一身託乎兆民之上，念慮之間一有不實，不惟天下之人皆得以議其後，而禍亂乘之，又將有不可遏者。甚爲可畏，又不止於十目所視、十手所指而已。願陛下於此深加省察，實用工夫，則天下幸甚。如其不然，則今日區區之講讀，亦徒爲觀聽之美而已，何益於治道有無之實，以窒夫禍亂之原哉？」〔註164〕由於帝王特殊的地位與權力，其意「誠」與「不誠」，將會直接影響到家國天下之治亂與民風之厚薄，因而作爲帝王更應該於誠意處深加審查，實下工夫，將所學習體會到的義理，驗之於身，體之於行，而有益於治道，非「徒爲觀聽之美」，失去了經筵講學明理修身出治的重要意義。

4.4.2.2 「正心」修身的工夫

朱熹爲宋寧宗講完《大學》「誠意」章後，因爲政治鬥爭等多種因素影響，被逐出了經筵講席，因而我們在《經筵講義》中無法看到他對《大學》「正心」章以後的義理詮釋。但是由於經筵官所講之學爲其一生學術思想與價值理念的濃縮，具有前後連貫一致的特點，所以通過朱熹入侍經筵前後所上的《壬午應詔封事》、《戊申封事》、《己酉擬上封事》等有關帝王之學的奏箚，亦可管窺一二。那麼，朱熹又是如何通過論證說理，引導帝王正心修身的呢？

〔註161〕〔宋〕朱熹：《經筵講義》，《晦庵先生朱文公文集》卷15，《朱子全書》第20冊，上海：上海古籍出版社；合肥：安徽教育出版社，2010年，第712頁。
〔註162〕〔宋〕朱熹：《經筵講義》，《晦庵先生朱文公文集》卷15，《朱子全書》第20冊，上海：上海古籍出版社；合肥：安徽教育出版社，2010年，第712頁。
〔註163〕〔宋〕黎靖德：《朱子語類》卷15，北京：中華書局，1986年，第299頁。
〔註164〕〔宋〕朱熹：《經筵講義》，《晦庵先生朱文公文集》卷15，《朱子全書》第20冊，上海：上海古籍出版社；合肥：安徽教育出版社，2010年，第712～713頁。

　　首先，朱熹以道心人心、天理人欲之分，剖析了帝王心之正與不正的根源。朱熹認爲，雖然心具有「至虛至靈，神妙不測」而「提萬事之綱」的功能，〔註165〕但是心之所主，又有天理、人欲之異。所謂的「天理」，就是「此心之本然」，爲「道心」的體現；所謂的「人欲」，就是「此心之疾疢」，也即「人心」的發用。〔註166〕天理與人欲，道心與人心，一個原於性命之正，一個生於形氣之私，其「所以爲知覺者不同」。因人物之生，無不是理、氣和合的結果，只要有人之形，雖上智，不能無人心；雖下愚，不能無道心，〔註167〕人人皆不可避免地同時具有道心與人心。作爲「本心之善」的道心，其體至微，隱而難見，在外界「利欲之功，不勝其眾」的誘惑下，「其間心體湛然、善端呈露之時，蓋絕無而僅有也」，〔註168〕天理之善與道心之微難以呈現，是以危殆而不安。道心與人心、天理與人欲，常「雜於方寸之間」，〔註169〕不時地交戰於中。如果循道心與天理而行，則「其心公而且正」；如果循人欲而行，則「其心私而且邪」，二者一分，則「公私邪正之塗判矣」，從而產生「公而正者逸而日休，私而邪者勞而日拙」，國家治亂安危之效「大相絕者」，而其發端處卻「在夫一念之間而已」。〔註170〕如對此「不知所以治之」，心無所主，就會產生「危者愈危，微者愈微」的後果，而致「天理之公，卒無以勝乎人欲之私」，〔註171〕物欲橫流，風俗頹敗，國家動亂。這也就是所謂舜告禹的「人心惟危，道心惟微。惟精惟一，允執闕中」之戒。〔註172〕天理與人欲，道心與人心的發端、萌芽之處，即是做正心修身工夫的關鍵點。

〔註165〕〔宋〕朱熹：《行宮便殿奏箚二》，《晦庵先生朱文公文集》卷14，上海：上海古籍出版社；合肥：安徽教育出版社，2010年，第669頁。

〔註166〕〔宋〕朱熹：《辛丑延和奏箚二》，《晦庵先生朱文公文集》卷13，《朱子全書》第20冊，上海：上海古籍出版社；合肥：安徽教育出版社，2010年，第639頁。

〔註167〕〔宋〕朱熹：《戊申封事》，《晦庵先生朱文公文集》卷11，《朱子全書》第20冊，上海：上海古籍出版社；合肥：安徽教育出版社，2010年，第591頁。

〔註168〕〔宋〕朱熹：《己酉擬上封事》，《晦庵先生朱文公文集》卷12，《朱子全書》第20冊，上海：上海古籍出版社；合肥：安徽教育出版社，2010年，第618～619頁。

〔註169〕〔宋〕朱熹：《戊申封事》，《晦庵先生朱文公文集》卷11，《朱子全書》第20冊，上海：上海古籍出版社；合肥：安徽教育出版社，2010年，第591頁。

〔註170〕〔宋〕朱熹：《辛丑延和奏箚二》，《晦庵先生朱文公文集》卷13，《朱子全書》第20冊，上海：上海古籍出版社；合肥：安徽教育出版社，2010年，第639頁。

〔註171〕〔宋〕朱熹：《戊申封事》，《晦庵先生朱文公文集》卷11，《朱子全書》第20冊，上海：上海古籍出版社；合肥：安徽教育出版社，2010年，第591頁。

〔註172〕王世舜，王翠葉譯注：《尚書·大禹謨》，北京：中華書局，2012年，第361頁。

　　其次，朱熹以惟精惟一與克己復禮的工夫，作爲正君心的根本方法。朱熹所謂的「精」，就是「察乎二者之間而不雜也」，區分道心與人心、天理與人欲之別；所謂的「一」就是「守其本心之正而不離也」。〔註173〕「惟精惟一」就是要依循天理與道心之本然，求其放心，居敬持志，終日儼然，常存此心，在惟微惟危處做工夫。日日從事於期間，無少中斷，「必使道心常爲一身之主，而人心每聽命焉」。讓道心主宰人心，以至於其動靜語默，出入起居，惟吾所使，而無不合於理。〔註174〕而孔子所謂的「克己復禮」之「己」，指的是「一身之私欲」，「禮」則爲「天理之節文」，其要義就在於「勝其私欲而復於禮」，使得「事皆天理而本心之德復全於我」。〔註175〕無論是惟精惟一，還是克己復禮，都是爲了實現私欲淨盡，天理流行，天下歸仁的目的。也即「《文言》所謂『學聚問辨』，《中庸》所謂『明善擇善』，《孟子》所謂『知性知天』。」〔註176〕因而堯舜的惟精惟一與孔子克己復禮的戒諫，「皆所以正吾心而爲天下萬事之本也。此心既正，則視明聽聰，周旋中禮，而身無不正。是以所行無過不及而能執其中，雖以天下之大，而無一人不歸吾之仁者」。〔註177〕勞少而功多，身修而國治，臻於至善，優入聖域而明明德於天下。

　　第三，以君心不正導致的系列後果，警醒帝王正心修身。由於在君主制國家，「天下之事，其本在於一人，而一人之身，其主在於一心。」〔註178〕君主身繫天下之重，其心之正與不正，直接關係到天下的根本。如果帝王在應事接物、治國理政的過程中，天理有未純，則「爲善常不能充其量」；人欲有未盡，則「除惡常不能去其根」。〔註179〕心如爲外物所迷惑而不知返，則「一

〔註173〕〔宋〕朱熹：《戊申封事》，《晦庵先生朱文公文集》卷11，《朱子全書》第20冊，上海：上海古籍出版社；合肥：安徽教育出版社，2010年，第591頁。

〔註174〕〔宋〕朱熹：《戊申封事》，《晦庵先生朱文公文集》卷11，《朱子全書》第20冊，上海：上海古籍出版社；合肥：安徽教育出版社，2010年，第591頁。

〔註175〕〔宋〕朱熹：《戊申封事》，《晦庵先生朱文公文集》卷11，《朱子全書》第20冊，上海：上海古籍出版社；合肥：安徽教育出版社，2010年，第591頁。

〔註176〕〔宋〕朱熹：《大學或問》，《朱子全書》第6冊，上海：上海古籍出版社；合肥：安徽教育出版社，2010年，第526頁。

〔註177〕〔宋〕朱熹：《戊申封事》，《晦庵先生朱文公文集》卷11，《朱子全書》第20冊，上海：上海古籍出版社；合肥：安徽教育出版社，2010年，第591頁。

〔註178〕〔宋〕朱熹：《己酉擬上封事》，《晦庵先生朱文公文集》卷12，《朱子全書》第20冊，上海：上海古籍出版社；合肥：安徽教育出版社，2010年，第618頁。

〔註179〕〔宋〕朱熹：《戊申延和奏箚五》，《晦庵先生朱文公文集》卷14，《朱子全書》第20冊，上海：上海古籍出版社；合肥：安徽教育出版社，2010年，第662頁。

身無主，萬事無綱」，〔註180〕其邪正之驗必著於外，「莫先於家人而次及於左右，然後有以達於朝廷而及於天下焉。」〔註181〕如果說普通百姓有私心，其影響至多爲一家、一鄉，而一旦天子「不能勝其一念之邪」而有私心，則不能「正其家人近習之故而至於有私人，以私心用私人，則不能無私費，於是內損經費之入，外納羨餘之獻，而至於有私財」，〔註182〕人君的私心雜念，將會而引發家不齊、左右不正、賢人不舉、綱維不振、軍政不修、民力困窮、國勢日頹等一系列的問題。〔註183〕雖然勵精求治，而天下之事愈至於不可爲。所以朱熹將正君心，視爲治理天下的根本，汲汲皇皇而求以正之。

反之，君主如果能「一念之萌，則必謹而察之，分別天理、人欲，「果天理也，則敬以擴之」，「果人欲也，則敬以克之」。不同的狀況採取不同的方法，並推而至於「言語動作之間、用人處事之際」，無不以天理裁之。知其爲是而行之，知其爲非而去之；知其爲賢而用之，知其爲不肖而退之。如此人主「聖心洞然，中外融徹，無一毫之私欲得以介乎其間」。〔註184〕一切以天理爲最高的原則與標準，修身立德，任賢使能，治國理政，則天下之事將惟人主之所欲，成就堯舜聖王之功業。所以朱熹在《經筵講義》中強調：「意不自欺，則心之本體可以致其虛而無不正矣。心得其正，則身之所處可不陷於其所偏而無不修矣。身無不修，則推之天下國家亦舉而措之耳，豈外此而求之智謀功利之末哉？」〔註185〕誠意正心是將體會到的天理落實到日用常行之間，得「道」於「身」而成「德」，進而達之天下國家治理的重要環節，體現了其帝王之學外王必以內聖爲本的致思方式與理論傾向。

〔註180〕〔宋〕朱熹：《行宮便殿奏箚二》，《晦庵先生朱文公文集》卷14，上海：上海古籍出版社；合肥：安徽教育出版社，2010年，第669～670頁。

〔註181〕〔宋〕朱熹：《戊申封事》，《晦庵先生朱文公文集》卷11，《朱子全書》第20冊，上海：上海古籍出版社；合肥：安徽教育出版社，2010年，第592頁。

〔註182〕〔宋〕朱熹：《戊申封事》，《晦庵先生朱文公文集》卷11，《朱子全書》第20冊，上海：上海古籍出版社；合肥：安徽教育出版社，2010年，第595～596頁。

〔註183〕〔宋〕朱熹關於正君心的天下大本與選任大臣、振舉綱維、變化風俗、愛養民力、修明軍政等六大「今日之急務」關係的闡述，詳見朱熹《戊申封事》第689至614頁，本文不再贅言。

〔註184〕〔宋〕朱熹：《戊申延和奏箚五》，《晦庵先生朱文公文集》卷14，《朱子全書》第20冊，上海：上海古籍出版社；合肥：安徽教育出版社，2010年，第664～665頁。

〔註185〕〔宋〕朱熹：《經筵講義》，《晦庵先生朱文公文集》卷15，《朱子全書》第20冊，上海：上海古籍出版社；合肥：安徽教育出版社，2010年，第697～698頁。

如果說格物致知是向外即事窮理、向內推致吾心而獲得對「共同之理」的認識，那麼誠意正心則是不斷涵養本原、擇善固執、紮實做工夫的修養過程。格物致知與誠意正心就是堯舜所謂的「精一」與「執中」，爲「自古聖人口授心傳而見於行事」之心法，又是「古者聖帝明王之學」的修身之要。〔註186〕格物、致知、誠意、正心體現了個體與世界之間的雙向互動與交融，是個體從「求知至善之所在」的天理體認，到「求得夫至善」而「行」的過程，〔註187〕是知「道」、體「道」進而得「道」於身，並最終實現明明德於天下的重要階段。格物致知是誠意正心的基礎與前提，而誠意正心則是格物致知的延伸與結果，格物致知與誠意正心共同構成了具有儒家理性主義與實踐精神的修身工夫。只要抓住了修身這個根本，則可推之天下國家亦舉而措之耳，治理天下也就順理成章，如同運諸掌上般容易。這就是「大學之道」所謂的本末先後的爲學修身之序，體現了朱熹力圖以天理爲最高的本體與原則，實現天理論、心性論、工夫論、政治論等理論相互貫通。通過對外物的探求，內心的體認，實踐的踐履，以個體修身立德爲立足點，推以及人，不斷向外擴展與輻射，實現個體與他人、社會、自然之間的良性互動，爲構建和諧有序的社會秩序，實現德治仁政、天下有道的王道理想提供理論依據與具體路徑，展現了儒家以修身爲本，內聖外王，重「王」輕「霸」的特點與傾向。

4.4.3　家齊國治而後天下平：「立綱紀」之要

朱熹曰：「致知、格物，是窮此理；誠意、正心、修身，是體此理；齊家、治國、平天下，只是推此理。」〔註188〕通過格物致知、誠意正心等方式體認天理，得「道」於己，心正身修之後，要想實現明明德於天下的聖王理想，還必須將儒家之「道（理）」具體化爲齊家、治國、平天下之「術」，採取一套行之有效的治國方法與施政措施。早在朱熹進講《經筵講義》之前，其以《大學》經旨要義爲指導，而制定的一整套貫徹儒家價值理念與政治追求的治國方略便已基本定型，尤其是在《戊申封事》與《己酉擬上封事》中，他從政治、經濟、軍事等各個角度，爲正君心立綱紀，挽救南宋政治危機，提出了一整套診斷性「藥方」。

〔註186〕〔宋〕朱熹：《壬午應詔封事》，《晦庵先生朱文公文集》卷11，《朱子全書》第20冊，上海：上海古籍出版社；合肥：安徽教育出版社，2010年，第572頁。

〔註187〕〔宋〕朱熹：《經筵講義》，《晦庵先生朱文公文集》卷15，《朱子全書》第20冊，上海：上海古籍出版社；合肥：安徽教育出版社，2010年，第696頁。

〔註188〕〔宋〕黎靖德：《朱子語類》卷15，北京：中華書局，1986年，第312頁。

4.4.3.1　修身齊家之要

朱熹認為「以身對天下、國家而言，則身為本，而天下、國家為末」，「以家對國與天下而言」，則以家為本，而以天下、國家為末。〔註189〕有鑒於修身與齊家的重要性，朱熹在《經筵講義》中，聯繫君主的立身行事反覆強調：「臣願陛下清閒之燕從容諷味，常存於心，不使忘失」，每出一言，每行一事，必反而思之日：「此於修身得無有所害乎？」希望寧宗無論是小到嚬笑念慮之間，還是大至號令黜陟之際，以至於出入起居、造次飲食之間，無時不反而思之：「吾於吾親得無有未厚乎？」並恪守此心，念念不忘，無少間斷，做惟精惟一、克己復禮的工夫，以至「身修親悅，舉而措諸天下無難矣。」〔註190〕因此，做好了格物致知、誠意正心的工夫之後，便是引導帝王如何修身齊家。

1. 擇師傅以輔皇儲。從江山穩固與帝王齊家的角度而言，皇太子的教育是其中最首要的問題。「天下之命繫於太子，太子之善在於早諭教與選左右。教得而左右正，則太子正，太子正而天下定矣。」〔註191〕因此，皇太子教育首重擇師傅而得其人。所以「必選端方正直、道術博聞之士與之居處」；別置師傅賓客，以「發其隆師親友、尊德樂義之心」；「罷去春坊使臣，而使詹事、庶子各復其職」，「防其戲慢媟狎、奇衺雜進之害」；又置「贊善大夫，擬諫官以箴闕失」，使得皇太子朝夕所處而親密無間者，無非正人，習於正而正。此外，還需皇帝以時召之，言傳身教，從容啟迪，「凡古先聖王正心修身、平治天下之要」，帝王自身「所服行而已有效，與其勉慕而未能及、愧悔而未能勉者，傾倒羅列，悉以告之」，則聖子神孫皆將有以得乎帝王「心傳之妙」，而使得宗廟社稷永固，傳之無窮。〔註192〕

2. 正家人及其左右。相對於治國平天下而言，齊家是其根本，「故人主之家齊，則天下無不治；人主之家不齊，則未有能治其天下者也。」〔註193〕帝

〔註189〕〔宋〕朱熹：《經筵講義》，《晦庵先生朱文公文集》卷15，《朱子全書》第20冊，上海：上海古籍出版社；合肥：安徽教育出版社，2010年，第698頁。

〔註190〕〔宋〕朱熹：《經筵講義》，《晦庵先生朱文公文集》卷15，《朱子全書》第20冊，上海：上海古籍出版社；合肥：安徽教育出版社，2010年，第698～699頁。

〔註191〕〔宋〕朱熹：《己酉擬上封事》，《晦庵先生朱文公文集》卷12，《朱子全書》第20冊，上海：上海古籍出版社；合肥：安徽教育出版社，2010年，第622頁。

〔註192〕〔宋〕朱熹：《戊申封事》，《晦庵先生朱文公文集》卷11，《朱子全書》第20冊，上海：上海古籍出版社；合肥：安徽教育出版社，2010年，第598～599頁。

〔註193〕〔宋〕朱熹：《己酉擬上封事》，《晦庵先生朱文公文集》卷12，《朱子全書》第20冊，上海：上海古籍出版社；合肥：安徽教育出版社，2010年，第619頁。

王之齊家，主要包括以下內容：（1）定正位，分嫡庶。在夫妻的關係處理中，要求「男正位乎外，女正位乎內，而夫婦之別嚴者，家之齊也。」分清楚男女、夫婦各自的位置與職責。內外之分、夫婦之別不可以易位。在妻妾關係的關係處理中，則要求「妻齊體於上，妾承接於下，而嫡庶之分定者，家之齊也。」〔註194〕妻妾的位置、嫡庶的分別要有定分，不能僭越。（2）戒聲色，杜請託。在宮闈內外，帝王要注意「采有德、戒聲色、近嚴敬、遠技能」，多親近賢德之人，「內言不出，外言不入，苞苴不達，請謁不行」。〔註195〕以端莊齊肅的態度，明辨是非，讒言不入，以德正身，使「后妃有《關雎》之德，後宮無盛色之譏」，無一人敢「恃恩私以亂典常，納賄賂而行請謁」，這即是「家之正也。」〔註196〕（3）戒貴戚，正左右。帝王退朝之後，在從容燕息之間，務必使陪侍左右的「貴戚近臣、攜僕奄尹」，各恭其職，「上憚不惡之嚴，下謹戴盆之戒，無一人敢通內外、竊威福，招權市寵，以紊朝政」，從而使得「內自禁省，外徹朝廷」，均秉持公理正義而行，無外戚近習亂政，從而正家人而及於左右，「有以達於朝廷而及於天下焉。」〔註197〕

4.4.3.2　治國平天下之術

朱熹自1162年首上《壬午應詔封事》，至1194年再進《經筵講義》的三十二年間，其念念不忘的帝學主旨就是正君心立綱紀。如果說講學明理是了正君心以立根本，那麼，朱熹基於地方治理與政治實務而提出的一系列治國理政的措施，則是為了「立綱紀」以治天下，其要點如下：

1. 親賢臣遠小人而明體統。朱熹認為「小人進則君子必退，君子親則小人必疏，未有可以兼收並蓄而不相害者也。」〔註198〕因而君主當正心修身，循天理公聖心，從「為宗社生靈萬世無窮之計」出發，而「不為燕私近習一時之計」，選拔剛明公正之人作為輔相，遠離「作姦欺、植黨與、納貨賂」的

〔註194〕〔宋〕朱熹：《己酉擬上封事》，《晦庵先生朱文公集》卷12，《朱子全書》第20冊，上海：上海古籍出版社；合肥：安徽教育出版社，2010年，第619頁。

〔註195〕〔宋〕朱熹：《己酉擬上封事》，《晦庵先生朱文公集》卷12，《朱子全書》第20冊，上海：上海古籍出版社；合肥：安徽教育出版社，2010年，第619頁。

〔註196〕〔宋〕朱熹：《戊申封事》，《晦庵先生朱文公集》卷11，《朱子全書》第20冊，上海：上海古籍出版社；合肥：安徽教育出版社，2010年，第592頁。

〔註197〕〔宋〕朱熹：《戊申封事》，《晦庵先生朱文公集》卷11，《朱子全書》第20冊，上海：上海古籍出版社；合肥：安徽教育出版社，2010年，第592頁。

〔註198〕〔宋〕朱熹：《己酉擬上封事》，《晦庵先生朱文公集》卷12，《朱子全書》第20冊，上海：上海古籍出版社；合肥：安徽教育出版社，2010年，第620頁。

姦佞小人。〔註199〕明確「人主以論相爲職，宰相以正君爲職」，君臣各守其職，各盡其力，不相侵奪，然後體統正而朝廷尊，天下之政必出於一而無多門之蔽。同時，「又公選天下直諒敢言之士，使爲臺諫給舍，以參其議論」，使帝王「腹心耳目之寄，常在於賢大夫而不在於群小，陟罰臧否之柄，常在於廊廟而不出於私門。」〔註200〕從而建立「鄉總於縣，縣總於州，州總於諸路，諸路總於臺省，臺省總於宰相，而宰相兼統眾職，以與天子相可否而出政令」的君臣共治天下，互相制衡的政治運行機制，防止君主因一己之私而朝政獨斷，「宰相、臺省、師傅、賓友、諫諍之臣」皆得其守，體統明而綱紀立，朝廷正而天下萬事無不得正。〔註201〕

　　2. 振綱紀以屬風俗。朱熹認爲「四海之廣，兆民至眾，人各有意，欲行其私。而善爲治者，乃能總攝而整齊之，使之各循其理而莫不敢如吾志之所欲者，則以先有綱紀以持之於上，而後有風俗以驅之於下也。」所謂的振綱紀就是「辨賢否以定上下之分，核功罪以公賞罰之施也。」其實質就是任賢使能，賞罰分明。因而需「宰執秉持而不敢失，臺諫補察而無所私，人主又以其大公至正之心恭己於上而照臨之」，君臣皆以公心，各守其職，各盡其力，「是以賢者必上，不肖者必下，有功者必賞，有罪者必刑，而萬事之統無所缺也。」所謂「風俗」就是「使人皆知善之可慕而必爲，皆知不善之可羞而必去也」。如果在上位者綱紀既振，則在下之人，不待「黜陟刑賞一一加於其身」，自將「各自矜奮，更相勸勉」，以去惡從善，「而禮儀之風、廉恥之俗已丕變矣。」反之，如果「至公之道不行於上，是以宰執、臺諫有不得人，黜陟刑賞多出於私意，而天下之俗遂至於靡然不知名節行檢之可貴，而唯阿諛軟熟、奔競交結之爲務」，風俗頹壞，士風不振。由此可見，朝廷綱紀以及在上位者的表率作用，依然是天下風俗轉變的重要因素。〔註202〕

〔註199〕〔宋〕朱熹：《戊申封事》，《晦庵先生朱文公文集》卷11，《朱子全書》第20冊，上海：上海古籍出版社；合肥：安徽教育出版社，2010年，第599～600頁。

〔註200〕〔宋〕朱熹：《己酉擬上封事》，《晦庵先生朱文公文集》卷12，《朱子全書》第20冊，上海：上海古籍出版社；合肥：安徽教育出版社，2010年，第623～624頁。

〔註201〕〔宋〕朱熹：《庚子應詔封事》，《晦庵先生朱文公文集》卷11，《朱子全書》第20冊，上海：上海古籍出版社；合肥：安徽教育出版社，2010年，第586頁。

〔註202〕〔宋〕朱熹：《己酉擬上封事》，《晦庵先生朱文公文集》卷12，《朱子全書》第20冊，上海：上海古籍出版社；合肥：安徽教育出版社，2010年，第624～625頁。

3. 紓民困修軍政而攘夷狄。朱熹認爲，節用愛人是先聖治國之要旨。其緣由即在於「國家財用皆出於民，如有不節而用度有闕，則橫賦暴斂，必將有及於民者。雖有愛人之心，而民不被其澤矣。」老百姓是國家的根本，財政用度皆取之於民，因而愛人者必先節用，乃是不易之理。但是從宋代建國以來的實際情況來看，其「取於民者，比之前代已爲過厚，重以熙豐變法，頗有增加。」尤其是建炎以來，「地削兵多，權宜科須，又復數倍，供輸日久，民力已憚」。其根源一是「諸路上供多入內帑，是致戶部經費不足，遂廢祖宗破分之法」，二是軍費負擔過重，將帥不得其人。因而要紓解民困，就必須從兩個方面入手，一是「還內帑之入於版曹、復破分之法於諸路，然後大計中外冗費之可省者，悉從廢罷」，從源頭減輕老百姓的賦稅負擔；二是擇將帥年核軍籍，汰浮食廣屯田，以節約軍費，充實軍儲，則民力可紓，軍政可修，國力日強，最終實現攘夷狄復國仇，收故土的理想。〔註203〕

朱熹通過對《大學》的詮釋，綜合運用天理論、心性論、理一分殊等哲學命題與概念，確立了天理的最高本體地位，以明德爲人之所以爲人的本質屬性，將帝王也納入了天理所規範的範圍，要求帝王與普通士大夫一樣，按照理學的普世標準修身立德，成爲堯舜聖王之君，確保政治社會秩序的重構與道濟天下理想的實現，從而解答了帝王學什麼、爲什麼學、如何學等系列問題。不僅爲帝王學爲聖王的提供了形而上的理論依據，而且以格物致知、誠意正心、修身齊家、治國平天下的工夫次第，將儒家之「道」的義理闡發與治國之「術」緊密融合，呈現了帝學實現的具體途徑與施政措施，體現了朱熹以理學建構帝學的整體思考，從而完成了宋代帝學理論的第一次建構，具有「內聖」之學的特徵，從而將范祖禹提出的帝學理念推入到一個新的發展階段，爲眞德秀進一步將帝學理論化、系統化提供了邏輯思路與理論框架。

〔註203〕〔宋〕朱熹：《己酉擬上封事》，《晦庵先生朱文公文集》卷12，《朱子全書》第 20 冊，上海：上海古籍出版社；合肥：安徽教育出版社，2010 年，第 625～626 頁。

第 5 章　朱熹的《經筵講義》與帝學

　　朱熹平生精力，盡在《大學》。他不僅撰寫了《大學章句》，使之與《中庸章句》、《論語集注》、《孟子集注》合集，建構以了「四書」爲核心的理學新經典體系，而且撰寫了《經筵講義》作爲帝學教材，以理學思想爲內涵，全面闡發了其帝學理論，寄寓其致君堯舜，重構政治社會秩序的理想。《經筵講義》與《大學章句》因其針對對象的不同，導致了兩者詮釋目的、詮釋體例、詮釋方式與語言表述風格等差異，體現了帝王之學的興起對宋代學術轉型的影響。《經筵講義》專爲帝王而作，具有「大學之道不在於書而在於我」的帝學主體意識。其以理學建構帝學的價值追求，既是時代與現實的需要，又是對宋代帝學思想的繼承與發展。從范祖禹的《帝學》，到朱熹的《經筵講義》，再到眞德秀的《大學衍義》，體現了宋代帝學興起、發展、演變的邏輯線索，進一步推動了理學的發展與傳播。

5.1　朱熹《經筵講義》與《大學章句》比較

　　宋代文治政策的實施與經筵制度的定型，爲士大夫以經筵爲平臺，通過學術思想的撰述與建構，影響帝王的心性修養及其政治實踐提供了條件與保障，帝學應運而生。宋代士大夫與帝王往往將其與「士大夫之學」對舉〔註1〕，凸顯「帝王之學」的特徵。如范祖禹曰：「人君讀書，學堯舜之道，務知其大指，必可舉而措之天下之民，此之謂學也。非若人臣，析章句，考異同，專

〔註1〕本文使用的「士大夫」概念，包含「士」（亦稱之爲經生、儒生、博士、學士等）與「大夫」（人臣等）兩個層面。無論是無官職的「士」，還是有官職的「大夫」，他們都同屬於知識分子。

記誦，備應對而已。」〔註2〕姚勉曰：「臣聞帝王之學與經生、學士不同。訓詁章句，經生、學士之學也；修齊治平，帝王之學也。」〔註3〕宋高宗曰：「有帝王之學，有士大夫之學。朕在宮中，無一日廢學，然但究前古治道，有宜於今者，要施行耳，不必指謫章句以爲文也。」〔註4〕可見，帝王之學因其針對對象身份的特殊性，有著與士大夫之學不同的爲學要求。帝王之學重在引導天子掌握經典中蘊涵的堯舜治國之道，實現修齊治平、內聖外王的經世大業；士大夫之學重在明章句達訓詁，通經義應科舉，備應對輔人主。帝王之學與士大夫之學的這種不同，必然對當時的學術走向及其創作產生深刻的影響。

　　南宋朱熹所作的《大學章句》與《經筵講義》，雖同是對《大學》進行的經典闡釋，但因其對象不同而分屬於士大夫之學與帝王之學的不同範疇，從而導致其經典詮釋目的、詮釋體例、詮釋方式與語言表述風格等差異，爲探尋宋代帝學興起與學術轉型的關係，提供了可資對比研究的案例。從中亦可發現朱熹在入侍經筵時，爲何不採用《大學章句》作爲講稿，而是重新創作《經筵講義》進呈的原因。

5.1.1　經典詮釋目的不同

　　《大學章句》主要是爲引導、教化士大夫而作，《經筵講義》是爲影響、教導帝王而發，兩者針對對象不同，必然會導致朱熹在進行經典詮釋時目的的差異。因而，同樣是對《大學》題旨的注解，《大學章句》與《經筵講義》所體現的詮釋目的就不一樣。如《大學章句》解題曰：

　　　　大，舊音泰，今讀如字。子程子曰：「大學，孔氏之遺書，而初學入德之門也。」於今可見古人爲學次第者，獨賴此篇之存，而《論》、《孟》次之。學者必由是而學焉，則庶乎其不差矣。〔註5〕

　　在《大學章句》中，朱熹從引導「學者」立「德」的角度立論，引用程

〔註2〕〔宋〕范祖禹撰，陳曄校釋：《帝學校釋》，上海：華東師範大學出版社，2015年，第74頁。

〔註3〕〔宋〕姚勉：《庚申輪對（八月十一日上殿)》，《雪坡集》卷4，文淵閣四庫全書本。

〔註4〕〔宋〕李心傳：《建炎以來繫年要錄》卷143「紹興十一年十二月乙卯條」，北京：中華書局，1988年，第2297頁。

〔註5〕〔宋〕朱熹：《大學章句》，《四書章句集注》，北京：中華書局，2011年，第4頁。

氏之言強調《大學》是「孔氏之遺書，而初學入德之門也」，凡是「學者」要想學有所成，德有所立，就必由是而學，從《大學》而入，次及於《論語》、《孟子》等經典，掌握爲學次第，體會孔孟儒學眞精神，則「庶乎其不差矣」，身修德立，成爲聖人君子。其針對對象是「學者」，詮釋目的在於引導士大夫「學」以「入德」，成爲聖人君子，有補於「國家化民成俗之意，學者修己治人之方」〔註6〕，爲國家的治理與社會的穩定，培養德才兼備的人才。

　　而朱熹《經筵講義》是爲宋寧宗經筵講學而作，其進講的目的在於以儒家的價值理念教化帝王，進而影響政治，實現致君堯舜，重構秩序與道濟天下的理想。因而他將《大學》的題目解爲：

　　　　臣熹曰：大學者，大人之學也。古之爲教者，有小子之學，有
　　　大人之學。小子之學，灑掃應對進退之節，詩、書、禮、樂、射、
　　　御、書、數之文是也。大人之學，窮理、修身、齊家、治國、平天
　　　下之道是也。此篇所記皆大人之學，故以大學名之。〔註7〕

　　在《經筵講義》中，朱熹將「大學」界定爲「大人之學」。這裡的「大人」不僅是與「小人」相對的年齡層次的「大人」，更是指位居天下九五至尊之位的帝王。朱熹進講《經筵講義》，爲的是讓帝王不要拘泥於灑掃應對與禮、樂、射、御、書、數等淺層次的知識技藝的學習，而是要掌握修身治國平天下的要道，成就如堯舜聖王般的德業事功。

　　在《經筵講義》的解題中，爲了更好的幫助帝王確立爲學意識，把握儒家修己治人之道，朱熹用「臣又嘗竊謂」的按語另起一段，以天理論與人性論，就「學」與個體修身治國的關係進行了理論論述，希望帝王能夠用心向學，掌握經典要義，有補於治道。他首先從人性平等的角度出發，認爲人人皆有天賦仁義禮智之性，但同時又不可避免地具有氣質之偏與物欲之弊，而至本性迷失，倫理綱常敗壞，因而須通過「學」以復其性、盡其倫，即使帝王也不例外。其次，朱熹通過先王之世與周代之後的比較，指出後世之所以出現「治日常少而亂日常多」的原因就在於「學之不講故也」，指出學與不學直接關係到國家之治亂。〔註8〕由於《大學》具有如此重要的普遍意義，不僅

〔註6〕　〔宋〕朱熹：《大學章句》，《四書章句集注》，北京：中華書局，2011 年，
　　　　第 3 頁。
〔註7〕　〔宋〕朱熹：《經筵講義》，《晦庵先生朱文公文集》卷15，《朱子全書》第 20
　　　　冊，上海：上海古籍出版社；合肥：安徽教育出版社，2010 年，第 691 頁。
〔註8〕　〔宋〕朱熹：《經筵講義》，《晦庵先生朱文公文集》卷15，《朱子全書》第 20 冊，
　　　　上海：上海古籍出版社；合肥：安徽教育出版社，2010 年，第 691～692 頁。

是初學入德之門，更是「後之君子欲修己治人而及於天下國家者」的必由之路，因此朱熹在入侍經筵時「以此篇進講」，釋其名義，「惟聖明之留意焉」。〔註 9〕希望通過《大學》經旨義理的闡發，感格君心，立聖志、成聖學、益聖治，達致「箴規之效」〔註 10〕。

由此可見，《大學章句》與《經筵講義》雖然同是用理學思想對《大學》進行的詮釋，但因兩者分屬於士大夫之學與帝王之學的不同學問體系，所以其解經時詮釋目的就有所不同。《大學章句》的目的在於引導士大夫「學」以立「德」，成為聖人君子；《經筵講義》是為帝王而發，詮釋目的在於以儒家之道，提升帝王心性修養與治國能力，成就堯舜聖王之君。

5.1.2　經典詮釋體例有別

朱熹的《大學章句》採用的是自漢代即已盛行的傳統解經體例，即「因字而生句，積句而成章，積章而成篇」〔註 11〕的章句體，具有解釋字詞名物、疏通文義、分章析句等特點。其《經筵講義》採用的則是隨著宋代學術轉型而流行的新經學體例——講義體，重在義理闡發，以己意解經。

從篇章結構上而言，朱熹的《大學章句》，將《大學》分為經一章與傳十章，章有章旨，概括於每章之末。如《大學》經文章旨總括如下：

> 右經一章，蓋孔子之言，而曾子述之。凡二百五字。其傳十章，則曾子之意而門人記之也。舊本頗有錯簡，今因程子所定，而更考經文，別為序次如左。凡千五百四十六字。○凡傳文，雜引經傳，若無統紀，然文理接續，血脈貫通，深淺始終，至為精密，熟讀詳味，久當見之，今不盡釋也。〔註 12〕

經文章旨既概述了《大學》分經、傳的緣由與排列秩序，又交待了經、傳章節字數、紋理脈絡與讀經方法，很好地承接了經、傳的上下文，利於學者把握經、傳之間的聯繫。

對於傳文的章旨，朱熹採取「右傳之 x 章，釋 xx」的形式，對其章旨進

〔註 9〕　〔宋〕朱熹：《經筵講義》，《晦庵先生朱文公文集》卷 15，《朱子全書》第 20 冊，上海：上海古籍出版社；合肥：安徽教育出版社，2010 年，第 691～692 頁。
〔註 10〕　〔元〕脫脫：《宋史》卷 429，中華書局，1985 年，第 12760 頁。
〔註 11〕　〔梁〕劉勰著，祖保泉解說：《章句》，《文心雕龍解說》卷 7，合肥：安徽教育出版社，1993 年，第 661 頁。
〔註 12〕　〔宋〕朱熹：《大學章句》，《四書章句集注》，北京：中華書局，2011 年，第 5 頁。

行概括。如「右傳之首章。釋明明德。」「右傳之二章。釋新民」等等，〔註
13〕簡單地點明本章之主旨。此外，傳之五章除點明「右傳之五章，蓋釋格物、
致知之義，而今亡矣」之後，又「竊取程子之意」，補寫了 146 字格物致知傳。
〔註 14〕傳之六章「釋誠意」、傳之七章「釋正心修身」、傳之十章「釋治國平
天下」等，對章旨則略有闡發，簡要說明主旨或章節之間的聯繫。如傳之六
章章旨概括：

> 右傳之六章。釋誠意。經曰：「欲誠其意，先致其知。」又曰：
> 「知至而後意誠。」蓋心體之明有所未盡，則其所發必有不能實用
> 其力，而苟焉以自欺者。然或已明而不謹乎此，則其所明又非己有，
> 而無以爲進德之基。故此章之指，必承上章而通考之，然後有以見
> 其用力之始終，其序不可亂而功不可闕如此云。〔註15〕

傳之六章先點明本章主旨在於「釋誠意」，並引用經文進行概括性說明，
指明其與第五章「致知」之間進德的先後秩序，以此警醒「學者」於此留意，
但並未就兩者的關係進行深入的邏輯論證與義理說理。

同時，朱熹又將《大學》經文，分爲兩小節，從「大學之道」至「則近
道矣」爲第一小節，從「古之欲明明德於天下者」至「未之有也」爲第二小
節，並用「此結上文兩節之意」，「此兩節結上文兩節之意」，簡明扼要地揭示
其結構層次。〔註 16〕在各經文、傳文章節之下又分句，每句之後，根據需要
注解詞義、串講句意。其詮釋的格式是：先列篇名並解題，然後摘錄經（傳）
原文，進行字詞音義訓詁，句意章旨概括等。

「講義」則是在宋代重視經學原典，闡揚經典義理的學術風尚與講學旨
趣影響下而盛行的新經學體例，〔註 17〕具有「以疏解原文大義、闡發思想內
容爲己任，疏解自行成說」的特點。〔註 18〕朱熹的《經筵講義》採用的就是

〔註13〕〔宋〕朱熹：《大學章句》，《四書章句集注》，北京：中華書局，2011 年，
　　　　第 6 頁。
〔註14〕〔宋〕朱熹：《大學章句》，《四書章句集注》，北京：中華書局，2011 年，
　　　　第 8 頁。
〔註15〕〔宋〕朱熹：《大學章句》，《四書章句集注》，北京：中華書局，2011 年，
　　　　第 9 頁。
〔註16〕〔宋〕朱熹：《大學章句》，《四書章句集注》，北京：中華書局，2011 年，第
　　　　4～5 頁。
〔註17〕朱漢民，洪銀香：《宋儒的義理解經與書院講義》，《中國哲學史》，2014 年
　　　　第 4 期。
〔註18〕馮浩菲：《中國古籍整理體式研究》，北京：高等教育出版社，2003 年，第 160 頁。

這種講義體。他在《經筵講義》中雖仍將《大學》文本分為經一章與傳十章，並將經文分為上下節（亦稱前後章），每章有章旨，每句之下有字詞訓詁、句意串講，其詮釋秩序大體與《大學章句》相同，但卻在句意章旨的簡要概括與疏通之後，朱熹均用「臣竊謂」、「臣又嘗竊謂」、「臣謹按」、「臣又謹按」等文字加按語，另起一段，圍繞句意章旨，出以己意，闡發義理。無論是篇名解題之下，還是每句注釋之末，亦或每節每章注解之後，都有大段的經文義理闡發，字數從一百多字到上千字不等，其篇幅根據闡發主旨的需要而定，可長可短，形式自由。因而《經筵講義》詮釋的順序是：先列篇名並解題，摘錄經（傳）原文，字詞音義訓詁，概括句意章旨，然後再另起一段，進行義理闡發。這種大段的義理闡發為《大學章句》所沒有，且字數一般遠遠超過《大學章句》中的句意章旨注疏。

如在篇名的解題之下，《經筵講義》以「臣又嘗竊謂」等加按語進行的義理闡發有 535 字。《大學》經文中對「大學之道，在明明德，在親民，在止於至善」三綱領的義理闡發為 1005 字；對「知止而後有定」至「慮而後能得」的義理闡發為 225 字；對「物有本末」至「則近道矣」的義理闡發為 125 字；對「古之欲明明德於天下者」至「致知在格物」的義理闡發為 484 字；對「物格而後知至」至「國治而後天下平」的義理闡發為 144 字；對「自天子以至於庶人，壹是皆以修身為本」至「未之有也」的義理闡發為 515 字。關於傳文的經旨義理闡發，《經筵講義》對傳之首章「釋明明德」的義理闡發為 403 字；傳之二章「釋新民」為 976 字，傳之三章「釋止於至善」為 805 字；傳之四章「釋本末」為 456 字；傳之五章補已亡佚的格物致知章，《大學章句》補為 176 字，《經筵講義》衍為 1693 字；傳之六章「釋誠意」的義理闡發為 763 字。這些以按語的形式進行義理闡發的特點為《經筵講義》所獨有，而為《大學章句》所無。

以義理闡發字數最少的一句「物有本末，事有終始，知所先後，則近道矣」為例，《經筵講義》與《大學章句》均將之注解為：「明德為本，新民為末。知止為始，能得為終。本始所先，末終所後。此結上文兩節之意。」〔註19〕兩者對句義章節的注解完全一模一樣。但是《經筵講義》並沒有簡單地停留在對其

〔註19〕　〔宋〕朱熹：《經筵講義》，《晦庵先生朱文公文集》卷15，《朱子全書》第20冊，上海：上海古籍出版社；合肥：安徽教育出版社，2010年，第695～696頁；又見朱熹：《大學章句》，《四書章句集注》，北京：中華書局，2011年，第4～5頁。

句義章節的概括性注解上，而是用「臣竊謂」之言另起一段，對本末、終始的
關係進行了義理發揮：

> 臣竊謂明德、新民，兩物而內外相對，故曰本末；知止、能得，
> 一事而首尾相因，故曰終始。誠知先其本而後其末，先其始而後其
> 終也，則其進爲有序而至於道也不遠矣。蓋欲治人者不可不先於治
> 己，欲體道者不可不先於知道。此則天下國家之達道通義，而爲人
> 君者尤不可以不審，是以臣愚竊願陛下深留聖意，伏乞睿照。〔註20〕

相對《大學章句》對何爲本末終始及其關係的簡要注疏，《經筵講義》則
在此基礎上進一步闡發了爲何「明德」與「新民」、「知止」與「能得」稱之
爲「本末」、「終始」的原因，強調四者之間「進爲有序」而入「道」的先後
秩序，進而聯繫帝王治國立政的實際，指出爲人君者，尤其是對「天下國家
之達道通義」要加以警醒，把握「欲治人者不可以不先於治己，欲體道者不
可不先於知道」的本末先後之序，無一不體現《經筵講義》作爲帝王之學成
君德出治道的意圖。其義理闡發主旨鮮明，語含勸誡，目的明確，針對性強。
可見以按語的形式進行義理闡發是《經筵講義》最大的特點，也是其與《大
學章句》在體例上最根本的區別。

此外，朱熹的《經筵講義》作爲一種新經學體例，雖然與《大學章句》
一樣，也有章句訓詁，但是整體而言，其字詞注釋的數量上有所減少。以對
字詞的注音爲例，《大學章句》標注了「大（2 次）」、「治（2 次）」「於」、「澳」、
「猗」、「僩」「誼」、「恂」、「於戲」、「樂」、「惡」、「好」、「謙」、「厭」、「閒」、
「胖」等 18 個字詞的讀音，其注釋形式主要有：「大，讀作泰」〔註21〕；「於
戲，音嗚呼」〔註22〕；「謙，讀爲慊，苦劫反」〔註23〕；「惡、好上字，皆去
聲」〔註24〕等幾種。而在《經筵講義》中則僅標注了「瑟兮僩兮者，恂栗也」

〔註20〕〔宋〕朱熹：《經筵講義》，《晦庵先生朱文公文集》卷15，《朱子全書》第 20
　　　　冊，上海：上海古籍出版社；合肥：安徽教育出版社，2010 年，第 696 頁。
〔註21〕〔宋〕朱熹：《大學章句》，《四書章句集注》，北京：中華書局，2011 年，
　　　　第 5 頁。
〔註22〕〔宋〕朱熹：《大學章句》，《四書章句集注》，北京：中華書局，2011 年，
　　　　第 7 頁。
〔註23〕〔宋〕朱熹：《大學章句》，《四書章句集注》，北京：中華書局，2011 年，
　　　　第 8 頁。
〔註24〕〔宋〕朱熹：《大學章句》，《四書章句集注》，北京：中華書局，2011 年，
　　　　第 8 頁。

之「恂」字的注音：「恂，鄭氏讀作峻」。〔註25〕

由此可見，《大學章句》重在分章析句，其義理闡發簡明扼要，依附於字詞章句訓詁而行；而《經筵講義》雖不廢章句訓詁，但其圍繞句意章旨開展的義理闡發，可獨立成章成段。

為何同樣是對《大學》的詮釋，體例會有如此不同呢？關於這個問題，宋代徐鹿卿給出了很好的解釋：「人主之學與經生學士異，執經入侍者，必有發明正理，開啓上心，然後可以無愧所學。訓詁云乎哉？抑誦說云乎哉？」〔註26〕可謂一語中的地指出了帝王之學與士大夫之學的不同對經典詮釋形態的影響。帝王之學對經典詮釋的要求是發明正理，開啓上心，有補治道，而非士大夫之學那樣以「析章句，考異同，專記誦，備應對」為能事，〔註27〕這就必然要求在解經時突破傳統的章句訓詁之學的束縛，尋找一種以講論經文大義，闡發義理為主的經學詮釋新體例與之相適應。這也是朱熹在經筵講學之際，為何沒有採用《大學章句》作為講稿，而是重新創作《經筵講義》進呈的根本原因。

5.1.3　經典詮釋方式有異

《經筵講義》與《大學章句》既然詮釋目的、體例都有所不同，那麼其詮釋方式是否有區別呢？關於這一點，朱熹曾經說道：「大抵解經固要簡約。若告人主，須有反覆開導推說處，使人主自警省。蓋人主不比學者，可以令他去思量。」〔註28〕一語中的地指出了帝王之學與士大夫之學的不同對解經方式產生的影響。士大夫之學的解經當以簡明扼要為尚，其詮釋方式是「必先釋字義，次釋文義，然後推本而索言之，其淺深近遠，詳密有序，不如是之匆遽而繁雜也」。在略釋文義名物的基礎上，疏通文義，探尋主旨，點到即指，「使學者自求之，乃為有益耳」。〔註29〕這種方式同樣為朱熹的《大學章

〔註25〕〔宋〕朱熹：《經筵講義》，《晦庵先生朱文公文集》卷15，《朱子全書》第20冊，上海：上海古籍出版社；合肥：安徽教育出版社，2010年，第704頁。

〔註26〕〔宋〕徐鹿卿：《辛酉進講》，《清正存稿》卷4，文淵閣四庫全書本。

〔註27〕〔宋〕范祖禹撰，陳曄校釋：《帝學校釋》卷2，上海：華東師範大學出版社，2015年，第74頁。

〔註28〕〔宋〕黎靖德：《朱子語類》卷101，北京：中華書局，1981年，第2576頁。

〔註29〕〔宋〕朱熹：《答敬夫孟子說疑義》，《晦庵先生朱文公文集》卷31，《朱子全書》第21冊，上海：上海古籍出版社；合肥：安徽教育出版社，2010年，第1352頁。

句》所採用，並自言「今不盡釋」，學者當「熟讀詳味，久當見之」，〔註30〕
解經提綱挈領，留有餘地，需學者涵詠體會而後有得。帝王之學的教育對象
則是處於權力結構中心的天子，不可像對待一般的讀書人那樣，「可以令他去
思量」，而是要「反覆開導推說」，通過嚴密的邏輯推理，詳細的理論論證，
反覆陳說義理，講明蘊含在經典中的修齊治平之道，使帝王快捷地把握經典
要旨，以此感格君心，達致教育效果，因而決定了《經筵講義》的詮釋方式
是以充分的義理解說為主，必須講清楚是什麼、為什麼、怎麼樣等問題，才
有能在最短的時間內打動君主，啟沃君心。

如以《大學章句》與《經筵講義》對「大學之道，在明明德，在親民，
在止於至善」的詮釋為例，可以對比出兩者的區別所在。

《大學章句》 大學之道，在明明德，在親民，在止於至善。

程子曰：「親，當作新。」○大學者，大人之學也。明，明之
也。明德者，人之所得乎天，而虛靈不昧，以具眾理而應萬事者也。
但為氣稟所拘，人欲所蔽，則有時而昏；然其本體之明，則有未嘗
息者。故學者當因其所發而遂明之，以復其初也。新者，革其舊之
謂也，言既自明其明德，又當推以及人，使之亦有以去其舊染之污
也。止者，必至於是而不遷之意。至善，則事理當然之極也。言明
明德、新民，皆當至於至善之地而不遷。蓋必其有以盡夫天理之極，
而無一毫人欲之私也。此三者，大學之綱領也。〔註31〕

《經筵講義》 大學之道，在明明德，在親民，在止於至善。

臣熹曰：大學者，大人之學也。明，明之也。明德者，人之所
得乎天，至明而不昧者也。但為氣稟所拘、人欲所蔽，則有時而昏，
故當有以明之而復其初也。親，程氏以為字當作「新」，是也。其義
則去其舊而新之云爾。言既能自明其明德，又當推以及人，使人亦
有以去其舊染之污也。止者，必至於是而不遷之意。至善，則事理
當然之極也。言明明德、新民皆當至於至善之地而不遷，蓋必其有
以盡夫天理之極，而無一毫人慾之私也，此三者，大學之綱領也。

〔註30〕 〔宋〕朱熹：《大學章句》，《四書章句集注》，北京：中華書局，2011 年，
第 5 頁。

〔註31〕 〔宋〕朱熹：《大學章句》，《四書章句集注》，北京：中華書局，2011 年，
第 4 頁。

臣竊謂天道流行，發育萬物，而人物之生，莫不得其所以生者以爲一身之主。但其所以爲此身者，則又不能無所資乎陰陽五行之氣。而氣之爲物有偏有正，有通有塞，有清有濁，有純有駁。以生之類而言之，則得其正且通者爲人，得其偏且塞者爲物。……欲明德而新民者，誠能求必至是而不容其少有過不及之差焉，則其所以去人欲而復天理者，無毫髮之遺恨矣。（從「臣竊謂」至結尾，共計1005 字）〔註32〕

《大學章句》對「大學」、「明」、「明德」、「親（新）」、「止」、「至善」等字義詞義進行了注解，尤其在解「明」與「明德」時，運用「理」、「氣」等概念進行了義理闡發，將明德界定爲「人之所得乎天」的「本體之明」，因受氣稟人慾之蔽「有時而昏」，學者「當因其所發而遂明之，以復其初也」，其義理闡發依附於字詞訓詁而行。同時在注釋的結尾處，點出「言明明德、新民皆當至於至善之地而不遷，蓋必其有以盡夫天理之極，而無一毫人欲之私也，此三者大學之綱領也。」簡明扼要地指出明明德、新民與止於至善的關係，確立其「大學之綱領」的地位，但並未深入地對三者的內涵與關係展開論述與闡發，而是提綱挈領地點到即止，留有餘地。

《經筵講義》對「大學」、「明」、「明德」、「親（新）」、「止」、「至善」等字義詞義解釋及句義概括，與《大學章句》基本類似。但是《經筵講義》不僅僅停留於簡要的字詞訓詁與句義章旨的說明之上，而是用「臣竊謂」的按語另起一段，緊扣「明德」、「明明德」、「新民」、「至善」，圍繞著是什麼、爲什麼、怎麼樣的思路，以天理論、人性論等理學理論的運用，層層深入地進行論證說理與義理闡發。

什麼是「明德」呢？爲何需要明明德？朱熹首先從人物之生與人禽之別的角度出發，認爲天地之間無非一理流行，人一生下來就平等擁有明德之性，這是「人之所得於天，至明而不昧者也」的內在本然。〔註33〕它既是人之所以爲人的本質屬性，也爲人人可以爲堯舜參化育提供了可能性。同時，人還有氣稟之異，因氣之偏、正、通、塞、清、濁、純、駁不同，便產生了人、物之別，以及現實生活中聖、賢、愚、不肖之分。除了極個別的得氣之「極清且純」的聖人外，大多數

〔註32〕　〔宋〕朱熹：《經筵講義》，《晦庵先生朱文公文集》卷15，《朱子全書》第 20 冊，上海：上海古籍出版社；合肥：安徽教育出版社，2010 年，第 692～695 頁。

〔註33〕　〔宋〕朱熹：《經筵講義》，《晦庵先生朱文公文集》卷15，《朱子全書》第 20 冊，上海：上海古籍出版社；合肥：安徽教育出版社，2010 年，第 693 頁。

人皆在外物誘導以及耳目聲色之欲的影響下,「明德日益昏昧」,因而需要通過聖人施教,學以明理,做格物致知、誠意正心的工夫來明其明德,「復得其本然之明」,這就是所謂的「明明德者」。〔註34〕帝王同樣具有天理所賦「明德」之性,同時也有氣質物欲之蔽,因而也需依循天理而行,學以立德修身而明其明德。

那麼如何由「明明德」而新民並臻於至善呢?要實現明明德於天下的目標,除了「自明」其明德外,還需「推吾之所自明者以及之,始於齊家,中於治國,而終及於平天下。」〔註35〕由此可見,「明明德」實際上包含著「自明」(新我)與「明人」(新民)兩個內涵。因人人天生即有「明德」的本然之性,所以「我」可以「自明其明德」,同時看見他人「有是明德而不能自明者」,亦會「惻然而思有以救之」,燃起一股推己及人的內在動力而新民,並臻於至善的境界。〔註36〕至善既為明德新民樹立目標與方向,又是明德新民所要達到的目的與理想。從明明德、新民到止於至善過程,實質就是己之明德逐漸由隱而顯、由暗至明、由內而外、推己及人,明明德於天下,學為聖人並成為聖王的過程。朱熹通過其理學思想的運用與義理闡發,將「天理」作為最高的本體與價值依據,以「明德」為人之所以為人的根本屬性,將包括帝王在內的所有人都納入了「天理」所規範的範圍之中。不僅為帝王學為聖王提供了形而上的終極依據與為學綱領,而且為合理政治社會秩序的建構提供了理論論證。其義理闡發不為字詞訓詁所限,具有觀點鮮明,說理透徹,論證充分、邏輯嚴密的特點,作者的思想觀點與價值理念在詮釋中一覽無餘,具有較大的理論說服力與感染力。

朱熹對經典要旨的這種深入闡發與理論論證,並不是純粹地出於學術的興趣,其最終目的還是為了說服勸誡皇帝,按照理學的規範修身,成就君德帝業。為此,朱熹每發揮完一章經旨義理的時候,總是不忘在《經筵講義》的結尾處,聯繫帝王立身處世、治國理政的實際,勸誡帝王帝王「深加省察,實用工夫」,〔註37〕「不可但崇空言,以應故事」等等〔註38〕。其中可見朱熹

〔註34〕　〔宋〕朱熹:《經筵講義》,《晦庵先生朱文公文集》卷15,《朱子全書》第20冊,上海:上海古籍出版社;合肥:安徽教育出版社,2010年,第693~694頁。
〔註35〕　〔宋〕朱熹:《經筵講義》,《晦庵先生朱文公文集》卷15,《朱子全書》第20冊,上海:上海古籍出版社;合肥:安徽教育出版社,2010年,第694頁。
〔註36〕　〔宋〕朱熹:《經筵講義》,《晦庵先生朱文公文集》卷15,《朱子全書》第20冊,上海:上海古籍出版社;合肥:安徽教育出版社,2010年,第694頁。
〔註37〕　〔宋〕朱熹:《經筵講義》,《晦庵先生朱文公文集》卷15,《朱子全書》第20冊,上海:上海古籍出版社;合肥:安徽教育出版社,2010年,第712頁。
〔註38〕　〔宋〕朱熹:《經筵講義》,《晦庵先生朱文公文集》卷15,《朱子全書》第20

闡發儒家經典義理，力圖以儒家之道引導帝王修身立德出治，塑造堯舜聖王之君的拳拳之心。朱熹經筵進講《大學》總計七次，而其引申經典大義的勸誡之言就達六次之多。

由上可知，《大學章句》的經典詮釋方式，是「以判定辭義爲基礎的分章斷句」，[註39] 其義理闡發不能脫離字詞章句訓詁而行，作者的觀點隱含或簡明地呈現在字詞注釋及句意章旨的串講疏通之中，具有提綱挈領，言簡意賅，點到即止的特點，需要學者自己涵詠體會而自得之。而《經筵講義》則在疏通基本字詞章句的基礎上，以深入挖掘經典背後的義理奧蘊，闡發思想爲己任，因而必須通過嚴密的邏輯推理，反覆陳說義理，開展系統的理論論證，具有觀點鮮明，論證充分，說理透徹，聯繫時政，語含勸誡，闡發己意的特點，有著較大的感染力與說服力，從而達致感格君心，影響帝王的效果。

5.1.4　語言表述風格不同

《大學章句》與《經筵講義》，一個是適合「士」與「大夫」學習研究的閱讀文本，一個是爲帝王教育而創作「筆之於書，本以代口授耳」，[註40] 具有講說性質的講稿，因而其語言表述與風格必有不同。

縱觀《大學章句》與《經筵講義》，其字詞訓詁注釋完全一致的，經文中有「物有本末，事有終始，知所先後，則近道矣」；「自天子以至於庶人，壹是皆以修身爲本」；「其本亂而末治者否矣，其所厚者薄，而其所薄者厚，未之有也」等文本；傳文中有「『聽訟，吾猶人也，必也使無訟乎！』無情者不得盡其辭。大畏民志，此謂知本」等章節，其餘經、傳文之注疏則有細微不同。但正是在這種「小異」中，體現了章句與講義在語言表述與風格上的差異。以傳之首章爲例：

　　《大學章句》　康誥曰：「克明德」。康誥，周書。克，能也。
大甲曰：「顧諟天之明命」。大，讀作泰。諟，古是字。○大甲，商書。
顧，謂常目在之也。諟，猶此也，或曰審也。天之明命，即天之所
以與我，而我之所以爲德者也。常目在之，則無時不明矣。帝典曰：
「克明峻德」。峻，書作俊。○帝典，堯典，虞書。峻，大也。皆自

　　　冊，上海：上海古籍出版社；合肥：安徽教育出版社，2010 年，第 710 頁。
〔註39〕張榮明：《漢代章句與〈白虎通義〉》，《學術研究》，2004 年第 2 期。
〔註40〕〔宋〕袁甫：《題夏判官講義後》，《蒙齋集》卷 15，文淵閣四庫全書本。

明也。結所引書，皆言自明己德之意。〔註41〕

　　《經筵講義》　　康誥曰：「克明德。」臣熹曰：克，能也，又有勝義。言文王能明其明德也。太甲曰：「顧諟天之明命。」臣熹曰：顧，目在之也。諟，古「是」字，通用。天之明命，即人之明德也。言先王之心常欲明其明德，如目在夫物，不敢忘也。帝典曰：「克明峻德」。臣熹曰：峻，書作「俊」，大也。大德即明德也，言堯能明其大德也。皆自明也。臣熹曰：結所引《書》以釋「明明德」之意，皆謂自明己之明德也。〔註42〕

　　通過對比，可以發現《大學章句》與《經筵講義》的處理有三處不同：

　　一是對經典引言出處的處理方式不同。《大學章句》對詮釋《大學》的經典引言注明了典籍來源與出處，而《經筵講義》則將所有出處一律略去。如對「康誥曰：『克明德』」、「大甲曰：『顧諟天之明命』」、「帝典曰『克明峻德』」出自哪部典籍，《大學章句》分別標注為「康誥，周書」、「大甲，商書」、「帝典，堯典，虞書」，〔註43〕清楚地交代了典籍來源，以便於學者進一步查找索引，而《經筵講義》則未予以注明。不僅本章如此，在其他章節中出現的引言，如「周雖舊邦，其命維新」、「邦畿千里，惟民所止」、「緡蠻黃鳥，止于丘隅」、「穆穆文王，於緝熙敬止」、「瞻彼淇澳……終不可諠兮」、「於戲，前王不忘」等，《大學章句》分別指出其出自「詩大雅文王之篇」、「詩商頌玄鳥之篇」、「詩小雅緡蠻之篇」、「詩文王之篇」、「詩衛風淇澳之篇」、「詩周頌烈文之篇」，〔註44〕可謂言必有出處，具有規範化、學術化的特點，而《經筵講義》則從便於言語講說方便與行文流暢的角度，均沒有指出引言的來龍去脈。

　　二是字詞注釋的詮釋傾向有別。雖然《大學章句》與《經筵講義》字義詞義句意的注釋大致相同，但是因其為學對象與目標的不同，所以在注釋時的傾向與偏重也略有不同。如對「顧諟天之明命」疏解，《大學章句》注為「天之明

〔註41〕〔宋〕朱熹：《大學章句》，《四書章句集注》，北京：中華書局，2011 年，第5～6 頁。

〔註42〕〔宋〕朱熹：《經筵講義》，《晦庵先生朱文公文集》卷15，《朱子全書》第 20 冊，上海：上海古籍出版社；合肥：安徽教育出版社，2010 年，第 699～700 頁。

〔註43〕〔宋〕朱熹：《大學章句》，《四書章句集注》，北京：中華書局，2011 年，第5～6 頁。

〔註44〕〔宋〕朱熹：《大學章句》，《四書章句集注》，北京：中華書局，2011 年，第 6 頁。

命，即天之所以與我，而我之所以爲德者也。常目在之，則無時不明矣」。〔註45〕因其針對的對象是普通的士大夫，所以其在解釋天之明命所予對象時，突出強調個體之「我」，以此警醒作爲讀書人的「我」所應承擔的天賦使命，以及發揚本有之明德的主觀能動作用。而《經筵講義》則將其解爲「天之明命，即人之明德也，言先王之心常欲明其明德，如目在夫物不敢忘也。」直接明瞭地將「天之明命」界定爲「人之明德」，語言更爲簡潔明白。並從引導帝王的角度出發，將個體之「我」改解成「先王」，言「先王之心常欲明其明德，如目在夫物不敢忘也，」用先王的事蹟爲後世帝王樹立更加眞實可感的學習榜樣。〔註46〕另在對「克明峻德」的注釋中，《大學章句》解「峻，書作俊。」又解「峻，大也」，〔註47〕之後再不下任何注解。而《經筵講義》除此之外，更是將「峻德」通俗易懂地解釋爲「大德」，「即明德也，言堯能明其大德也」。〔註48〕鼓勵後世帝王以堯爲法，通過明明德的努力，成就聖德帝業。雖然只是個別字詞注釋的改變，但確使得語言更爲明白曉暢，針對性更強，形象也更爲可感。

　　三．行文風格有異。在《大學章句》中的對字詞采取或釋音、或釋義、或考辨，或幾者兼而有之的方式。如在「大甲曰：『顧諟天之明命』」的注釋中，朱熹依次對「大」的讀音、「諟」爲通假字、《大甲》的出處、「顧」字字義、「諟」字字義、「天之明命」句義等進行了疏解，〔註49〕而在《經筵講義》中，僅對「顧」字的字義、「諟」通爲「是」字進行了簡單的注釋後，便直接進入了對「顧諟天之明命」的義理闡發等，〔註50〕語言更爲簡潔。相較而言，《大學章句》的字詞解釋相對詳細，便於考究，語言規範穩健，具有書面化的特點；《經筵講義》則根據表達義理的需要，擇其要而釋之，語言簡練。此外，在《大學章句》中，對「諟」字的辨正與字義揭示分在了兩處，分別解爲「諟，古是字」，

〔註45〕〔宋〕朱熹：《大學章句》，《四書章句集注》，北京：中華書局，2011 年，
　　　　第 5 頁。
〔註46〕〔宋〕朱熹：《經筵講義》，《晦庵先生朱文公文集》卷 15，《朱子全書》第 20 冊，
　　　　上海：上海古籍出版社；合肥：安徽教育出版社，2010 年，第 699～700 頁。
〔註47〕〔宋〕朱熹：《大學章句》，《四書章句集注》，北京：中華書局，2011 年，第
　　　　5～6 頁。
〔註48〕〔宋〕朱熹：《經筵講義》，《晦庵先生朱文公文集》卷 15，《朱子全書》第 20
　　　　冊，上海：上海古籍出版社；合肥：安徽教育出版社，2010 年，第 700 頁。
〔註49〕〔宋〕朱熹：《大學章句》，《四書章句集注》，北京：中華書局，2011 年，
　　　　第 5 頁。
〔註50〕〔宋〕朱熹：《經筵講義》，《晦庵先生朱文公文集》卷 15，《朱子全書》第 20
　　　　冊，上海：上海古籍出版社；合肥：安徽教育出版社，2010 年，第 699 頁。

又曰：「諟，猶此也，或曰審也。」語意不連貫，行文有支離破碎之嫌。而在
《經筵講義》中則注爲「諟，古『是』字，通用」，擇要而解，以確保句意貫
通，行文流暢，便於言說。又如「克明峻德」之「峻」，《大學章句》注：「峻，
書作俊。」又解：「峻，大也」，〔註51〕其字的考辨與字義分在兩處，而《經筵
講義》則將兩者連爲一體，注曰「峻，書作『俊』，大也。大德即明德也，言
堯能明其明德。」〔註52〕層層推衍注解，一氣呵成，語言流暢，具有口語化、
生活化的特點。此外，對其他章節的「親」「緡」「菉」「喧」「誼」等字，朱熹
的《大學章句》與《經筵講義》同樣存在類似的處理情況。

由此可見，《大學章句》是適合學者閱讀的文本，語言具有書面化、學術
化的特點，強調言必有出處，以便其追根溯源，涵詠體會以自得。而《經筵
講義》則爲適合講說的文本，其字詞訓詁的繁簡、詳略、刪減與注釋，均服
從於義理闡發的需要，要求行文流暢，一貫而下，便於言說講論，語言明白
曉暢，通俗易懂，具有口語化、生活化的特點。

通過《經筵講義》與《大學章句》的比較，可知因帝王之學與士大夫之學
詮釋對象與爲學要求的不同，從而導致了兩者經典詮釋目的、詮釋體例、詮釋
風格與語言表述等方面的差異。由於經筵講義體具有闡發義理、主題鮮明、形
式靈活、通俗易懂等特點，很好地適應了帝學的目標與追求，因而從「元豐間，
陸農師（陸佃）在經筵始進講義」開始，〔註53〕呂公著、周必大、張栻、楊時、
陳傅良等名臣碩儒紛紛創作經筵講義，力圖通過經典詮釋，致君堯舜，成就君
德帝業。這也是朱熹爲什麼在經筵進講之際，不採用其早已成型的《大學章句》
作爲講稿，而是重新創作《經筵講義》進呈的根本原因之所在。

正如同姜鵬所說的那樣：「『帝王之學』和章句之學雖然都以儒家經典爲根
本，但這是不同的兩種學問」，「雖然宋學家未必全不講訓詁，漢學家也未必沒
有天下關懷，但從宋儒要將帝王學習經典的旨趣從章句訓詁中解放出來看，『帝
王之學』主要存在於經宋學層面，而章句之學存在於經漢學層面」。〔註54〕可見，

〔註51〕〔宋〕朱熹：《大學章句》，《四書章句集注》，北京：中華書局，2011 年，第
　　　　5～6 頁。
〔註52〕〔宋〕朱熹：《經筵講義》，《晦庵先生朱文公文集》卷 15，《朱子全書》第 20
　　　　冊，上海：上海古籍出版社；合肥：安徽教育出版社，2010 年，第 699 頁。
〔註53〕〔宋〕王應麟，樂保群等校點：《經說》，《困學紀聞》卷 8，上海：上海古籍
　　　　出版社，2015 年，第 201 頁。
〔註54〕姜鵬：《北宋經筵與宋學興起》，上海：上海古籍出版社，2013 年，第 139 頁。

帝學的興起，促進了中國傳統經典詮釋形態從章句訓詁之學到義理之學的轉型。采取何種經學體例與形式，詮釋與建構帝王之學，是宋代經學演變的重要因素。此外由於宋代經筵官「多爲學界指標性人物，轉任、落職或致仕後仍舊影響當時學術的發展」，﹝註55﹞因而講義體成爲宋代士大夫詮釋經典義理，傳播學術思想與儒學精神的重要載體，促進了理學興盛與儒家價值理念的迅速普及，所以土田健次郎將宋代帝王之學的興盛作爲「道學」之所以能在社會中扎根的重要原因，﹝註56﹞揭示了與士大夫之學不同的帝王之學，在宋代學術與思想轉型過程中的重要作用，以及理學與帝學之間的聯繫。

5.2　朱熹《經筵講義》的帝學主體意識

在朱熹《四書》學的新經典體系中，《大學》是其平生用力最多的一本書，他不僅重新編定《大學》文本，多次修改《大學章句》，而且在紹熙五年入侍經筵之際，發揮《大學》經義，撰寫《經筵講義》進呈宋寧宗，力圖以《大學》的「三綱領」、「八條目」爲框架，建構以「道德性命」爲特徵的帝王之學，以儒家的價值理念影響君主，感格君心，致君堯舜，重構政治社會生活秩序，實現天下有道的王道理想。

如果說朱熹的《大學章句》是爲國家塑造與培養合格的士大夫而進行的經典詮釋，強調的是「初學入德之門」，「學者必由是而學焉」；﹝註57﹞那麼《經筵講義》則是以培養合格的帝王爲指向的「帝王之學」的經典文本，其重點在於「修己治人而及於天下國家者」，﹝註58﹞將《大學》中的窮理修身、齊家治國平天下之道作爲帝王應該掌握的治國之要道。﹝註59﹞然而，有意思的是，同樣是對《大學》經旨的義理發揮，《經筵講義》與《大學章句》相較而言，

﹝註55﹞吳國武：《經術與性理——北宋儒學轉型考論》，北京：學苑出版社，2009 年，第 72 頁。

﹝註56﹞〔日〕土田健次郎：《道學之形成》，上海：上海古籍出版社，2010 年，第 11 ～12 頁。

﹝註57﹞〔宋〕朱熹：《大學章句》，《四書章句集注》，北京：中華書局，2011 年，第 4 頁。

﹝註58﹞〔宋〕朱熹：《經筵講義》，《晦庵先生朱文公文集》卷 15，《朱子全書》第 20 冊，上海：上海古籍出版社：合肥：安徽教育出版社，2010 年，第 692 頁。

﹝註59﹞〔宋〕朱熹：《經筵講義》，《晦庵先生朱文公文集》卷 15，《朱子全書》第 20 冊，上海：上海古籍出版社：合肥：安徽教育出版社，2010 年，第 691 頁。

特別強調「大學之道不在於書而在於我」，要求在學習《大學》時，「必先讀經文，使之習熟，而綱領條目羅列胸中，如指諸掌，然後博考傳文，隨事體察而實致其力，使吾所以明德而新民者無不止於至善，而天下之人皆有以見其意誠、心正、身修、家齊、國治、天下平之效」。〔註60〕將文本的熟讀與日用常行的察識踐履結合起來，紮紮實實做身體力行的工夫，從而實現內聖外王的「大學之道」。這種將「書」與「我」對舉，對「我」之主體性的重視與高揚是《大學章句》中所沒有的。

朱熹為什麼會如此高揚「我」之主體性與自覺性呢？這不僅與《經筵講義》所教育的對象為帝王的特殊身份有關係，而且還與個體由「知」到「行」的道德認知與實踐，以及朱熹的經典詮釋宗旨有聯繫。

5.2.1　道德自覺性與主體性：聖王理想實現的關鍵

由於在中國封建社會的權力結構中，所有的政治、經濟、文化、教育等大權主要集中的皇帝一人手中，「天下之事，其本在於一人，而一人之身，其主在於一心」，〔註61〕因而人主之學與不學、學之正與不正、天下之治與不治，全在乎其喜怒哀樂、頻笑念慮、視聽言動之間；在乎其是從國家社會發展的整體公義與百姓福祉出發，還是從個人的窮奢極欲、權力富貴等私欲出發；是道心常為一身之主，還是人心流蕩、物欲橫流？作為經筵講官的朱熹及其他百官大臣，對待君主無限膨脹的私欲與權力，在當時的社會條件下，均無法從根本上或制度上予以限制或解決。雖然朱熹利用經筵進講的機會，樹立了「天理」的最高權威與本體原則，將君主納入了儒家之道規範的範圍，要求其按照理學的要求修身立德、治國理政，從而正君心限君權，但其力量畢竟有限。

對此，朱熹也是心知肚明，所以他一面運用理、氣、心、性等哲學命題與邏輯體系建構帝王之學，力圖從理論上說服、打動、影響君主，另一方面又不得不將理想的實現寄託在君主自身的道德自覺性與主體性上，所以朱熹說：「此事在臣但能言之，而其用力則在陛下。」〔註62〕朱熹作為經筵侍講，

〔註60〕　〔宋〕朱熹：《經筵講義》，《晦庵先生朱文公文集》卷15，《朱子全書》第20冊，上海：上海古籍出版社；合肥：安徽教育出版社，2010年，第699頁。

〔註61〕　〔宋〕朱熹：《己酉擬上封事》，《晦庵先生朱文公文集》卷12，《朱子全書》第20冊，上海：上海古籍出版社；合肥：安徽教育出版社，2010年，第618頁。

〔註62〕　〔宋〕朱熹：《乞進德劄子》，《晦庵先生朱文公文集》卷14，《朱子全書》第

其所能做的也就是將帝王之學的原理、萬事萬物之間的聯繫、爲人處事的原則、應事接物的方法、治國理政的理念等講清楚、講透徹，而最終的成效如何，則需要君主從格物致知、即事窮理中去體會天理本性之善，充分發揮主體的道德自覺性與能動性，身體力行地做誠意正心的道德踐履與修己治人的工夫。「天下事，須是人主曉得通透了，自要去做，方得。」〔註63〕明理體道（知）之後，則要做擇善固執、惟精惟一的工夫（行），才會「聖德日新，聖治日起」而有「得」（德與業）。如果帝王設置經筵講官進講，只是「徒爲觀聽之美」，而不「實下工夫」，將所學的義理要道不用之具體的身心實踐與現實政治治理之中，再高明的道理與學問，也無法發揮「窒乎禍亂之原」的功能而有益於治道，〔註64〕所以「大學之道不在於書而在於我」，這既是朱熹對主體之「我」的道德自覺性與主體性的高度評價，同時也是在君主專制制度下，對實現帝王之學無可奈何的選擇與一聲歎息。

5.2.2　認知來源與過程：天命在我、知之在我

　　朱熹如此高度重視帝王「大學之道不在於書而在於我」的主體意識，除了帝王的特殊身份外，還與認知產生的根源與過程密切相關。

　　首先從認知的來源而言，「天命在我」。人處天地之間，無不「受天地之中以生」，具有仁義禮智之性，這是天之所賦予我的人之所以爲人的根本，也即所謂的命，故「人之明德非他也，即天之所以命我，而至善之所存也。是其全體大用蓋無時不發見於日用之間，事親事長、飲食起居，其所當然，各有明法。」〔註65〕「我」是「天命」之載體，「明德」在我而不在於人。「明德」時時在日用倫常、待人接物處體現出來，但是「人」往往身處其中而「不察」，以至於其常爲「氣稟物欲得以蔽之而不能自明」，這種明德不能自明的根本原因不在他人，而在於我「自有以昏之」，而「又自陷於一物之小」，不能立定「大體」而爲氣稟物欲所奪，導致人性沉淪，明德昏昧。所以明明德的實質就是從「己」身上做工夫，「自明己之明德也」，再推己及人以新民而臻於至善。如果人「能自明其明德」，則可以「治天下國家而有以

　　　　20 冊，上海：上海古籍出版社；合肥：安徽教育出版社，2010 年，第 675 頁。
〔註63〕〔宋〕黎靖德：《朱子語類》卷 108，北京：中華書局，1986 年，第 2679 頁。
〔註64〕〔宋〕朱熹：《經筵講義》，《晦庵先生朱文公文集》卷 15，《朱子全書》第 20 冊，
　　　　上海：上海古籍出版社；合肥：安徽教育出版社，2010 年，第 712～713 頁。
〔註65〕〔宋〕朱熹：《經筵講義》，《晦庵先生朱文公文集》卷 15，《朱子全書》第 20
　　　　冊，上海：上海古籍出版社；合肥：安徽教育出版社，2010 年，第 700 頁。

新民矣」。〔註66〕所以天命在我而不在於人，發現、擴充、恢復、彰顯、光大「我」之「明德」，不僅是天所「命」我之本然與義務，而且「推吾之所自明以及之，始於齊家，中於治國，而終及於平天下」，也是我義不容辭的責任與使命，〔註67〕一切的成就乃在於「己」之努力與向善。君主作為天下之根本，其言語動作、應事接物之際無不直接關係到天下的興衰治亂，如果君主能夠「有以自新而推以及民，使民之德亦無不新，則天命之新將不旋日而至矣」。反之，如果「君之德昏蔽穢濁而無以自新，則民德隨之，亦為昏蔽穢濁而日入於亂。民俗既壞，則天命去之，而國勢衰弊，無復光華」，最終導致「滅亡之將至」，國破家亡，山河破碎。〔註68〕君德既是天命轉移的依據，也是民心向背、風俗淳正、社會和諧、國家治理的依據，因此作為帝王而言，更應該奉天承命，充分發揚天命之性，端本正始、明善誠身，身為表率，順理因性，自新新民，明明德於天下，而「得以與乎帝王之盛。」〔註69〕

其次，從認知的過程而言，「知之在我」。帝王欲成就堯舜聖王事業，當以講學明理為先，明理又在於致知，而「致知之道在乎即事觀理以格夫物」。〔註70〕由於通天地萬物無非一理，理在物中，物不離理。理無形而物有體，通過即有形之物，可體無形之理。因而格物致知，需要「我」廣泛地接觸萬物，「或考之事為之著，或察之念慮之微，或求之文字之中，或索之講論之際，使於身心性情之德、人倫日用之常，以至於天地鬼神之變、鳥獸草木之宜，莫不有以見其所當然而不容己者」，〔註71〕與其所以然而不可易者。通過學、問、思、辨的方法，體察事物之理，明其所以然與所當然，又推類以通其餘，從窮究一物之理到脫然貫通，以至於達到對萬物共同之理的認識，中間都需要發揮「我」之心「妙眾理而宰萬物」的功能，推而致之，使其「內外照融，

〔註66〕〔宋〕朱熹：《經筵講義》，《晦庵先生朱文公文集》卷15，《朱子全書》第20冊，上海：上海古籍出版社；合肥：安徽教育出版社，2010年，第700頁。

〔註67〕〔宋〕朱熹：《經筵講義》，《晦庵先生朱文公文集》卷15，《朱子全書》第20冊，上海：上海古籍出版社；合肥：安徽教育出版社，2010年，第694頁。

〔註68〕〔宋〕朱熹：《經筵講義》，《晦庵先生朱文公文集》卷15，《朱子全書》第20冊，上海：上海古籍出版社；合肥：安徽教育出版社，2010年，第703頁。

〔註69〕〔宋〕朱熹：《戊申延和奏劄五》，《晦庵先生朱文公文集》卷14，《朱子全書》第20冊，上海：上海古籍出版社；合肥：安徽教育出版社，2010年，第664頁。

〔註70〕〔宋〕朱熹：《經筵講義》，《晦庵先生朱文公文集》卷15，《朱子全書》第20冊，上海：上海古籍出版社；合肥：安徽教育出版社，2010年，第697頁。

〔註71〕〔宋〕朱熹：《經筵講義》，《晦庵先生朱文公文集》卷15，《朱子全書》第20冊，上海：上海古籍出版社；合肥：安徽教育出版社，2010年，第709頁。

無所不盡」。〔註72〕所以說「物格者，事物之理各有以詣其極而無餘之謂也。理之在物者，既詣其極而無餘，則知之在我者，亦隨所詣而無不盡矣。」〔註73〕在格物致知的過程中，從「理之在物」到「知之在我」，從認識、發現、體認天理本然之「明德」，到推至其極而知至，「我」之主體性與能動性，依然是溝通內外、連接物我的關鍵。

5.2.3　道德踐履與成就：其機在我、至善在我

在成就聖王理想的道路上，體會到天理之來源與所存，接下來就是要將之貫徹到身心道德實踐中去，方可意誠心正、成己成物。

首先，從道德實踐的關鍵點而言，「其機在我」。雖然通過格物致知洞悉了「天理」就是「人心之本然」，然而心又有天理與人欲、道心與人心之別。如何在兩者之間，確保心之所發皆一於善而意誠心正呢？其著力點何在？朱熹認爲「本心之善，其體至微」，常常會受到利欲的侵擾與攻擊，如「一日之間，聲色臭味游衍馳驅，土木之華、貨利之殖雜進於前」，〔註74〕現實生活中的各種聲色利害無時不在，以至於本然之善隱微不顯，難以呈露。從而導致道心愈微，人心愈危，天理未純，人欲未盡。因而要確保意誠心正，就必須「致謹於隱微之間」，做到「有主於中，有地可據」。〔註75〕體察道心人心之微，天理人欲之別，從而必信「其理之在我而不可須臾離也」〔註76〕，守其本心之正，在人心、道心的隱微之間，不讓私欲邪心有可乘之機，可藏之處，則可正君心而應天下萬事之本。反之，帝王如果「爲善而不能充其量，除惡而不能去其根，是以雖以一念之頃，而公私邪正、是非得失之幾未嘗不明分角立而交戰於其中」。〔註77〕其念慮隱微之間，心之邪正，善惡得失，常若十

〔註72〕〔宋〕朱熹：《經筵講義》，《晦庵先生朱文公文集》卷15，《朱子全書》第20冊，上海：上海古籍出版社；合肥：安徽教育出版社，2010年，第697頁。

〔註73〕〔宋〕朱熹：《經筵講義》，《晦庵先生朱文公文集》卷15，《朱子全書》第20冊，上海：上海古籍出版社；合肥：安徽教育出版社，2010年，第697頁。

〔註74〕〔宋〕朱熹：《己酉擬上封事》，《晦庵先生朱文公文集》卷12，《朱子全書》第20冊，上海：上海古籍出版社；合肥：安徽教育出版社，2010年，第618頁。

〔註75〕〔宋〕朱熹：《經筵講義》，《晦庵先生朱文公文集》卷15，《朱子全書》第20冊，上海：上海古籍出版社；合肥：安徽教育出版社，2010年，第712頁。

〔註76〕〔宋〕朱熹：《己酉擬上封事》，《晦庵先生朱文公文集》卷12，《朱子全書》第20冊，上海：上海古籍出版社；合肥：安徽教育出版社，2010年，第618頁。

〔註77〕〔宋〕朱熹：《戊申延和奏箚五》，《晦庵先生朱文公文集》卷14，《朱子全書》第20冊，上海：上海古籍出版社；合肥：安徽教育出版社，2010年，第662頁。

目所視，十手所指而不可掩，必然發見於外，人「無不見之，甚可畏也」，〔註78〕故「其機則固在我而不在人也。」〔註79〕誠意正心的用力之處就在於善惡得失、隱微萌芽之處，需要「我」不時地深致省察，反身而誠，常存此心，於「一念之萌，則必謹而察之，此為天理耶，為人欲耶？果天理也，則敬以擴之，而不使其少有壅閼；果人欲也，則敬以克之，而不使其少有凝滯。推而至於言語動作之間、用人處事之際，無不以是裁之」，〔註80〕日日克之，不以為難，持之以恆，自然可以做到「私欲淨盡，天理流行，而仁不可勝用也」。〔註81〕因此朱熹在誠意正心過程中特重慎獨謹微的工夫，甚至將造成國家治亂危安兩種截然不同的效果，歸之於心之公私邪正。而心之公私邪正又源自於是循天理還是循人欲，需要「我」在善惡萌動的「幾微」處用力，做慎獨、精一、克復的工夫，這是從「知」到「行」的關轉處。

其次，從道德的成就而言，「至善在我」。如果格物致知是為了「求知至善之所在」，為「知」的工夫，需要我「因事推窮以至其極，而又推類以盡其餘」，確立人生努力的方向與目標。那麼，「自意誠以至於平天下」，則是「所以求得夫至善而止之也」，為「行」的實踐，需要「我」涵養本原，實致其功，才能真正地「自得」而有「德」，得此道於身，達到「至善在我而無所不用其極」的境界。〔註82〕至善既是天之所賦予「我」之本然之性，為「我」人生提供無窮的動力與方向，又是「我」通過後天的工夫修煉要達到的境界與目的。縱觀《大學》之文，所謂的「克明德」，就是「欲學者自彊其志，」主動體認本有之明德，使天賦之正氣正理「以勝其氣稟之偏、物欲之蔽，而能明其明德」；所謂「顧諟天之明命」，就是「欲學者之於天理心存目在而不可以頃刻忘也」，以誠敬存心，念念在茲；其言「苟日新，日日新，又日新」者，欲學者深自省察，「一日沛然有以去惡而遷善，則又如是日日加功而無間斷」，

〔註78〕〔宋〕朱熹：《經筵講義》，《晦庵先生朱文公文集》卷15，《朱子全書》第20冊，上海：上海古籍出版社；合肥：安徽教育出版社，2010年，第712頁。

〔註79〕〔宋〕朱熹：《戊申封事》，《晦庵先生朱文公文集》卷11，《朱子全書》第20冊，上海：上海古籍出版社；合肥：安徽教育出版社，2010年，第591頁。

〔註80〕〔宋〕朱熹：《辛丑延和奏劄五》，《晦庵先生朱文公文集》卷14，《朱子全書》第20冊，上海：上海古籍出版社；合肥：安徽教育出版社，2010年，第664～665頁。

〔註81〕〔宋〕朱熹：《戊申封事》，《晦庵先生朱文公文集》卷11，《朱子全書》第20冊，上海：上海古籍出版社；合肥：安徽教育出版社，2010年，第591頁。

〔註82〕〔宋〕朱熹：《經筵講義》，《晦庵先生朱文公文集》卷15，《朱子全書》第20冊，上海：上海古籍出版社；合肥：安徽教育出版社，2010年，第696頁。

持之以恆，擇善固執；其言「如切如磋，如琢如磨」者，「欲學者之不以小善
自足，而益進其功」，日積月累，精益求精，「以求止於至善，亦日新之意也」。
〔註83〕以上所言，其言雖殊，其意則一，所用力之重點皆放在我之實下工夫，
知止得止，日新其德，以至於至善在我，優入聖域。帝王如能至此，則宋雖
舊邦，其命維新，治理家國天下亦無難矣。有鑑於此，朱熹在《經筵講義》
中時時不忘勸誡寧宗皇帝「深思猛省，痛自策勵」，兼取孟子、程氏之言，居
敬持志，求其放心，涵養本原，「實下工夫，不可但崇空言，以應故事而已也」，
〔註84〕真知力行，內聖外王，成就君德帝業。

5.2.4　詮釋宗旨：為學修身的「第一義」與「第二義」

　　朱熹在《經筵講義》中將「書」與「我」對舉，突出強調「大學之道」
不在於「書」而在於「我」，表明了他所要詮釋、建構的學問與思想體系，絕
對不是字詞訓詁、雕章琢句，「涉獵記誦而以雜博相高，割裂裝綴而以華靡相
勝」的俗儒書生之學，而是要與個體身心實踐相結合，「味聖賢之言以求義理
之當，察古今之變以驗得失之幾，而必反之身以踐其實」，有利於社會秩序的
重新建構、儒家內聖外王理想實現的經世致用之「正學」。〔註85〕其對《大學》
經典的學習與詮釋過程中，「必先讀經文，使之習熟，而綱領條目羅列胸中，
如指諸掌，」然後「博考傳文，隨事體察而實致其力」的為學原則與方法的
強調，〔註86〕體現了其「讀書底已是第二義」，〔註87〕只有落實於現實生活中
的身心實踐才是「第一義」的為學宗旨。〔註88〕

　　朱熹認為《大學》等儒家經典承載了古帝明王、先聖前哲的「粲然之跡、
必然之效」，是古聖先賢的人生智慧、社會閱歷、治國理政等歷史經驗的結晶，
因而欲求道明理，需即是而求之，「必因先達之言以求聖人之意，因聖人之意

〔註83〕　〔宋〕朱熹：《經筵講義》，《晦庵先生朱文公文集》卷15，《朱子全書》第20冊，
　　　　　上海：上海古籍出版社；合肥：安徽教育出版社，2010年，第706～707頁。
〔註84〕　〔宋〕朱熹：《經筵講義》，《晦庵先生朱文公文集》卷15，《朱子全書》第20
　　　　　冊，上海：上海古籍出版社；合肥：安徽教育出版社，2010年，第710頁。
〔註85〕　〔宋〕朱熹：《己酉擬上封事》，《晦庵先生朱文公文集》卷12，《朱子全書》
　　　　　第20冊，上海：上海古籍出版社；合肥：安徽教育出版社，2010年，第619頁。
〔註86〕　〔宋〕朱熹：《經筵講義》，《晦庵先生朱文公文集》卷15，《朱子全書》第20
　　　　　冊，上海：上海古籍出版社；合肥：安徽教育出版社，2010年，第699頁。
〔註87〕　〔宋〕黎靖德：《朱子語類》卷10，北京：中華書局，1986年，第161頁。
〔註88〕　朱漢民：《實踐-體驗：朱熹的〈四書〉詮釋方法》，《中國哲學史》，2004年
　　　　　第4期。

以達天地之理。」〔註 89〕通過經典文本與語言文獻的學習，探求到蘊含在經典背後的聖人之道，並進而達致對天地萬物之理的認識，成就堯舜聖王的事業。但是經典畢竟是過去的歷史社會、人生經驗的總結，要突破經典文本的歷史性與侷限性，真正體會聖人之意，發揮其對現實的世道人心、社會秩序、倫理綱常的指導意義，就必須發揮「我」之主觀能動性，「少看熟讀」，「反覆體驗」〔註 90〕，將古聖先賢為學修身、治國理政的原則與道理，身體力行地切己體察、實踐踐履。「須是經歷過，方得」〔註 91〕。體之於己，才能得之於己，使得經典所承載的聖人之意與天地之理，在現實的政治社會生活中延續其生命力，「活」在當下，發揮其應有的指導意義與作用，體現了朱熹帝王之學的人文理性與儒學實踐品格，這也是朱熹的經典詮釋與學術思想體系能夠歷久彌新的魅力之所在。

　　總而言之，在內聖修德與外王事功成就的過程中，無論是對「天命」之性的察識擴充，格物致知的豁然貫通，還是誠意正心於善惡「幾微」處做工夫，以至於明明德於天下的「至善」之境的實現，都有賴於「我」之主體意識的覺醒與道德踐履的自覺，「我」是成己成物，成就堯舜聖王之君的關鍵因素。這不僅與帝王的特殊身份以及朱熹經典詮釋宗旨有關，而且與個體從知到行的道德自覺與踐履密切相關。「我」作為萬物之靈，是聯通物我、人己、天地、社會與自然的中介，不僅具有天所賦之「明德」，而且具有認識自身與天地萬物、參贊化育的能力，「我」之主體性始終是帝王之學實現的關鍵。

　　為突出帝王自身的自覺性與能動性在實現帝學，成就君德帝業中的關鍵作用，朱熹在《經筵講義》中對《大學》的義理進行詮釋與發揮時，總會在章旨要義的結尾處，聯繫帝王的立身行事，拳拳勸誡其「深留聖意」、「實下工夫」，做真知力行的工夫，將大學要道會之於心，體之於行，得之於己，成之於事，由聖而王。如《大學》解題中，朱熹希望寧宗能夠就《大學》要旨及其以「此篇進講」的用意處，「惟聖明之留意焉！」〔註 92〕在《大學》經文

〔註 89〕　〔宋〕朱熹：《答石子重》，《晦庵先生朱文公文集》卷 42，《朱子全書》第 22
　　　　　冊，上海：上海古籍出版社；合肥：安徽教育出版社，2010 年，第 1920 頁。
〔註 90〕　〔宋〕黎靖德：《朱子語類》卷 10，北京：中華書局，1986 年，第 165 頁。
〔註 91〕　〔宋〕黎靖德：《朱子語類》卷 10，北京：中華書局，1986 年，第 161 頁。
〔註 92〕　〔宋〕朱熹：《經筵講義》，《晦庵先生朱文公文集》卷 15，《朱子全書》第 20
　　　　　冊，上海：上海古籍出版社；合肥：安徽教育出版社，2010 年，第 692 頁。

前章中，朱熹希望寧宗於明德與新民、知止與得止的本末先後之序，以及「天下國家之達道通義」上詳加審查，「深留聖意，乞伏睿照」。〔註93〕《大學》經文後章中，則要求寧宗將修身、齊家的工夫落實到小至日用飲食之餘，大到發號施令黜陟之際，做到身修親悅，「舉而措諸天下」，成就王道事業。〔註94〕對於《大學》傳文四章的詮釋中，朱熹希望寧宗能夠深入把握「克明德」、「顧諟天之明命」、「苟日新，日日新，又日新」、「如切如磋，如琢如磨」之間的關係與意旨，持之以恆，實致其功，摒棄氣稟物欲，天理日明，臻於至善，以承天命。〔註95〕在釋「格物致知」章時，則要求寧宗以格物致知的工夫，涵養其本原，深思猛省，痛自策勵，「實下工夫，不可但崇空言，以應故事」，將所學之義理要到運用至實際中去，稟本執要，「正心術以立紀綱而治天下」。〔註96〕在釋「誠意」章的結尾處，朱熹希望寧宗，於一念之微處「深加省察，實用工夫」，存天理滅人欲，立身修德，以補治道。〔註97〕朱熹經筵進講總計七次，而其對君主在修身立德過程中的「我」之主動力行、踐履之功的強調則高達六次。其所有的勸誡與苦心，都指向一個目標：那就是希望通過經筵講學，影響、說服君主接受儒家的思想觀念與價值理念，並激發君主內在的道德自覺性與能動性，將儒家之道的原則與方法，運用到身心實踐與治國理政的實際中去，從而引導君主由內聖通向外王，確保儒家德政仁治理想的實現。這就是朱熹為何在《經筵講義》中特重「大學之道不在於書而在於我」主體意識發揮的根本用意之所在。

5.3　朱熹帝學與《經筵講義》

　　《經筵講義》是紹熙五年（1194），朱熹被任命為煥章閣待制兼侍講，專

〔註93〕〔宋〕朱熹：《經筵講義》，《晦庵先生朱文公文集》卷15，《朱子全書》第20冊，上海：上海古籍出版社；合肥：安徽教育出版社，2010年，第696頁。
〔註94〕〔宋〕朱熹：《經筵講義》，《晦庵先生朱文公文集》卷15，《朱子全書》第20冊，上海：上海古籍出版社；合肥：安徽教育出版社，2010年，第699頁。
〔註95〕〔宋〕朱熹：《經筵講義》，《晦庵先生朱文公文集》卷15，《朱子全書》第20冊，上海：上海古籍出版社；合肥：安徽教育出版社，2010年，第706～707頁。
〔註96〕〔宋〕朱熹：《經筵講義》，《晦庵先生朱文公文集》卷15，《朱子全書》第20冊，上海：上海古籍出版社；合肥：安徽教育出版社，2010年，第709～710頁。
〔註97〕〔宋〕朱熹：《經筵講義》，《晦庵先生朱文公文集》卷15，《朱子全書》第20冊，上海：上海古籍出版社；合肥：安徽教育出版社，2010年，第712～713頁。

門爲宋寧宗講學而編寫的帝學教材與經筵講稿，體現了其以理學建構帝學的思想觀念與價值追求，寄寓了其以引君於「道」，致君堯舜，以道統規範治統的理想。

5.3.1　朱熹「帝學」理論體系的理學特徵

在《經筵講義》中，朱熹以天理論、心性論、工夫論、理一分殊等理論爲基礎，將理、氣、心、性、道心、人心、天理、人欲等命題與範疇，運用至《大學》的義理詮釋之中，解答了爲帝王學什麼、爲什麼學、如何學等系列問題，爲塑造理想聖王提供了理論依據與哲理論證，從而初步完成了理學化的帝學理論建構，並使其帝王之學呈現出「道德性命」的理學特徵。

5.3.1.1　確立了以《大學》爲核心的儒家正學的地位

朱熹認爲學術具有對政治的指導作用，帝王之學與不學、學之正與不正，直接關係到天下國家之治亂，因而在對帝王進行教育時，首先就必須選擇以哪種學問引導帝王於正道。通過將儒學與其他學說的對比，朱熹認爲帝王之學既不是釋老之學，也不是管商功利之說、記誦辭章之學，而應該是儒家正學。孔孟之後，道學不傳，只有程顥、程頤等得其不傳之緒，闡明《大學》，開示學者，接續堯舜等聖聖相傳之「道統」與「正學」，講明修己治人、治國平天下之道，才是所謂的眞儒，從而確立了程朱理學的正統地位。同時由於《大學》就是「古者聖帝明王之學」，其「格物致知」、「誠意正心」即是堯舜所謂的「精一」與「執中」，具有「外有以極其規模之大，而內有以盡其節目之詳」的特點，〔註98〕完整地展示儒家爲學修身的工夫次第，濃縮了《六經》經旨脈絡，承載了堯舜等聖王授受的心法之要。因而帝王要想掌握古代聖帝明王所流傳下來的正道與正學，成就堯舜般的聖王事業，就必須由《大學》而入，而及《論語》、《孟子》、《中庸》，進而《六經》及其他經典。這是由大學本身所具有的思想內涵、結構特點與爲學規模所決定的，提供了由內聖到外王之間的雙向通道，能夠很好地承擔起引導帝王由內聖而及於外王的理論任務。朱熹以《大學》爲思想框架，倡導儒家正學，實質就是以理學建構帝學，給帝王提供一種學爲聖王的新範式，以此成就君德帝業，實現道濟天下的理想。

〔註98〕〔宋〕朱熹：《大學章句序》，《四書章句集注》，北京：中華書局，2011 年，第 3 頁。

5.3.1.2 以天理為最高本體，為帝王學為聖王提供理論依據

天地之間無非一理流行，「理」是人人所應遵守的「所以然」與「所當然」，朱熹通過理、氣、心、性等命題的闡發，以天地萬物同出一理，肯定了人人平等地擁有仁義禮智之性；同時又以氣秉之異與物欲之蔽，詮釋了現實天地萬物之間的千差萬別。將「明德」視為人之所以為人的本質屬性，解答了「明德」的來源以及明德「不明」的原因，既從普遍意義上論證了人人皆可學為堯舜的可能性，又解答「學」以復性盡倫的必要性。同時將帝王也納入了「天理」所規範的範圍，要求帝王與普通士大夫一樣，依據理學的普世標準修身立德，為其學為聖王提供了形而上的理論依據與終極價值源泉。因此「人主之學當以明理為先」，〔註99〕依循天理之當然與必然，體認、擴充本有之「明德」，將「天理」的原則運用到身心實踐與治國理政的實際中去，從而實現學為堯舜，盛德至善，天下有道的終極目標。體現了朱熹力圖借助天理的權威與普適性原則約束君主，以道統規範治統的努力，在一定意義上具有限制君權，反對君主專制的進步意義。此外，朱熹又將帝學的實現寄寓在帝王個人的道德自覺與自律性上，因而其通過正君心限君權成治道的理想，在實際的政治運作中難以真正地發揮作用，具有其歷史侷限性。

5.3.1.3 以工夫論與理一分殊的原則，詮釋了帝學實現的路徑

由於萬物各具一理，萬理同出一原，因而通過對事事物物分殊之理的窮究，可使萬物之理與心中之理相互印證，在日用倫常中達致對共同之理與至善的認識。有無格物致知，是儒學與釋老之學的根本區別之所在，體現了儒家極高明而道中庸的實踐精神與道德品格，是為學的第一要務與適道之始。而誠意正心則是將體認到的天理落實到日用常行中，用道心克服人心，做戒慎其獨、惟精惟一等工夫，得此「道」於「身」的重要環節。格物致知是誠意正心的基礎與前提，而誠意正心則是格物致知的延伸與結果。因而只要抓住了修身這個根本，則「家之齊、國之治、天下之平，亦舉而措之耳，」〔註100〕這就是「大學之道」所謂的本末先後的為學修身之序，體現了朱熹外王必以內聖為本，內聖所以為外王的致思方式與帝學思想特徵。同時由於天理之「至善」在人類社

〔註99〕〔宋〕朱熹：《癸未垂拱奏箚二》，《晦庵先生朱文公文集》卷 13，《朱子全書》第 20 冊，上海：上海古籍出版社；合肥：安徽教育出版社，2010 年，第 633 頁。

〔註100〕〔宋〕朱熹：《癸未垂拱奏箚一》，《晦庵先生朱文公文集》卷 13，《朱子全書》第 20 冊，上海：上海古籍出版社；合肥：安徽教育出版社，2010 年，第 631 頁。

會主要表現爲三綱五常、仁義禮智等倫理原則與道德規範，因而格物致知與誠意正心，實際是將外在的社會倫理道德規範不斷內化的過程，從而加強踐履倫理道德的主動性、自覺性，構建一個上下有序、和諧穩定，普遍有道德的理想社會，實現天理論、工夫論與政治論、道德論等理論的相互貫通。

劉笑敢先生曾經說過：「中國的哲學詮釋傳統的典型形式是以經典詮釋的方式進行哲學體系的建構或重構」〔註101〕，「一個人或一部哲學著作是否有哲學體系取決於幾個要素，其中特別主要的包括是否有兩個或若干不同的理論側面，這些理論側面之間是否有某種大體協調的一致性或張力，以及這些理論側面之間是否具有某種理論關係所組成的結構」。〔註102〕如果我們以劉笑敢先生關於「一個人或一部哲學著作是否有哲學體系」的「幾個要素」的論斷，來審視朱熹帝學理論體系的建構，可以發現，朱熹以天理論、心性論爲核心，以工夫論爲方法，以理一分殊爲原則，對《大學》的經旨奧蘊，進行了理學化的重新詮釋，爲帝王學什麼、爲什麼學、如何學等問題，以及聖王理想的確立與實現提供了理論論證與義理詮釋，其中即包含了「兩個或若干不同的理論側面」，成爲了具有某種內在聯繫與較大張力的理論體系。因而，從某種意義上而言，朱熹已初步完成了帝王之學的理論建構，爲儒家王道理想的實現與帝王外王事業的開拓，奠定了「內聖」的依據與基礎，使其帝學呈現出「道德性命」的理學特徵，並與宋代之前偏重於功利權謀、缺乏有關「天人性命的成體系的議論」的帝王術區別開來。〔註103〕這既是朱熹對時代問題的思考與回應，又是對宋代帝學思想的繼承與發展。

5.3.2　朱熹以《經筵講義》建構帝學的原因

5.3.2.1　時代需要

宋代建國以後，如何重建政治社會秩序，挽救世道人心，成爲了擺在宋

〔註101〕劉笑敢：《詮釋與定向：中國哲學研究方法之探究》，北京：商務印書館，2009年，第 31 頁。

〔註102〕劉笑敢：《詮釋與定向：中國哲學研究方法之探究》，北京：商務印書館，2009年，第 31 頁。

〔註103〕日本學者土田健次郎認爲，在宋代之前，唐代的儒學文獻中，有一些講述當政者的心術、爲臣者的實踐倫理，或與此相關之故事的書籍，如《貞觀政要》、《帝範》、《臣軌》、《群書治要》等書，所缺少的，就是有關天人性命的成體系的議論，這使他們在宋代越來越不受人關注。見土田健次郎：《道學之形成》，上海：上海古籍出版社，2010 年，第 39～40 頁。

代君臣面前一個重大的時代課題。爲此，宋朝採取了系列文治策略：一方面倡導讀書，重用儒臣，採取科舉取士等方式，將大批知識分子吸納到國家政權中來，促進了士大夫階層的崛起，形成了天下爲己任，與帝王同治天下的政治主體意識。另一方面重視儒家經典對帝王教育的作用，開經筵重講學，促使了經筵制度的定型與帝學的興起，爲士大夫利用經典詮釋的優先權，影響帝王心性修養及其政治實踐提供了制度性平臺。他們紛紛致力於學術體系與政治思想的建構與撰述，力圖以學術指導政治，實現得君行道，重建政治社會秩序的王道理想，促使了宋代學術由傳統章句訓詁之學向義理之學的轉型。經筵講義即是這種學術轉型與帝學興起的產物，是宋代士大夫切入政治，用儒家經義影響帝王的重要載體，寄寓了其致君堯舜、道濟天下的理想追求。自從陸佃在經筵始進講義之後，經筵講義就成爲專爲帝王教育而創作的帝學講稿或教材而流傳開來。朱熹以《經筵講義》爲載體，建構帝學理論體系，力圖以道統規範治統，塑造理想聖王，即是對宋代重建政治社會秩序時代課題的回應。

5.2.3.2 現實需要

朱熹所處的南宋時代，外有少數民族虎視眈眈，攻城掠地，山河破碎；內則君臣苟且偷安，不思進取，吏治腐敗，民不聊生。朱熹擔任地方官的經歷，使他廣泛地接觸了南宋的政治與社會生活；百姓的疾苦與國家的危機，促使他不斷地思索救國救民的良策。朱熹一方面認識到士大夫風氣不振，計較個人利祿得失而「漠然無意於民」，是導致國弊民疲的重要原因，因而「此學不明，天下事絕無可爲之理。」〔註104〕只有以「古之大學教人之法」，〔註105〕教天下之士，使其知修身齊家、治國平天下之道，爲國家造就大批有濟世之志的人才，形成強大的社會共識與力量，方可實現道濟天下蒼生的理想。爲此，朱熹重新詮釋了《大學》，以《大學章句》引導學者修身立德，學爲聖人，爲重建合理的政治社會秩序，奠定良好的思想與社會基礎。同時，朱熹在地方政治實踐中還認識到天下之大本在於人主之心，因而要解決南宋整體性的政治社會危機，就必須從權力的源頭的開始，通過以《大學》爲核心的

〔註104〕〔宋〕朱熹：《答林擇之》，《晦庵先生朱文公文集》卷43，《朱子全書》第22冊，上海：上海古籍出版社；合肥：安徽教育出版社，2010年，第1963頁。

〔註105〕〔宋〕朱熹：《大學章句序》，《四書章句集注》，北京：中華書局，2011年，第2頁。

儒家正學，正君心立紀綱，方可成君德立聖治，實現家國天下的治理。因此，朱熹撰寫了《經筵講義》，以理學思想爲內涵，建構帝學理論體系，力圖引導帝王學爲聖王，挽救王朝的危機，實現內政修明與攘夷安邦。這也是朱熹三十多年來，時時不忘以《大學》爲帝王之學，雖「屢進不合而不敢悔者，區區之意獨爲國家計而不敢自爲身謀」的根本原因。〔註106〕

5.3.2.3　學理依據

　　朱熹多年來致力於通過《大學》經義的重新詮釋來建構帝學，並不是自己主觀臆斷地任意發揮，而是有著其深厚的學理依據，是對前人詮釋《大學》思想理路的繼承與發展。《大學》原爲《禮記》中的第四十二篇，現存最早的注疏當爲鄭玄注與孔穎達疏。《禮記正義》曰：「案鄭《目錄》云：『名曰《大學》者，以其記博學，可以爲政也。此於《別錄》屬《通論》。』此《大學》之篇，論學成之事，能治其國，章明其德於天下。」〔註107〕可見，將《大學》視爲經國治民的「爲政之學」，是漢唐時期的普遍觀念。〔註108〕而所謂的大學之道，就是「章明己之光明之德」，「親愛於民」，而「止處於至善之行」。〔註109〕是在「禮」的詮釋視角下，探討如何透過《大學》教育爲政者，彰明其德行，親愛百姓而臻於和諧有序的禮治社會。主要側重從外王的角度，引導包括帝王在內的爲政者遵守典章制度，禮儀規範，修身治國。孔穎達注疏《大學》「皆自明也」時，認爲「此經所云《康誥》、《大甲》、《帝典》等之文」，即是指「人君自明其德也。」〔註110〕可見，《大學》經旨本身就蘊涵了帝王修身治國平天下之要旨。但是在唐代以前，《大學》一直依附「禮記」而行，沒有受到世人的足夠重視。直至中唐時，韓愈開始運用《大學》對抗釋老之學，

〔註106〕〔宋〕朱熹：《庚子應詔封事》，《晦庵先生朱文公文集》卷11，《朱子全書》第 20 冊，上海：上海古籍出版社；合肥：安徽教育出版社，2010 年，第 613 ～614 頁。

〔註107〕〔漢〕鄭玄注，〔唐〕孔穎達疏：《禮記正義》，《十三經注疏》，北京：北京大學出版社，1999 年，第 1592 頁。

〔註108〕以《大學》爲「爲政之學」，可參看：高荻華：《從鄭玄到朱熹：朱子〈四書〉詮釋的轉向》，臺北：大安出版社，2015 年，第 25～43 頁。另劉又銘的《〈大學〉思想的歷史變遷》亦有類似的論述，可參見黃俊傑：《東亞儒者的〈四書〉詮釋》，上海：華東師範大學出版社，2008 年，第 3～34 頁。

〔註109〕〔漢〕鄭玄注，〔唐〕孔穎達疏：《禮記正義》，《十三經注疏》，北京：北京大學出版社，1999 年，第 1594 頁。

〔註110〕〔漢〕鄭玄注，〔唐〕孔穎達疏：《禮記正義》，《十三經注疏》，北京：北京大學出版社，1999 年，第 1597 頁。

提倡道統；李翱以《大學》爲其心性理論建構的重要內容，《大學》的價值與意義才逐漸被世人重新認識與挖掘。

至宋代時，基於政治社會秩序重建以及應對釋老之學衝擊的需要，《大學》的地位逐漸提升。不僅皇帝常將《大學》賜予新及第進士，而且士大夫們也開始關注與提倡《大學》。其中尤以程顥、程頤與范祖禹爲代表，體現了《大學》詮釋的兩種不同的理路。程顥、程頤分別著有《明道先生改正大學》《伊川先生改正大學》，在理學的詮釋視角下，對《大學》原文秩序段落重新進行了調整，以《大學》爲聖人之學，將「思考的重點由如何爲政統治，轉爲對老百姓道德教育的關懷」，〔註111〕教育的對象由「爲政者」這個特定階層轉向了普通的「初學者」，代表了《大學》詮釋理路的轉向，並影響了朱熹。朱熹高度讚揚了二程對《大學》的「表章」與「簡編」之功，認爲他們將「古者大學教人之法、聖經賢傳之指，粲然復明於世」；同時朱熹又從建構自己理學思想體系出發，沿著二程所提供的致思方式與詮釋方法，「采而輯之，間亦竊附己意，補其闕略」，對《大學》重新分經傳，補格物致知傳，撰寫《大學章句》，使之成爲「四書」爲之首，以此引導天下學者學爲聖人。〔註112〕

此外，范祖禹則以《大學》爲帝王之學，提出學爲堯舜的帝學目標，要求以堯、舜、禹、湯、文、武、周公、孔子等一脈相傳之正道、正學引導教化帝王。將《大學》由意義較廣的「爲政之學」轉化爲專門的「帝王之學」，使得《大學》成爲宋代士大夫格正君心、致君堯舜的理論武器，而被廣泛地運用各類封事奏箚與思想理論建構之中。有鑒於范祖禹首倡以《大學》建構帝學之功，朱熹將其納入道學序列，在《伊洛淵源錄》中，將其「追認」爲程頤弟子。〔註113〕他的有關帝學的理念也被朱熹所接受並在理論上予以拓展。因此，當他有機會入侍經筵時，朱熹沒有並採用《大學章句》，而是沿著

〔註111〕高荻華：《從鄭玄到朱熹：朱子〈四書〉詮釋的轉向》，臺北：大安出版社，2015 年，第 45 頁。

〔註112〕〔宋〕朱熹：《大學章句序》，《四書章句集注》，北京：中華書局，2011 年，第 2～3 頁。

〔註113〕朱熹《伊洛淵源錄》卷 7《范內翰》記載曰：「名祖禹，字淳夫，蜀人。元祐中爲給諫講讀官，入翰林，爲學士。後坐黨論貶死。《家傳》、《遺事》載其言行之懿甚詳，然不云其嘗受學一於先生之門也。獨鮮于綽《傳言錄》記伊川事，而以門人稱之。又其所著《論語說》、《唐鑒》，議論亦多資於程氏。故今特著先生稱道之語，以見梗概，他不得而書也。」見朱熹：《伊洛淵源錄》，《朱子全書》第 12 冊，上海：上海古籍出版社；合肥：安徽教育出版社，2010年，第 1013 頁。

范祖禹以《大學》規範帝王修身治國的思路，汲取了程顥、程顥以理學詮釋《大學》的方法，創造性地對《大學》進行了重新詮釋，以《經筵講義》進呈，將「聖人之學」與「帝王之學」相結合，以「天理」爲最高本原與價值依據，突出了「明德」作爲人之所以爲人的內在屬性。不僅將帝王「外王」事功的開拓建立在「內聖」修養的基礎之上，而且以格物致知作爲平天下理想實現的落腳點，爲重構政治社會秩序奠定了良好的思想基礎，使得《大學》成爲眞正的「聖王」之學，從而完成了宋代帝學的第一次理論化任務。

5.3.3　朱熹帝學思想的歷史影響

自從范祖禹首倡以《大學》爲帝學後，朱熹通過《經筵講義》的義理發揮，以《大學》爲間架，進一步解答了帝王學什麼、爲什麼學、如何學等問題，爲聖王理想的確立與實現提供了理論依據與實踐途徑，首開以理學建構帝學的先河，對後世產生了重要的影響。之後眞德秀沿著朱熹「熟究《大學》作間架，卻以他書塡補去」的思路，〔註114〕再次標舉帝王之學，創作《大學衍義》，以《大學》爲「君天下者之律令格例」，〔註115〕進一步強化了《大學》作爲帝王之學的地位。

眞德秀與朱熹一樣，視《大學》爲帝王爲學的首要經典與爲治的根本綱領。當述及其撰述《大學衍義》的緣由時，眞德秀說道：「臣始讀《大學》一書，見其自格物、致知、誠意、正心、修身、齊家至於治國、平天下，其本末有序，其先後有倫。蓋嘗撫卷三歎曰：『爲人君者不可以不知《大學》，爲人臣者不可以不知《大學》。爲人君者而不知《大學》，無以清出治之源；爲人臣而不知《大學》，無以盡正君之法。』」感歎自三代以下，此學失傳，僅以傳記目之，而秦漢以後，僅韓愈、李翱「嘗舉其說」，但未能認識其作爲「聖學之淵源，治道之根柢」的作用，所幸的是朱熹「嘗成《章句》、《或問》，以析其義。寧皇之初，入侍經帷，又嘗以此書進講」，從而使得「帝王爲治之序、爲學之本」清晰可見。〔註116〕由於「聖人之道，有體有用。本之一身者，體也；達之天下者，用也。堯、舜、三王之爲治，六經、《語》、《孟》之爲教，

〔註114〕〔宋〕黎靖德：《朱子語類》卷140，北京：中華書局，1986年，第250頁。
〔註115〕〔宋〕眞德秀撰，朱人求點校：《〈大學衍義〉序》，《大學衍義》，上海：華東師範大學出版社，2010年，第1頁。
〔註116〕〔宋〕眞德秀撰，朱人求點校：《〈大學衍義〉序》，《大學衍義》，上海：華東師範大學出版社，2010年，第1～2頁。

不出乎此」，而《大學》則「由體而用，本末先後，尤明且備。」〔註117〕尤以其「八條之教，爲人君立萬世之程。首之以格物致知，示窮理乃正心之本，推之於齊家、治國，見修己爲及物之原」，〔註118〕承載了堯舜等聖帝明王的聖聖相傳之道與六經的眞精神，因而人主之學，當以《大學》爲本。爲此，眞德秀接續程朱理學精神，發揮朱熹以《大學》正君心立綱紀的精神，推衍《大學》之義而成《大學衍義》，使之成爲了引導帝王正心修身治國的規範。

　　從《大學衍義》一書的主旨與結構而言，眞德秀自言「其書之旨，皆本《大學》」，同時爲了更好地適應帝王爲學求治的需求，與朱熹側重於《大學》文本經旨義理的闡發不同，眞德秀借助《大學》的思想框架，以「帝王爲治之序」與「帝王爲學之本」爲「綱」，將其前六條目，調整爲格物致知、誠意正心、修身之要、齊家四目，每目之下又細分小目，小目之下又有小目。如物致知之要下分爲明道術、辨人才、審治體、察民情四目；「明道術」之目下，又細分爲天性人心之善、天理人倫之正、吾道異端之分、王道霸術之異等小目。〔註119〕並在「每條之中，首之以聖賢之訓典，次之以古今之事蹟，諸儒之釋經論史有所發明者錄之」，而「其一得之見亦竊附焉」。〔註120〕博採六經、史書、諸子以及同代思想家周敦頤、程顥、程頤、張載、朱熹、呂祖謙、張栻等對經典的時代性闡述，加上自己的按語，將帝王之學進一步理論化、系統化。

　　如在論述「帝王爲治之序」時，爲了讓理宗更好地領會「朝廷者天下之本，人君者朝廷之本，而心者又人君之本」，眞德秀選取了《尚書》中的《堯典》、《皋陶謨》、《伊訓》，《詩經》之《思齊》，《易》之《家人》卦等材料，繼之以子思、孟子、荀況、董仲舒、楊雄、周敦頤之言論，闡發了自古堯舜等聖帝明王一脈相傳之治道無不從正心修身始而推之於齊家、治國、平天下。所謂「人君心正則治，心不正則亂，故曰治之在心。」〔註121〕以正君心爲帝

〔註117〕〔宋〕眞德秀撰，朱人求點校：《尚書省箚子》，《大學衍義》，上海：華東師範大學出版社，2010年，第5頁。

〔註118〕〔宋〕眞德秀撰，朱人求點校：《進〈大學衍義〉表》，《大學衍義》，上海：華東師範大學出版社，2010年，第4頁。

〔註119〕〔宋〕眞德秀撰，朱人求點校：《〈大學衍義〉序》，《大學衍義》，上海：華東師範大學出版社，2010年，第2～3頁。

〔註120〕〔宋〕眞德秀撰，朱人求點校：《尚書省箚子》，《大學衍義》，上海：華東師範大學出版社，2010年，第5～6頁。

〔註121〕〔宋〕眞德秀撰，朱人求點校：《大學衍義》，上海：華東師範大學出版社，2010年，第10～22頁。

王成就治道的根本與關鍵。與之相適應，凡是「帝王爲學」亦以「正心修身」爲本。爲此，眞德秀援引的大量的經典與史料，將帝王之學分爲爲五個層次，分別從「堯舜禹湯文武之學」、「商高宗周成王之學」、「漢高文武宣之學」、「漢光武明帝唐三宗之學」、「漢魏陳隋唐數君之學」等角度，〔註122〕用正反兩面的事例指出帝王之學當以四書六經爲本，延請眞儒講學明理，斥去釋老、詞章、技藝之學，克己蹈道，明善誠身，成就堯舜聖王事業。此外，在闡述格物致知之要、誠意正心之要、修身之要、齊家之要等四目的時候，眞德秀也是採取了類似的引用經典、史籍、故事、諸子言論的撰述方式，從而使得帝王爲學爲治有了更爲具體可感的理論依據與操作規範。

如果說「朱熹利用《大學》來說明君主和學者該如何修身，眞德秀則把《大學》作爲一個參照點，作爲皇帝操行的規範。」〔註123〕在朱熹那裡「今且須熟究《大學》作間架，卻以他書填補去」的思想還只是一個設想，〔註124〕眞德秀則把朱熹的這種設想變成了現實，使得《大學》從理學家高談道德性命的理論說教，變成了引導帝王成君德立聖治的經世致用之學，具有強烈的外王的色彩。因此，此書進呈後，立馬受到了宋理宗的重視，以爲人君之規範，即詔眞德秀進講。元仁宗時下令將其譯成蒙古文，刊印分賜朝廷大臣。明代朱元璋命人將《大學衍義》書於宮殿的兩廡壁間；清代康熙皇帝將其譯成滿文，分頒八旗子弟誦習。此外《大學衍義》除在經筵進講外，還而且流行於各類學校，成爲科舉考試的必讀書目，其影響甚至擴展至朝鮮、韓國等地。〔註125〕

從范祖禹的《帝學》，到朱熹的《經筵講義》，再到眞德秀的《大學衍義》，體現了宋代帝學興起、發展、演變的邏輯線索，寄寓了中國士大夫以學術影響政治，以道統規範治統，塑造堯舜聖王之君的理想追求。如果說范祖禹對於帝學有首倡之功，那麼，朱熹則是將帝學第一次理論化。而眞德秀是繼朱熹之後，將帝學理論進一步理論化、系統化。在《大學衍義》之中，「先儒訓

〔註122〕〔宋〕眞德秀撰，朱人求點校：《大學衍義》，上海：華東師範大學出版社，2010年，第25～65頁。

〔註123〕〔美〕包弼德著，王昌偉譯：《歷史上的理學》，杭州：浙江大學出版社，2012年，第121頁。

〔註124〕〔宋〕黎靖德：《朱子語類》卷140，北京：中華書局，1986年，第250頁。

〔註125〕朱人求：《大學衍義的思想及其影響》，《大學衍義》，上海：華東師範大學出版社，2010年，第12～14頁。

釋雖眾，獨朱熹之說最為精確」〔註126〕，朱熹之言「盡之矣」等言論比比皆是，〔註127〕可見真德秀對朱熹思想的推崇與繼承。所以明代夏良勝評價說：「真德秀衍《大學》義，而程朱之說大備。」〔註128〕可謂一語中的地指出了真德秀的帝學思想與程朱理學之間的內在聯繫。隨著理學家們的不斷詮釋與《大學》作為帝學經典在經筵的進講，其將所蘊含的價值理念與理學思想逐漸被帝王所接受與認同，並成為了全社會普遍認同的思想觀念與行為規範，對國家治理、政治實踐、民族心理、生活方式等產生了巨大的影響，促進了理學的社會化與普及化。理學與帝學以經筵講義為載體，相互交織，相互影響，共同促進了宋代儒學的發展與繁榮，體現了政治與學術之間的互動。

〔註126〕〔宋〕真德秀撰，朱人求點校：《大學衍義》，上海：華東師範大學出版社，2010年，第26頁。

〔註127〕〔宋〕真德秀撰，朱人求點校：《大學衍義》，上海：華東師範大學出版社，2010年，第81頁。

〔註128〕〔明〕夏良勝：《中庸衍義原序》，文淵閣四庫全書本。

結　論

　　本文以朱熹《經筵講義》爲中心，綜合其所上封事奏箚，聯繫宋代帝王之學興起、發展的大背景，首次對朱熹帝學思想進行了全面而系統的研究。探尋朱熹如何以《大學》爲架構，以理學思想爲內涵，通過創造性的經典詮釋，解答帝王學什麼、爲什麼學、如何學等問題，爲帝王學爲聖王提供理論依據與哲理論證，寄寓其以道統規範治統，致君堯舜，重構政治社會秩序，道濟天下的王道理想，從而完成了宋代帝學理論的第一次建構。以理學建構帝學，這既是朱熹對范祖禹以來帝學理念的繼承與發展，又爲眞德秀以《大學》爲間架，進一步理論化、系統化帝學提供了邏輯思路與理論框架，展現了宋代帝王之學興起、發展、演變的邏輯線索，揭示了經筵講義與帝學、理學之間的內在關係，豐富和拓展了朱熹思想與宋代儒學研究。

　　通過文獻梳理與理論論證，主要得出了以下觀點與結論：

　　1. 帝學是宋代興起並由宋儒從士大夫的立場出發建構的，以儒家思想爲主導，以君德成就爲根本，以堯舜聖王爲榜樣，指導帝王爲學修身、治國平天下的學問與理論體系，是宋代經筵制度定型與義理之學發展的產物。在宋代帝王與士大夫的互動交流中，逐漸形成了以《大學》爲思想框架，以儒家「正學」引導帝王於「正道」，以道統規範治統，塑造堯舜聖王之君的「新」帝學意識，並與宋代之前重視功利權謀、駕驅臣民等帝王術相區別。程頤所謂「天下治亂繫宰相，君德成就責經筵」，便是帝王之學的重心由「術」向「德」轉移的高度概括，體現出宋代帝學意識的新變化。帝學理論不斷發展與豐富的過程，實質就是帝王理想「角色」不斷被士大夫「期待」與「塑造」的過程。

2. 經筵講義是與宋代帝學發展相適應而產生的一種新經學體例，是儒家士大夫闡發經旨義理，爲教導帝王而撰寫的經筵講稿與帝學教材。它既是宋代學術轉型與經筵制度定型的產物，又是宋代士大夫切入政治，發揮經旨義理，建構帝學的重要載體，寄寓了其得君行道，重構秩序的政治理想。經筵講義的發展與帝學的興起、理學的興盛基本上是同步的，是理學思想發展與帝學形成的重要環節。

3. 朱熹在《壬午應詔封事》中首次提出以《大學》爲「不可不熟講」的帝王之學後，還撰寫了《癸未垂拱奏劄》、《庚子應詔封事》、《辛丑延和奏劄》、《戊申延和奏劄》、《戊申封事》、《己酉擬上封事》等封事奏劄，至其以《經筵講義》進呈的 32 年間，恒定不變的主題就是通過對《大學》的重新詮釋與義理闡發，以理學建構帝學，以道統規範治統，引導帝王正君心立綱紀，限君權出聖治，致君堯舜，挽救社會危機，實現天下有道的王道理想。

4. 朱熹以《大學》爲框架，倡導儒家正學，其實質就是以理學建構帝學，爲帝王提供一種學爲聖王的新範式，這是由《大學》本身的思想內涵與結構特點所決定的。朱熹的《經筵講義》，沿著范祖禹以《大學》爲帝王之學的詮釋思路，同時汲取了程顥、程頤以《大學》爲聖人之學的詮釋方法，力圖建構理學化的帝學理論體系，從而使得《大學》成爲真正的「聖王」之學，體現了其外王必以內聖爲本，內聖所以爲外王的致思方式與帝學思想特徵，這既是對宋代重建政治社會秩序時代課題的回應，又是對宋代帝學思想的繼承與發展，爲個體的安身立命與社會秩序的重構，奠定了良好的理論基礎與思想依據。

5. 朱熹通過天理論、心性論、工夫論、理一分殊等哲學觀念與命題的運用，以天理爲最高本體與最終價值源泉，以明德爲人之所以爲人的本質屬性，將帝王納入了「天理」所規範的範圍，要求他與普通士大夫一樣，按照理學的普世標準修身，解答了帝王學什麼、爲什麼學、如何學等系列問題，爲聖王理想的確立及其實現提供了理論依據與邏輯論證，完成了宋代帝學理論的第一次建構，使其呈現出內聖之學的特徵。體現了朱熹力圖借助天理的權威與普適性原則約束君主，以道統規範治統的努力，在一定意義上具有限制君權，反對君主專制的進步意義。同時，他又將帝學理想實現的關鍵，寄寓於君主的道德自覺與自律，缺乏制度上與法律上的制約，實踐操作性不強，因而容易流於空洞的道德說教，未能從根本上解決君權獨斷的問題，具有歷史的侷限性。

　　6. 宋代帝王之學的興起，促進了宋代經典詮釋形態從傳統章句訓詁之學向義理之學的轉型。通過朱熹《經筵講義》與《大學章句》的對比，可知因帝王之學與士大夫之學的不同，必然導致其經典詮釋目的、詮釋體例、詮釋方式與語言表述風格等差異。這也是朱熹為什麼在入侍經筵時，並沒有採用《大學章句》作為講稿，而是重新撰寫《經筵講義》進呈的根本原因。朱熹《經筵講義》因其帝王之學的性質，具有強烈的「大學之道不在於書而在於我」的帝學主體意識，既體現了朱熹對道德自覺性與主體性的高度評價，又體現了其以《大學》正君心限君權的侷限性。

　　7. 從范祖禹的《帝學》，到朱熹的《經筵講義》，再到真德秀的《大學衍義》，體現了宋代帝學興起、發展、演變的邏輯線索，他們共同確立了《大學》在帝學及儒學中的重要地位，寄寓了中國士大夫以學術影響政治，以道統規範治統，塑造堯舜聖王之君的理想追求。如果說范祖禹對於帝學有首倡之功，那麼，朱熹則是將帝學第一次理論化，而真德秀則是帝學理論的進一步系統化。

　　8. 朱熹以《經筵講義》為載體，以理學建構帝學的詮釋方式，一方面促進了理學思想向最高統治階層的滲透，並使得程朱理學逐漸為帝王所接受與認同，最終成為國家的意識形態，深刻地影響了中國政治文化與社會秩序的建構；另一方面，由於擔任帝王師是儒者的最高榮譽，備受世人矚目，因而在客觀上又促進了理學的社會化與普及化，使之逐漸成為全社會各階層共同遵守的價值觀念與行為規範。理學與帝學相互交織，共同推動了宋代儒學的繁榮，體現了學術、政治、思想之間的互動。

參考文獻

一、典籍

1. 四庫全書研究所整理：《欽定四庫全書總目》，北京：中華書局，1997 年。
2. （漢）鄭玄注，（唐）孔穎達疏，李學勤主編：《禮記正義》，《十三經注疏》，北京：北京大學出版社，1999 年。
3. （梁）劉勰著，祖保泉解說：《文心雕龍解說》，合肥：安徽教育出版社，1993 年。
4. （唐）李百藥：《北齊書》，北京：中華書局，1972 年。
5. （唐）韓愈著，錢仲聯等校點：《韓愈全集》，上海：上海古籍出版社，1997 年。
6. （宋）朱熹著，朱傑人等主編：《朱子全書》，上海：上海古籍出版社；合肥：安徽教育出版社，2010 年。
7. （宋）朱熹：《四書章句集注》，北京：中華書局，2011 年。
8. （宋）黎靖德，王星賢點校：《朱子語類》，北京：中華書局，1986 年。
9. （宋）范祖禹傳撰，陳曄校釋：《帝學校釋》，上海：華東師範大學出版社，2015 年。
10. （宋）趙汝愚編，北京大學中國中古史研究中心校點整理：《宋朝諸臣奏議》，上海：上海古籍出版社，1999 年。
11. （宋）羅大經：《鶴林玉露》，上海：上海古籍出版社，2012 年。
12. （宋）李燾：《續資治通鑒長編》，北京：中華書局，2004 年。
13. （宋）佚名編，汝企和點校：《續編兩朝綱目備要》，北京：中華書局，1995 年。
14. （宋）李心傳：《建炎以來繫年要錄》，北京：中華書局，1988 年。
15. （宋）劉時舉：《續宋中興編年資治通鑒》，北京：中華書局，2014 年。

16. （宋）程顥，程頤著，王孝魚點校：《二程集》北京：中華書局，1981 年。

17. （宋）張載：《張載集》，北京：中華書局，1978 年。

18. （宋）司馬光著，鄧廣銘、張希清點校：《涑水記聞》，北京：中華書局，1989 年。

19. （宋）張栻：《張栻全集》，長春：長春出版社，1999 年。

20. （宋）陸九淵：《陸九淵集》，北京：中華書局，1980 年。

21. （宋）眞德秀著，朱人求校點：《大學衍義》，上海：華東師範大學出版社，2010 年。

22. （宋）張九成：《孟子傳》，文淵閣《四庫全書》本。

23. （宋）王應麟撰，欒保群等校點：《困學紀聞》，上海：上海古籍出版社，2015 年。

24. （宋）王應麟：《玉海》，文淵閣《四庫全書》本。

25. （宋）陳傅良：《止齋集》，文淵閣《四庫全書》本。

26. （宋）呂中：《宋大事記講義》，文淵閣《四庫全書》本。

27. （宋）王十朋：《梅溪後集》，文淵閣《四庫全書》本。

28. （宋）呂陶：《淨德集》，文淵閣《四庫全書》本。

29. （宋）陳長方：《唯室集》，文淵閣《四庫全書》本。

30. （宋）虞儔：《尊白堂集》，文淵閣《四庫全書》本。

31. （宋）陳經：《陳氏尚書詳解》，文淵閣《四庫全書》本。

32. （宋）呂祖謙：《宋文鑒》，文淵閣《四庫全書》本。

33. （宋）樓鑰：《攻媿集》，文淵閣《四庫全書》本。

34. （宋）汪應辰：《文定集》，文淵閣《四庫全書》本。

35. （宋）徐鹿卿：《清正存稿》，文淵閣《四庫全書》本。

36. （宋）袁甫：《蒙齋集》，文淵閣《四庫全書》本。

37. （元）脫脫等：《宋史》，北京：中華書局，1985 年。

38. （明）陳邦瞻：《宋史紀事本末》，北京：中華書局，2015 年。

39. （明）邱濬，林冠群等校點：《大學衍義補》，北京：京華出版社，1999 年。

40. （明）夏良勝：《中庸衍義原序》，文淵閣四庫全書本。

41. （清）黃宗羲著，全祖望補修，陳金生、梁運華點校：《宋元學案》，北京：中華書局，1986 年。

42. （清）黃以周等著，顧吉辰點校：《續資治通鑑長編拾補》，北京：中華書局，2004 年。

43. （清）王懋竑著，何忠禮點校：《朱熹年譜》，北京：中華書局，1998 年。

44. 束景南：《朱熹年譜長編》（增訂本），上海：華東師範大學出版社，2014 年。

45. 林慶彰：《中國歷代經書帝王學叢書》（宋代編），臺北：新文豐出版公司，2012 年。

46. 劉琳，刁忠民，舒大剛等校點：《宋會要輯稿》，上海：上海古籍出版社，2014 年。

47. 曾棗莊，劉琳主編：《全宋文》，上海：上海辭書出版社；合肥：安徽教育出版社，2006 年。

48. 方詩銘：《中國歷史紀年表》，上海：上海書店出版社，2013 年。

49. 王世舜，王翠葉譯注：《尚書》，北京：中華書局，2012 年。

50. 楊天才，張善文譯注：《周易》，北京：中華書局，2011 年。

二、研究著作

1. （日）土田健次郎：《道學之形成》，上海：上海古籍出版社，2010 年。

2. （日）大槻信良：《朱子四書集注典據考》，臺北：學生書局，1976 年。

3. （日）佐野公治：《四書學史研究》，臺北：萬卷樓圖書股份有限公司，2014 年。

4. （日）寺地遵：《南宋初期政治史研究》，上海：復旦大學出版社，2016 年。

5. （日）本田成之：《中國經學史》，桂林：灕江出版社，2013 年。

6. （日）騰井倫明：《朱熹思想結構探索：以「理」爲考察中心》，臺北：臺大出版社，2011 年。

7. （美）包弼德著：《歷史上的理學》，杭州：浙江大學出版社，2012 年。

8. （美）包弼德：《斯文：唐宋思想的轉型》，南京：江蘇人民出版社，2001 年。

9. （美）劉子健：《中國轉向內在：兩宋之際的文化內向》，南京：江蘇人民出版社，2002 年。

10. （美）費正清：《中國的思想與制度》，北京：世界知識出版社，2008 年。

11. （美）田浩：《朱熹的思維世界》，南京：江蘇人民出版社，2009 年。

12. （美）田浩：《宋代思想史論》，北京：社會科學文獻出版社，2003 年。

13. （美）杜維明：《道學政：儒家知識分子》，上海：上海人民出版社，2000 年。

14. （德）漢斯-格奧爾格·伽達默爾：《眞理與方法》，北京：商務印書館，2010 年。

15. 余英時：《朱熹的歷史世界》，北京：生活·讀書·新知三聯書店，2011 年。

16. 劉笑敢：《詮釋與定向：中國哲學研究方法之探究》，北京：商務印書館，2009 年。

17. 徐復觀：《中國經學史的基礎》，臺北：學生書局，1992 年。

18. 姜鵬：《北宋經筵與宋學的興起》，上海：上海古籍出版社，2013 年。

19. 盧國龍：《宋儒微言》，北京：華夏出版社，2001 年。

20. 顧宏義：《宋代〈四書〉文獻論考》，上海：上海古籍出版社，2014 年。

21. 錢穆：《朱子學提綱》，北京：生活·讀書·新知三聯書店，2002 年。

22. 朱漢民，肖永明：《宋代〈四書〉學與理學》，北京：中華書局，2009 年。

23. 朱漢民：《玄學與理學的學術思想理路研究》，北京：中國社會科學出版社，2012 年。

24. 朱漢民：《中國學術史》，南昌：江西教育出版社，2001 年。

25. 陳逢源：《朱子與四書章句集注》，臺北：里仁書局，2006 年。

26. 蕭公權：《中國政治思想史》，北京：商務印書館，2011 年。

27. 朱瑞熙：《中國政治制度通史》（宋代卷），北京：人民出版社，1996 年。

28. 鄧小南：《祖宗之法：北宋前期政治述略》，北京：生活·讀書·新知三聯書店，2014 年。

29. 馮浩菲：《中國古籍整理體式研究》，北京：高等教育出版社，2003 年。

30. 趙峰：《朱熹的終極關懷》，上海：華東師範大學出版社，2004 年。

31. 束景南：《朱熹研究》，北京：人民出版社，2008 年。

32. 束景南：《朱子大傳：「性」的救贖之路》，上海：復旦大學出版社，2016 年。

33. 陳榮捷：《朱熹》，北京：三聯書店，2012 年。

34. 陳垣：《清初僧諍記》，北京：中華書局，1962 年。

35. 丁為祥：《學術性格與思想譜系：朱子的哲學視野及其歷史影響的發生學考察》，北京：人民出版社，2012 年。

36. 黃俊傑：《東亞儒者的〈四書〉詮釋》，上海：華東師範大學出版社，2008 年。

37. 高荻華：《從鄭玄到朱熹：朱子〈四書〉詮釋的轉向》，臺北：大安出版社，2015 年。

38. 吳國武：《經術與性理：北宋儒學轉型考論》，北京：學苑出版社，2009 年。

39. 李祥俊：《道通於一：北宋哲學思潮研究》，北京：北京師範大學，2006 年。

40. 陳來：《朱子哲學研究》，上海：華東師範大學出版社，2000 年。

41. 陳來：《早期道學話語的形成》，合肥：安徽教育出版社，2007 年。

42. 陳來：《宋明理學》，生活・讀書・新知三聯出版社，2011 年。

43. 蔡仁厚：《宋明理學》，臺北：學生書局，1983 年。

44. 侯外廬，邱漢生，張豈之：《宋明理學史》，北京：人民出版社，1984 年。

45. 馮友蘭：《中國哲學史新編》，北京：人民出版社，1988 年。

46. 姜廣輝主編：《中國經學思想史》，北京：中國社會科學出版社，2003，2010 年。

47. 蔡方鹿：《朱熹經學與中國經學》，北京：人民出版社，2004 年。

48. 蔡方鹿：《中華道統思想發展史》，成都：四川人民出版社，2003 年。

49. 梁燾：《儒家道統說新探》，上海：華東師範大學出版社，2013 年。

50. 蔡根祥：《兩宋以來大學改本研究》，臺北：學生書局，1988 年。

51. 昌彼得、王德毅：《宋人傳記資料索引》，臺北：鼎文書局，1976 年。

52. 陳植鍔：《北宋文化史述論》，北京：中國社會科學出版社，1992 年。

53. 陳鍾凡：《兩宋思想述評》，北京：東方出版社，1996 年。

54. 方誠峰：《北宋晚期的政治體制與政治文化》，北京：北京大學出版社，2015 年。

55. 何忠禮：《科舉與宋代社會》，北京：商務印書館，2006 年。

56. 梁啓超：《中國近三百年學術史》，北京：商務印書館，2011 年。

57. 林維傑：《朱熹與經典詮釋》，臺北：臺大學出版中心，2012 年。

58. 彭國祥：《儒家傳統的詮釋與思辨》，武漢：武漢大學出版社，2012 年

59. 劉復生：《北宋中期儒學復興運動》，臺北：臺灣文津出版社，1991 年。

60. 劉述先：《朱子哲學思想的發展與完成》，臺北：學生書局，1982 年。

61. 蒙培元：《理學範疇系統》，北京：人民出版社，1989 年。

62. 牟宗三：《政道與治道》，臺北：學生書局，2010 年。

63. 牟宗三：《心體與性體》，長春：吉林出版集團有限責任公司，2013 年。

64. 皮錫瑞，周予同譯注：《經學歷史》，北京：中華書局，2004 年。

65. 漆俠：《宋學的發展和演變》，石家莊：河北人民出版社，2002 年。

66. 錢穆：《中國近三百年學術史》，北京：九州出版社，2011 年。

67. 徐洪興：《思想的轉型——理學發生過程研究》，上海：上海人民出版社，1996 年。

68. 閻步克：《士大夫演生史稿》，北京：北京大學出版社，1997 年。

69. 楊新勳：《宋代疑經思潮》，北京：中華書局，2007 年。

70. 張立文：《宋明理學邏輯結構的演化》，臺北：萬卷樓圖書有限公司，1993 年。

71. 張其凡等：《宋代歷史文化研究》，北京：人民出版社，2000 年。

72. 鄭臣：《內聖外王之道：實踐哲學視域內的二程》，上海：上海人民出版社，2015年。

73. 王心竹，吳亞楠：《宋代經學哲學研究》，上海：上海科學技術出版社，2015年。

三、學位論文

1. 夏福英：《「帝王之學」視域下之〈大學衍義〉研究》，湖南大學博士學位論文，長沙：湖南大學，2015年。

2. 白少華：《〈老子〉「君人南面之術」新探》，廣西民族大學碩士學位論文，南寧：廣西民族大學，2012年。

3. 王曉軍：《試論韓非的帝王之術——韓非管理心理思想研究》，陝西師範大學碩士學位論文，西安：陝西師範大學，2001年。

4. 商曉輝：《荀子與韓非子君道思想比較研究》，陝西師範大學碩士學位論文，西安：陝西師範大學，2015年。

5. 柴永昌：《先秦儒家、道家、法家君道論研究》，西北大學博士學位論文，西安：西北大學，2014年。

6. 敦鵬：《二程政治哲學研究》，河北大學博士論文，保定：河北大學，2013年。

7. 馬元元：《南宋經筵制度及其歷史作用》，河北大學碩士學位論文，保定：河北大學，2008年。

8. 范麗琴：《龔原〈周易新講義〉研究》，福建師範大學碩士學位論文，福州市：福建師範大學，2011年。

9. 吳曉榮：《兩宋經筵與學術》，南京大學碩士學位論文，南京：南京大學，2013年。

10. 鍾信昌：《宋代〈論語〉經筵講義研究》，臺北市立大學博士論文，臺北：臺北市立大學，2015年。

11. 吳曉榮：《兩宋經筵與學術》，南京大學碩士學位論文，南京：南京大學，2013年。

12. 鄒賀：《宋朝經筵制度研究》，陝西師範大學博士學位論文，西安：陝西師範大學，2010年。

13. 魏彥紅：《北宋皇帝重教研究》，河北大學博士學位論文，保定：河北大學，2014年。

14. 張勇：《朱熹理學思想的形成與演變》，西北大學博士學位論文，西安：西北大學，2008年。

15. 李思遠：《論朱熹的〈大學〉研究》，西北大學碩士學位論文，西安：西北大學，2013年。

16. 張偉：《朱熹「四書學」思想研究》，河北大學博士學位論文，保定市：河北大學，2013 年。

17. 國建強：《〈四書章句集注〉訓詁研究》，新疆師範大學碩士論文，烏魯木齊：新疆師範大學，2005 年。

18. 朱悅坤：《論〈四書章句集注〉成書及文獻學特色》，中南民族大學碩士論文，武漢：中南民族大學，2009 年。

19. 敦鵬：《二程政治哲學研究》，河北大學博士論文，保定：河北大學，2013 年。

四、期刊論文

1. 姜廣輝，夏福英：《宋以後儒學發展的另一走向——試論「帝王之學」的形成與發展》，《哲學研究》，2014 年第 8 期。

2. 夏福英：《建構「帝王之學」的信仰體系——真德秀〈大學衍義〉「誠意正心之要」解析》，《湖南大學學報（哲學社會科學版）》，2014 年第 6 期。

3. 夏福英，姜廣輝：《建構「帝王之學」的知識體系——真德〈大學衍義〉「格物致知之要」解析》，《中國哲學史》，2015 年第 1 期。

4. 夏福英：《「心者，人君之本」——帝王「爲治之序」與「爲學之本」》，《原道》，2015 年第 25 輯。

5. 金榮權：《〈老子〉：君王南面之術》，《信陽師範學院學報》（哲學社會科學版），2003 年第 2 期。

6. 蔡國相：《人君南面術：周秦道家學說的核心》，《錦州師院學報》（哲學社會科學版，1994 年第 4 期。

7. 支運波：《秦漢道家：君人南面之術》，《民辦教育研究》，2009 年第 6 期。

8. 秦鋒祥：《黃帝〈四經〉中的帝王「南面之術」》，《鄭州航空工業管理學院學報》（社會科學版），2015 年第 2 期。

9. 龐慧：《「用非其有」：戰國後期君道論的整合與歧出》，《史學月刊》，2008 年第 12 期。

10. 劉愛敏：《〈淮南子〉道論與兩漢政治》，《齊魯文化研究》，2013 年第 13 輯。

11. 楊正香：《韓非與馬基雅維里：帝王術比較研究》，《社會科學論壇》，2001 年第 12 期。

12. 葛榮晉：《法家的「無爲而治」與「君人南面之術」》，《理論學刊》，2008 年第 1 期。

13. 宋紹光：《述論荀子「帝王之術」》，《學海》，1998 年第 4 期。

14. 張強：《西漢帝王與帝王之學及經學之關係》，《淮陰師範學院學報》

（哲學社會科學版），2001 年第 2 期。

15. 張強：《漢代以前的禮樂沿革與帝王統治術》，《江蘇社會科學》，2003
    年第 3 期。

16. 孟憲實：《李世民的帝王之術》，《資治文摘》，2009 年第 8 期。

17. 孫曉春：《兩宋天理論的政治哲學解析》，《清華大學學報》（哲學社
    會科學版），2004 年第 4 期。

18. 范立舟：《論兩宋理學家的政治理想》，《政治學研究》，2005 年第 1 期。

19. 鄭臣：《識仁與王政——程明道理學思想的政治哲學維度》，《吉林師
    範大學學報》（人文社會科學版），2012 年第 9 期。

20. 李存山：《程朱的「格君心之非」思想》，《中國社會科學院研究生院
    學報》，2006 年第 1 期。

21. 孔妮妮：《南宋理學視域中的政治建構與義理詮釋》，《求索》，2014
    年第 7 期。

22. 陳壁生：《理教與經教之間——朱子政治哲學中的帝王、士大夫與庶民，
    現代哲學》，2014 年第 6 期。

23. 周偉民：《論朱熹「格君心之非」的政治哲學》，《海南大學學報》，
    1991 年第 2 期。

24. 謝曉東：《朱熹的「新民」理念——基於政治哲學視角的考察》，《廈門大
    學學報》（哲學社會科學版），2011 年第 4 期。

25. 朱漢民，洪銀香：《宋儒的義理解經與書院講義》，《中國哲學史》，
    2014 年第 4 期。

26. 張實龍：《論袁燮〈絜齋毛詩經筵講義〉的受眾意識》，《浙江萬里學
    院學報》，2015 年第 2 期。

27. 陳小亮：《袁燮〈毛詩經筵講義〉心學思想淺析》，《西安電子科技大
    學學報》（社會科學版），2013 年第 6 期。

28. 婁璐琦：《論袁燮〈絜齋毛詩經筵講義〉的闡釋特點》，《中共寧波市
    委黨校學報》，2012 年第 4 期。

29. 郝桂敏：《袁燮〈絜齋毛詩經筵講義〉的特點及成因》，《遼寧教育行
    政學院學報》，2007 年第 7 期。

30. 廖峰：《顧鼎臣〈中庸〉首章經筵解讀》，《唐山師範學院學報》，2010
    年第 3 期。

31. 鄭曉江：《道統、學統與政統——以朱子〈白鹿洞書院揭示〉和陸子〈白
    鹿洞書院論語講義〉為中心》，《教育文化論壇》，2010 年第 1 期。

32. 陳重：《簡論陳襄〈中庸講義〉的思想內涵》，《浙江學刊》，2013 年
    第 2 期。

33. 陳恒嵩：《魏校及其〈尚書〉經筵講義析論》，《東吳中文學報》，2011年第 21 期。

34. 陳恒嵩：《徐鹿卿及其〈尚書〉經筵講義研究》，《嘉大中文學報》，2009年第 2 期。

35. 蔣秋華：《劉克莊〈商書講義〉析論》，《嘉大中文學報》，2009 年第 2 期。

36. 顧永新：《龔原、耿南仲〈周易新講義〉名實考略》，《殷都學刊》，2014 年第 2 期。

37. 張其凡：《呂中與〈大事記講義〉》，《安徽師大學報》（哲學社會科學版），1992 年 1 期。

38. 鄒賀，陳峰：《中國古代經筵制度沿革考論》，《求索》，2009 年第 9 期。

39. 鄒賀：《宋朝經筵制度成因論析》，《西安文理學院學報》（社會科學版），2012 年第 3 期。

40. 魏彥紅：《北宋皇帝重教研究綜述》，《河北大學學報》（哲學社會科學版），2012 年第 5 期。

41. 姜鵬：《經筵講學對北宋經學的影響》，《史林》，2013 年第 5 期。

42. 姜鵬：《經筵進讀與史學義理化》，《復旦學報》（社會科學版），2009 年第 3 期。

43. 姜鵬：《北宋經筵中的師道實踐》，《學術研究》，2009 年第 7 期。

44. 陳東：《中國古代經筵概論》，《齊魯學刊》，2008 年第 1 期。

45. 馬元元，任克寧：《南宋經筵講讀方式概述》，《蘭臺世界》，2015 年第 12 期。

46. 申慧青，王瑞蕾：《論范祖禹〈帝學〉與宋代的皇帝教育》，《保定學院學報》，2012 年第 3 期。

47. 董文靜：《南宋臺諫「必預經筵」政治模式的形成——以董德元為線索的考察》，《浙江學刊》，2012 年第 5 期。

48. 袁慶新：《中國古代的經筵》，《自貢師專學報》，1989 年第 2 期。

49. 顧歆藝，金開誠：《四書章句集注研究》，《中國典籍與文化》，2003 年第 3 期。

50. 周光慶：《朱熹〈四書〉解釋方法論》，《孔子研究》，2000 年第 6 期。

51. 朱漢民：《朱熹〈四書〉學詮釋的二重進路》，《求索》，2004 年第 1 期。

52. 肖永明：《朱熹《四書》學的治學特點》，《湖南大學學報》（社會科學版），2004 年第 1 期。

53. 黃俊傑：《論經典詮釋與哲學建構之關係——以朱子對〈四書〉的解釋為中心》，《南京大學學報》，2007 年第 2 期。

54. 許家星：《朱子「四書」學研究之回顧與前瞻》，《中華文化論壇》，

2013 年第 2 期。

55. 陳壁生：《朱熹的〈四書〉與「五經」》，《中山大學學報》（社會科學版），2014 年第 2 期。

56. 束景南，王曉華：《四書升格運動與宋代四書學的興起》，《歷史研究》，2007 年第 5 期。

57. 李紀祥：《〈四書〉本〈大學〉與〈禮記‧大學〉：兩種文本的比較》，《文史哲》，2016 年第 4 期。

58. 蔣國保：《朱熹〈大學〉研究之創見與迷失》，《蘇州市職業大學學報》，2006 年第 2 期。

59. 朱漢民、周之翔：《朱熹〈大學〉「明明德」詮釋的理學意蘊》，《哲學研究》，2012 年第 7 期。

60. 朱漢民，胡長海：《儒、法互補與傳統中國的治理結構》，《武漢大學學報》（人文科學版），2017 年第 2 期。

61. 朱漢民：《六藝與儒家子學的思想差異》，《中國哲學史》，2017 年第 1 期。

62. 陳來：《論朱熹〈大學章句〉的解釋特點》，《文史哲》，2007 年第 2 期。

63. 鄔曉東：《〈大學章句〉中的「出發點喪失」問題》，《周易研究》，2011 年第 5 期。

64. 戴兆國，耿芳朝：《從〈大學章句〉引注考看朱熹經典解釋學的特點》，《東嶽論叢》，2015 年第 1 期。

65. 楊佳：《淺析朱熹〈大學章句〉》，《遼東學院學報》，2011 年第 4 期。

66. 胡孝忠：《「大學章句」新解及與朱熹注解的對比》，《吉林廣播電視大學學報》，2013 年第 10 期。

67. 陳林：《朱熹〈大學章句〉「誠意」注解定本辨析》，《孔子研究》，2015 年第 2 期。

68. 張錦枝：《對朱熹解釋思想的再思考——以〈大學章句集注〉爲例》，《同濟大學學報》（社會科學版），2008 年第 1 期。

69. 王宏海：《大學之道的理學化——以朱熹〈大學章句〉爲核心的解讀》，《高校教育管理》，2010 年第 3 期。

70. 樂愛國：《朱熹〈大學章句〉「格物致知補傳」的「心學」內涵》，《南昌大學學報》（人文社會科學版），2014 年第 5 期。

71. 宋兵超：《朱子〈大學章句〉建構體系的梳理與析出》，《雞西大學學報》，2014 年第 2 期。

72. 鄢建江：《朱熹〈大學章句〉道德教育理論的當代啓示》，《倫理學研究》，2006 年第 4 期。

73. 王瑞來：《略論宋太宗》，《社會科學戰線》，1987 年第 4 期。

74. 劉成國:《論宋代政治文化的演進與荊公新學之命運》,《社會科學研究》,2005 年第 6 期。

75. 陳峰:《政治選擇與宋代文官士大夫的政治角色——以宋朝治國方略及處理文武關係方面探究爲中心》,《河南大學學報》(社會科學版),2007 年第 1 期。

76. 平田茂樹:《宋代的政治空間:皇帝與臣僚交流方式的變化》,《歷史研究》,2008 年第 3 期。

77. 李存山:《范仲淹與宋代儒學的復興》,《哲學研究》,2003 年第 10 期。

78. 李存山:《慶曆新政與熙寧變法》,《中州學刊》,2004 年第 1 期。

79. 吳國武:《程頤入侍經筵考——兼談朱熹的講讀活動及程朱譜系的形成》,《人文與價值:朱子學國際學術研討會暨朱子誕辰 880 週年紀念會論文集》,上海:華東師範大學出版社,2011 年。

80. 金燕:《皇權的制約——簡論中國封建統治集團對皇帝的培養與約束》,《安順師專學報》(社會科學版),1995 年第 3 期。

81. 吳鉤:《皇權的限度——以宋代爲例的考察》,《文化縱橫》,2013 年第 2 期。

82. 雷平:《在「道」與「勢」之間的抉擇——關於中國古代士人處世原則的讀史簡記》,《湖北大學成人教育學院學報》,2005 年 2 期。

83. 潘志鋒:《近年來關於「道統」問題的研究綜述》,《廣西社會科學》,2008 年第 11 期。

84. 劉悅笛:《「政統」、「道統」與「學統」——中國社會轉型中「士人」向知識分子的身份轉變》,《中國政法大學學報》,2008 年第 4 期。

85. 梁濤:《「新四書」與「新道統」——當代儒學思想體系的重建》,《北京行政學院學報》,2014 年第 3 期。

86. 蘇費翔:《宋人道統論——以朱熹爲中心》,《廈門大學學報》(哲學社會科學版),2015 年第 1 期。

87. 張連偉:《程朱道統論與儒家經典認同》,《南昌大學學報》(人文社會科學版),2014 年第 4 期。

88. 楊浩:《孔門傳授心法——朱子〈四書章句集注〉對儒家道統論的理論貢獻》,《首都師範大學學報》(社會科學版),2012 年第 3 期。

89. 葛兆光:《道統、系譜與歷史——關於中國思想史脈絡的來源與確立》,《文史哲》,2006 年第 3 期。

90. 蔣龍祥:《韓愈道統思想的政治哲學解析》,《理論探索》,2006 年第 6 期。

91. 陸永勝:《工夫論視閾中的理學道統》,《福建論壇》(人文社會科學版),2013 年第 7 期。

92. 閻步克:《儒‧師‧教——中國早期知識分子與「政統」「道統」關係的

來源》，《戰略與管理》，1994 年第 2 期。

93. 王琦：《宋代〈大學〉詮釋的轉向》，《光明日報》，2019 年 1 月 26 日。

94. 王琦：《從正誠之學到堯舜之治：朱熹帝學思想探析》，《原道》第 37 輯。

95. 王琦：《經筵講義研究綜述》，《歷史文獻研究》，2017 年第 2 期。

96. 王琦：《朱熹理學化的帝學思想——以〈經筵講義〉為中心的考察》，《湖南大學學報》（社會科學版），2018 年第 1 期。

97. 王琦，朱漢民：《從章句之學到義理之學——以朱熹〈大學章句〉與〈經筵講義〉為例》，《西南民族大學學報》（人文社科版），2018 年第 5 期。

98. 王琦：《論宋代經筵講義的興起》，《中國哲學史》，2018 年第 2 期。

99. 王琦，朱漢民：《以道學建構帝學——朱熹詮釋〈大學〉的另一種理路》，《社會科學》，2018 年第 4 期。

100. 王琦：《論朱熹〈經筵講義〉中的帝學主體意識》，《原道》第 34 輯。

101. 王琦：《朱熹帝學思想的形成與發展——以〈大學〉為中心的考察》，《朱子學刊》，2017 年第 2 輯。

102. 王琦，朱漢民：《「政者正也」析論》，《湖南大學學報》（社會科學版），2015 年第 5 期。

103. 王琦，朱漢民：《論董仲舒的人性論建構》，《北京大學學報》（哲學社會科學版），2014 年第 5 期。

104. 朱漢民，王琦：《「宋學」的歷史考察與學術分疏》，《中國哲學史》，2015 年第 4 期。

105. 王琦：《中國傳統德治思想的現代轉換》，《晉東南師範專科學校學報》，2004 年第 6 期。

106. 王琦，李生龍：《善乎？惡乎？——論孔子人性論所蘊涵的兩極趨向》，《湖南師範大學社會科學學報》，2007 年第 3 期。

107. 王琦：《孟子對孔子人性論的拓展與重構》，《華南農業大學學報》，2007 年第 2 期。

108. 王琦：《孔、荀思想演進的人性論邏輯——試為荀子正名》，《求索》，2012 年第 6 期。

後　記

　　日子如流水般地逝去，轉眼我從嶽麓書院博士畢業將近兩年。雖然依然忙碌，但在書院求學的那段美好時光，卻是我終身難忘的記憶。

　　與嶽麓書院的首次結緣是在 1999 年。時值「千年論壇」邀請杜維明教授開講，因緣際會，我與嶽麓書院結下了難解之緣。當時，我正在湖南師範大學攻讀先秦兩漢魏晉南北朝方向的文學碩士學位，在導師李生龍教授的指導下，研讀了《論語》、《孟子》、《荀子》、《左傳》、《老子》、《莊子》、《詩經》等典籍。杜維明教授對孔子仁學思想的解讀，激發了我的靈感，指引著我在先哲的文獻中尋找開啟中國思想寶庫的鑰匙。最終我以《孟子、荀子對孔子人性論的拓展與重構》為題，完成碩士論文的寫作與答辯，並立下了非中國哲學博士不讀的志願。這次參加講座的驚鴻一瞥，是見到了遠遠坐在臺上的朱漢民教授，雖沒有機會拜會，但他「板凳要坐十年冷，文章不寫半句空」的學術品格，自此在我心中烙下了深刻的印記。14 年後，朱漢民教授竟成為了我的博士生導師。真可謂，冥冥之中自有造化，我如願進入了中國哲學研究的神聖殿堂。

　　研究生畢業後，日子在瑣細的生活與程式化的工作中悄然飛逝，而原初的理想與靈氣也漸漸地被消磨。2013 年 1 月 4 日的上午，坐在辦公室，一道閃電突然劃過腦海，一個聲音在告訴我：「不能再這樣下去了，應該要去讀博了，重新開啟一段人生的旅程！」而至於報考的學校與博導選擇，湖南大學嶽麓書院的朱漢民教授無疑是最佳人選。雖然在此之前與朱老師並無任何交往，然而命運之神再次眷顧了我，歷史也是驚人的相似：與當年考碩士研究生一樣，雖只準備了短短的兩個多月，但卻以專業與總分第一名的成績上線並被錄取。

　　當有次與朱老師及同門爬嶽麓山，無意中談到爲何我會選擇其做導師時，我給了朱老師三點理由：第一，研究興趣與方向的一致性；第二，欣賞老師的胸襟與氣度。在中國現有體制下，能將嶽麓書院從當年蕭條的教工宿舍，變成現在全國聞名的千年學府，非有大視野、大氣魄、大胸襟、大擔當之人不能成就；第三，敬佩老師是一名眞正的學者。雖行政事務繁多，但依舊恪守學者本分，成果豐碩，非一般人所能企及。

　　來書院讀書是一場十分愉快的人生經歷。每次跨進書院的大門，彷彿步入了另外一個神聖的世界，塵世的喧囂與紛繁與我似乎再無關聯，心是空靈而潔淨的，精神在老師們的教誨中，在與古聖先賢的對話中，在師生的交流碰撞中，得到了一次又一次的洗禮與昇華。尤其是朱漢民老師的「宋明理學」、肖永明老師的「中國學術史專題」、姜廣輝老師的「中國經學思想史」、李清良老師的「詮釋學」、章啓輝老師的「周易研究」、吳仰湘老師的「經學」、鄧洪波老師的「四庫全書」、陳松長老師的「說文解字」、張松輝老師的「莊子」、董山民老師的「西方哲學」……，開闊了我的視野，啓迪了我的思想，讓我受益頗多。

　　書院的教學形式靈活多樣，師生之間討論自由開放。記憶深處最美的上課場景就是，深秋楓葉飄紅之時，師生在明倫堂的高臺上研讀經典，切磋論道，思接千載，感受聖賢智慧，思索古今變幻。溫煦的陽光透過樹葉的縫隙，輕輕地散落在書本上。偶而一陣風過，驚起幾片楓葉，靜靜地從空中飄落。看著書院的紅牆碧瓦，深秋的層林浸染，你會感受到一種生命的靜美與心境的靈動！一年四季，書院景色各不相同。而深秋那飄零的銀杏，散落的「金黃」，則是我最喜愛的書院美景。

　　我的導師朱漢民教授，不僅是一位學識淵博、眼界開闊、治學嚴謹的學者，而且是一位意志堅定、品德高尚、溫柔敦厚的謙謙君子。書院讀博的四年，我的每一步成長，都凝聚了老師的心血。從撰寫第一篇課程小論文到博士論文的最終定稿，朱老師都給予了細心的指導。他彷彿具有化腐朽爲神奇的力量，往往一句話、一個指點，便能給我莫大的啓迪，指引我前進的方向，爲我打開了一扇扇學術大門。每當人生遇到困境的時候，我就會用老師贈與我的話激勵自己：「如果你遇到了困難，說明你正在走上坡路。挺過去了，你就進步了！」無論是爲學，還是爲人，朱老師都是我永遠學習的榜樣與楷模。

　　和朱老師及同門們在一起，留下了很多人生難忘的記憶：嶽麓山的月下

漫步，瀟湘河畔的閒庭信步，書院的品茶聊天，讀書會的唇槍舌戰，孔學堂的嬉戲垂釣……。朱老師與師母，待我如同家人般溫暖，同門的師兄、師姐、師弟、師妹們則如同手足；書院的老師們給予的教導與幫助，彌足珍貴，值得我畢生銘記與感恩！

當然，生命中還有兩位最重要的人，值得我感謝和愛護，這就是我的先生劉祚祥教授與女兒劉文心，他們一直給予我前行無窮的動力與強大的支撐。結婚二十年，我先生一直以他的寬厚與包容，讓我能夠按照自己的心意，做自己喜歡的事情。鼓勵我不斷發揮自己的潛能，去攀登學術的高峰。我讀博期間，他主動地承擔起諸多的家務與照顧女兒的工作，為我節約了大量的時間，這也是我的畢業論文上能夠如期寫完的原因之一。而女兒文心則是一個溫柔善良、善解人意的孩子。從小就深知父母的忙碌與不易，早已學會了獨立與自我管理。初中三年，她都是自己搭車往返家裏與學校。即使在中考前後，她也從來未要求送餐與接送，並憑藉自己的努力，以 6A 成績考入了長郡中學。如今，她即將跨入大學的校門，開始自己新的人生旅途，而我也如願通過了哲學專業的教授職稱評定。

同時，在我讀博及成長的過程中，還要衷心感謝長沙理工大學黨委書記付宏淵教授、談傳生副校長、學工部黃自立部長、設計藝術學院的王健院長、江河書記、陶雙副書記、龍海主任及同事們給予我的無私幫助與支持！感謝外國語學院的鍾桂蓉老師為我博士論文的英文摘要所付出的心血！感謝臺灣花木蘭文化出版社的楊嘉樂主任及為這本書的出版而付出辛勤勞動的編輯們！

一路走來，感恩所有的遇見與美好！祝願我所愛的老師、親人、朋友、同事、同學們都能夠幸福美滿！也希望自己能夠永遠保持一顆純潔善良的心，面對這個紛繁的世界，感受生命的美麗，成就更好的自己！

王 琦

2019 年 8 月於長沙